ISBN 978-0-666-13938-2
PIBN 11037272

English
Français
Deutsche
Italiano
Español
Português

www.forgottenbooks.com

Mythology Photography **Fiction**
Fishing Christianity **Art** Cooking
Essays Buddhism Freemasonry
Medicine **Biology** Music **Ancient**
Egypt Evolution Carpentry Physics
Dance Geology **Mathematics** Fitness
Shakespeare **Folklore** Yoga Marketing
Confidence Immortality Biographies
Poetry **Psychology** Witchcraft
Electronics Chemistry History **Law**
Accounting **Philosophy** Anthropology
Alchemy Drama Quantum Mechanics
Atheism Sexual Health **Ancient History**
Entrepreneurship Languages Sport
Paleontology Needlework Islam
Metaphysics Investment Archaeology
Parenting Statistics Criminology
Motivational

Die
men-Versorg
in
Oesterreich,
oder
usammenstellun
sämmtlicher
das Armenwesen betreffenden
setze und Verordnun

Von
Johann Ernest Tettinek,
Magistrats-Secretär in Salzburg.

Die
Armen-Versorgung

in

Oesterreich,

oder

Zusammenstellnug

sämmtlicher

das Armenwesen betreffenden

Gesetze und Verordnungen.

———

Von

Johann Ernest Tettinek,

Magistrats-Secretär in Salzburg.

———

Der reine Ertrag ist für die in Salzburg beantragte
Kleinkinder-Bewahranstalt bestimmt.

———

Salzburg, 1846.
Verlag der Mayr'schen Buchhandlung.

K PD4515

Den hochherzigen

Menschenfreunden

und edeln

Protectoren

der

so äußerst wohlthätigen und zeitgemäßen

Kleinkinder = Bewahranstalten

ehrfurchtsvoll gewidmet.

Die beunruhigend anwachsende Zahl der Armen ver=
anlaßte die Bemühungen der Armen=Institute, alle
fremden oder aus Rücksicht auf ihren Aufenthalt an=
ders wohin gehörigen Armen den zuständigen Gemein=
den zuzuweisen, was vorzüglich deßhalb, weil die
einschlägigen Gesetze und Verordnungen größtentheils
zu weit entrückt sind, Streitigkeiten und weitläufige
Correspondenzen verursachte. Dieß war die Veranlaf=
sung der Sammlung der Domicils=Gesetze.

Und damit die Grundsätze der Armenversorgung
überhaupt und insbesondere, ohne sie erst in allen
Gesetz=Sammlungen suchen zu müssen, dem jetzt täg=
lichen Bedürfnisse gemäß, gleichsam auf einen Blick
übersehen, und sowohl von den Pfarrämtern, als
auch von den politischen Behörden, den Stiftungs=

Verwaltungen und anderen bei dem Armenwesen als Aerzte, Apotheker u. dgl. Betheiligten für jeden vorkommenden Fall benützt werden können, veranlaßte die vorliegende Sammlung, welche dem Sammler in seiner amtlichen Stellung von vielem Nutzen, ein großes Bedürfniß war, und vielleicht sich auch für andere, die bei der Armenversorgung mitwirken, als nützlich erweisen wird.

Der Verfasser.

Armenversorgung nach den positiven k. k. österreichischen Gesetzen.

---

§. 1.

Eben so wie die Armuth entweder relativ oder absolut ist, so sind auch die Versorgungsanstalten, theils auf die Versicherung eines standesmäßigen, der früheren gewohnten Lebensweise angemessenen Auskommens, theils bloß nur auf die Herbeischaffung des unentbehrlichsten Lebensunterhaltes gerichtet.

§. 2.

Zu den Anstalten der ersteren Art gehören in den österreichischen Ländern mancherlei gestiftete Versorgungsplätze für unbemittelte Personen der höheren Stände, dann die aus dem Bedürfnisse der neuern Zeit hervorgegangenen Wittwen=Societäten und Privat=Versorgungs=Anstalten.

Hierher gehören:

1) Die reichlichen und verschiedenen Handstipendien oder bei den klösterlichen, männlichen und weiblichen Erziehungs=Anstalten, dann in den Convicten errichteten Stiftungen, welche die Erziehung der ärmeren adelichen und bürgerlichen Jugend zum Zwecke haben.

2) Die Fräulein= und Damenstifte zu Wien, Prag, Innsbruck, Brünn, Steyermark, Kärnthen und Krain.

3) Die von Leopold dem II. aus dem Krönungsgeschenke der böhmischen Stände errichtete Stiftung für 13 adeliche und 27 bürgerliche Mädchen in Prag.

4) Die Privat=Pensions=Institute.

5) Die medicinische Wittwen=Societät.

6) Die Societät der Chirurgen in Wien.

7) Der juridischen Facultät.

8) Die Societät zur Versorgung der Wittwen und Waisen von Reichs= und Hofagenten.

9) Die Wittwen=Societät der Wirthschaftsbeamten in Oesterreich ob der Enns.

10) Die Institute für Wittwen und Waisen von Mitgliedern der Akademie der Künste, der Tonkünstler.

11) Das Institut des Handelsstandes in Prag.

12) Für mittellose Advocaten.

13) Für herrschaftliche Hausofficiere.

14) Für die zum Dienen unfähig gewordenen Handlungsdiener in Wien.

15) Für die Livreebedienten in Wien und Prag.

16) Das Schwarzenbergische Beamten-Wittwen-Pensions-Institut.

17) Die Wittwengesellschaft der bürgerlichen Seidenzeug-, Sammt- und Dünntuchmachermeister in Wien.

18) Die Lebens- und Renten-Versicherungsanstalten.

19) Die wechselseitigen und andere Assecurationen für Feuer, Wasserschäden, sonstige Elementar-Zufälle und noch mehrere dergleichen.

§. 3.

Die allgemeinen Anstalten zur Versorgung der absoluten Armuth, von welchen hier eigentlich die Rede sein wird, sind folgende:

1) Das Armen-Institut.

2) Die Bürgerspitäler.

3) Die Waisenhäuser.

4) Die Gebär- und Findlhäuser.

5) Die Blinden- und Taubstummen-Institute.

6) Versorgung der Soldaten, ihrer Weiber und Kinder.

8) Der Verein zur Beschäftigung entlassener Züchtlinge und die Arbeitsanstalten.

9) Die Anstalten für arme Kranke, und zwar:

    a) außer den Spitälern,

    b) in den Krankenanstalten,

    c) bei Epidemien,

    d) bei den von wüthenden Hunden Gebissenen,

    e) bei der Lustseuche,

    f) für Irrsinnige,

    g) für Sieche.

10) Außerdem sind in den Gesetzen besondere Begünstigungen der Armuth gegründet, welche zuletzt erörtert werden.

I. Hauptstück.

Das Armen-Institut.

I. Abschnitt.

Einführung des Armen-Institutes.

———

§. 4.

Vor der Einführung des Armen-Institutes mußte eine jede Grundobrigkeit, die auf ihrem Grunde geborenen Unterthanen, wie auch fremde, wenn sie lange Jahre haussäßig gewesen sind, selbst erhalten. (Patent 26. März 1693, 26. August 1693 und 21. Juli 1714.)

Die im Lande **ex vagis parentibus** im Durchzuge erzeugten Kinder, welche ihren Geburtsort nicht wissen, wurden von jener Obrigkeit, wo sie eingezogen worden sind, unterhalten; die inländischen Bettler aber von den Grundobrigkeiten, wo sie geboren worden sind, abgehauset, oder eine lange Zeit sich inwohnungsweise aufgehalten haben. (A. h. Resolution vom 17. Jänner 1724, Vrdg. für Oberösterr. 1. August 1725, Vrdg. 20. December 1728, Schubpatent 26. Februar 1750.)

Ueberhaupt waren die geistlichen und weltlichen Behörden, dann Gemeinden durch ausdrückliche Gesetze verbunden, für ihre Armen zu sorgen, der Bettelei Einhalt zu thun, und den arbeitsfähigen dürftigen Personen Arbeit und Verdienst zu verschaffen. (Patent 1. und 13. November 1723, 20. September 1740 und 30. October 1751.)

§. 5.

Auf fremde Bettler wurden wiederholt Streifen verfügt, die einheimischen bei den Bauern eingelegt, oder von den Obrigkeiten verpflegt, ihnen aber das Auslaufen und Betteln bei angemessener Strafe eingestellt. Hinsichtlich der säugenden und zur Pflege zugeschobenen Kinder wurde verordnet, daß sie an einem Orte, wo sie gesäuget werden können, abgegeben, und

1 *

wenn dieß nicht thunlich wäre, wenigstens nicht von Haus zu Haus herumgetragen, sondern an einem Orte in Verpflegung gehalten, auch soll überhaupt den Armen eine zum Leben erkleck= liche Verpflegung gegeben werden. (Patent für Oesterreich ob der Enns 1. April 1752.)

Dagegen wurde auch befohlen, Vagabunden und unbekannte alte und mit Leibesgebrechen behaftete Leute, welche sich nicht wohl ernähren können, vom Almosen leben, oder in einer sol= chen Verpflegung stehen, von dem Heirathen abzuhalten und nicht zusammen zu geben. (Hofdecret vom 3. März 1766.)

§. 6.

Diese Versorgungslast sollte durch das Armen = Institut er= leichtert, und vorzüglich der Bettelei gesteuert werden, wiewohl die Einführung desselben nur empfohlen und nicht geboten wurde. (Verordnung in Böhmen und Mähren 19. Aug. 1785.)

§. 7.

Das von dem k. k. wirklichen geheimen Rathe Grafen von Buquoi entworfene Armen = Institut wurde zuerst in Böhmen eingeführt. (Hofdecret in Böhmen 9. November 1782.)

Da es in Böhmen so guten Erfolg gehabt hat, so wurde nicht nur in der Stadt Wien, sondern auch im ganzen Lande die Einleitung desselben dem Herrn Grafen von Buquoi über= lassen und demselben alle hilfreiche Hand und Vorschub zu lei= sten befohlen. (Hofentschließung 2. Juni 1783.)

Die Hauptgrundsätze dieses neu errichteten Armen=Institutes, unter dem Namen der Vereinigung aus Liebe des Nächsten, sind in der nachfolgenden denk= und berücksichtigungswerthen Nach= richt vom 1. August 1783 enthalten.

Der wahre und zur Arbeit unfähige Arme hat auf das all= gemeine Mitleiden gegründeten Anspruch; der muthwillige Bett= ler hingegen verdient die Strenge der Gesetzgebung. Doch sind die Anstalten zur Versorgung wahrer Armen und die Vorkeh= rungen zur Abstellung des muthwilligen Bettelns so genau mit einander verbunden, daß sie nur eines von den andern die volle Wirksamkeit erhalten müssen.

Denn, wenn der Müssiggang den Antheil der würdigen Ar= muth an sich reißt, so wird die öffentliche und Privatwohlthä= tigkeit erschöpft, und ein einziger wahrhaft Nothdürftiger, der sich mit Grunde beklagen kann, daß ihn die öffentliche Versorgung hilflos läßt, dient unzählbaren Müssiggängern zum Mantel ihrer Faulheit, um die gegen sie gekehrte billige Strenge des Gesetzes

und der öffentlichen Aufsicht als Härte und Grausamkeit zu ver-
schreien, daher wird jeder einsehen, wie wichtig Versorgungsanstalten sind, die die Dürftigkeit unterstützen, und das Betteln
vermindern, welches im Allgemeinen Unordnungen verursacht,
und insbesondere Jedermann lästig ist. Die liebreiche Vorsorge
Sr. Majestät des Kaisers beschäftigt sich bereits, älternlosen und
verlassenen Kindern in Findlings- und Waisenhäusern, Kranken,
die mittellos sind und zu Hause keine Pflege haben, in einem
allgemeinen Krankenhause, mühseligen, zur Arbeit unfähigen,
unheilbaren, verunstalteten, Grauen und Abscheu erweckenden
oder unbehilflichen Armen in Armenhäusern und eigenen Siechenhäusern Zuflucht und Unterkommen zu versichern, auch jenen,
die außer Stande und Gelegenheit sein möchten, sich selbst eine
Erwerbung zu verschaffen, Arbeit und Verdienst zuweisen zu
lassen. Indessen kann sie die ganze Armuth nicht umfassen; denn
es wird noch immer Nothdürftige geben, die entweder unter die
vorigen Classen der Armen nicht gehören, oder durch Umstände
keinen Theil an der Hülfe der Armenhäuser haben können. Diese
nothdürftigen Menschen und Bürger bauen ihre Hoffnung auf
die Wohlthätigkeit ihrer Mitmenschen und Mitbürger, und erwarten von der Religion der Menschenliebe, daß sie sich in Mitte des
gemeinschaftlichen Wohlstandes und Ueberflußes nicht dem Mangel und Elend preisgegeben sehen. Wenn die Wohlthätigkeit
aller Stände bisher nicht genugsam ergiebig und großentheils
ohne Wirkung zu sein schien, so kam es daher, weil sie ohne
Richtung bei dem Zusammenflusse würdiger und unwürdiger
Menschen die wahre Wahl unmöglich treffen konnte.

Man erweiset also ohne Zweifel den Herzen aller gutthätigen
Menschen, dem Staate und der wahren Armuth einen wesentlichen Dienst, wenn man die Privatwohlthätigkeit gewissermassen aufklärt und auf jene Gegenstände leitet, denen sie das Gute,
was sie erweiset, ohnehin vorzüglich bestimmt hat. Dieses ist
die eigentliche Absicht des Armen-Institutes. Jedermann ist dazu
eingeladen, nur werden die sich vereinigenden Mitglieder ersucht,
zur Erreichung des aufgesteckten Zieles ihre Wohlthaten dieser
öffentlichen Anstalt anzuvertrauen, und ihr die zweckmäßige Verwendung zu überlassen.

Da dieses Institut ganz die Frucht einer freiwilligen Vereinigung sein und der Beitritt seiner Glieder nur der Ueberzeugung
von seiner Nutzbarkeit zu danken haben soll, so legt man eine
allgemeine Uebersicht des Planes vor, seine Absicht, die Wege,
das Almosen zu sammeln, die Verwendung des Eingegangenen,
die Verrechnung darüber und die Controlle. Die Absicht dieser

Vereinigung ist, wahre Arme zu versorgen und die Bettelei abzustellen.

Es werden von Zeit zu Zeit große allgemeine Versammlungen über die gemeinschaftlichen Angelegenheiten der Versorgungs-Anstalt gehalten werden, und in jedem Pfarrbezirk ein,
nach Umständen mehrere Armenväter und Rechnungsführer durch
freie Wahl der Mitglieder aufgestellt, die nach Erforderniß der
Umstände monatlich oder vierteljährig zusammentreten, um unter der Leitung ihres Seelsorgers über die in größeren Bezirken
vielleicht nöthigen Untertheilungen, über die Berichtigung der
Armenbeschreibung, die zweckmäßige Vertheilung der Hilfe und
zugleich auch, über die in ihrem Sprengl möglichen Verbesserungen gemeinschaftlichen Rath zu pflegen. Dieß ist die Verfassung des Armen-Institutes.

§. 8.

Den Seelsorgern wurde wiederholt aufgetragen, daß sie
den Gemeinden den Vortheil des Armen-Institutes und der Vereinigung mehrerer Gemeinden in einen Hauptbezirk wohl begreiflich machen; indem jene, die sich dießfalls vor andern hervorzu-
thun bestreben, nebst der innerlichen Zufriedenheit, ihre Mühe
für die Menschheit und Versorgung wahrer Armuth pflichtmä-
ßig angewendet zu haben, auch bei Gelegenheit auf besondere
Verdienste gegen Se. Majestät und den Staat Rechnung machen können. (Verordnung in Wien 1. Februar 1784.)

Auch wurde angeordnet, daß allen, um das Armen-Institut verdienten Seelsorgern die a. h. Zufriedenheit zu erkennen
zu geben, und eine weitere Beförderung zu ertheilen sei, daß
auch das Publicum öfters über seine Freigebigkeit belobt, vor
allem Zwange gesichert und ihm von der Geistlichkeit öfters die
Liebe des Nächsten empfohlen werden soll. (Hofdecret 10. Mai
1784.)

Den Geistlichen und Obrigkeiten wurde befohlen, dahin zu
wirken, daß der faule Müßiggänger, der unnütze Bettler abgeschafft, das Armen-Institut nach den Vorschriften eingeführt,
der Arme thätig unterstützt und bei den Gemeinden die Empfin-
dungen des Mitleids und der Menschenliebe rege gemacht werden.
Insbesondere sei bei Ertheilung der Fasten-Dispensen die Wohlthätigkeit für das Armen-Institut in Anregung zu bringen. (Hofdecret 18. November 1786, 19. Mai 1788.)

§. 9.

Die Ordinarien wurden ersucht, der unterstehenden Geistlichkeit die Anweisung zu geben, daß sie, und zwar so wie das Ar-

men-Institut in einem Orte oder in einer Pfarre seinen Anfang nehmen soll, nicht nur in Rücksicht, daß die Besorgung der Armen einen Theil ihrer Berufsgeschäfte ausmache, durch Kanzelreden das Volk von der Pflicht des Almosengebens unterrichten und zur Darnachachtung, zur Darreichung eines verhältnißmäßigen Betrags anfeuern, auch das vorzügliche Augenmerk darauf richten, daß:

a) dem Landvolke der Irrwahn benommen werde, daß nur das Handalmosen ein thätiges Werk der Liebe des Nächsten sei, daß

b) gleichwie jeder die Wirkung und den Schmerz der Armuth oft selbst einsehen würde, er sich auch die Freude und Erquickung bei Erhaltung eines Almosens vorstellen könne, und wenn ihn ein gleiches Schicksal durch die unermeßliche Vorsicht treffen sollte, derselbe auch auf diese Gutthat zu hoffen habe; daß es

c) leicht sei, von den überflüßigen und nur eingebildeten Bedürfnissen etwas zu entbehren, daß das Almosen auf die Hand oft nur als eine Nahrung der Müssiggänger anzusehen sei, ja, daß viele Bettler nicht nur verderbliche Sitten haben, sondern auch nach der Erfahrung als Lastergespäne bei den grausamsten Thaten sich gebrauchen lassen, und endlich

d) daß das Handalmosen ungleich ausgetheilt werde, daß nämlich der Minderbedürftige das mehrere, der Höchstnothleidende aber nicht einmal das äußerste Bedürfniß erhalte, auch der lästige, ungestüme, besonders auf dem Lande trotzende Bettler den durch sein Elend gedrückten und gebeugten Armen des Almosens beraubt, daß aber alle diese Gebrechen durch die Abreichung des freiwilligen Almosens an den Pfarrer, Seelsorger und Armenvater gehoben werden, da die sich meldenden eingebornen Armen des Ortes genau untersucht, nach dem Grade ihrer Bedürfnisse und nach Verhältniß des eingehenden Almosens, wozu auch das halbe reine Vermögen der Bruderschaftszinse gewidmet ist, behandelt werden. (Verordnung 28. Mai 1785.)

§. 10.

Bei der Einführung des Armen-Institutes wurden folgende Maßregeln vorgeschrieben:

1) Ist das Armen-Institut an allen Orten, wo es freiwillig angenommen wird, einzuführen.

2) Soll dasselbe in Bezirke und Hauptbezirke eingetheilt werden, jede Pfarrei hat einen Bezirk und jede Dechantei einen Hauptbezirk auszumachen, mit welch letzterem alle zu solchen gehörige Pfarrbezirke sich einzuverstehen, und nach desselben Erinnerungen sich zu achten haben.

Wobei aber den Kreisämtern, als den Protectoren des Armen-Institutes, die Einsicht in dieses Geschäft eingeräumt bleibt. Doch müssen in keinem Falle die Grundobrigkeiten übergangen, sondern alle Vorkehrungen mit ihnen gemeinschaftlich eingeleitet werden.

3) Die Vorsteher jedes Bezirkes, so wie jedes Hauptbezirkes, welchen die Sache der Armuth anvertraut wird, sind die Grundobrigkeiten, welchen die erste Aufsicht über dieß Institut gebühret, und dann der Seelsorger.

Und obschon die unter der Dechantei stehenden Pfarrbezirke verschiedene Grundobrigkeiten angehen; so können doch diese letzteren hierwegen um so wenigeren Anstand finden, als eine solche den Hauptbezirk ausmachende Dechantei und die mit ihr vereinbarten Bezirke, so wie alle Mitglieder und Ortschaften derselben in Besorgung des Geschäftes der Armen sich als vereinigt anzusehen, einander gemeinschaftliche Hilfe zu leisten, gleichförmig vorzugehen und bei allen Veranlassungen nichts befehls-, sondern erinnerungsweise, auch nie im Namen der Obrigkeit oder des Dechants oder des Pfarrers, sondern bloß im Namen der ganzen Vereinigung zu erlassen haben.

4) Diese Vorsteher haben in ihrem Bezirke die Auswahl des Armenvaters und des Rechnungsführers, dann durch diese unter der Aufsicht des Pfarrers die Beschreibung der wahrhaft Würdigen und Bedürftigen zu veranstalten. (Kreisschreiben in Böhmen und Mähren 25. April und 19. August 1785.)

§. 11.

Die bei dem Armen-Institute sich verwendenden Armenväter wurden zur Würde äußerer Räthe bei den Stadtmagistraten erhoben und ihnen jede Begünstigung für sie und ihre Kinder zugesagt. (Hofdecret 22. Mai 1785.)

Doch müssen die Armenväter des Lesens und Schreibens kundig sein, damit das Vermögen des Armen-Institutes nicht gefährdet werde. (Hofkanzleidecret 30. December 1830, Zahl 29070, Regierungsdecret für ob der Enns 24. Jänner 1831, Zahl 2116.)

§. 12.

Die Kreisämter hatten auf die Emporbringung des Armen-Institutes bei den vorzunehmenden Kreisbereisungen den sorgfältigsten Bedacht zu nehmen, über den Fortgang, die vorgefundenen Gebrechen und die nöthige Abhilfe Bericht zu erstatten. (Hofdecret 26. Mai 1787.)

Die Kreiscommissäre haben die Armen-Anstalten gelegenheitlich zu bereisen, und diese Reisen als officios zu betrachten. (Kreisschreiben in Gallizien 3. Juli 1788.)

Wird das Armen-Institut als Kläger oder als Geklagter vor Gericht gezogen, so hat der politische Repräsentant der Entscheidung beizuwohnen. (Hofdecret 9. Jänner 1789.)

§. 13.

Das Armen-Institut wurde 1782 in Prag, 1783 in Wien und in Unterösterreich, in Linz am 19. September 1784, in Grätz am 1. December 1784, in Brünn 1785 eingeführt.

§. 14.

In Gallizien, wo das Armen-Institut noch nicht eingeführt werden konnte, wurde wegen Versorgung der Armen folgendes vorgeschrieben:

1) Vor allem ist von den Grundobrigkeiten darauf zu sehen, daß den zur Arbeit fähigen Unbeschäftigten eine Arbeit verschafft werde, durch welche sie ihren Unterhalt zu erwerben im Stande sind. Die Unbeschäftigten sollen in Ermanglung von Arbeitshäusern zum Feld- oder Straßenbau angewendet werden.

2) Hierdurch wird dem arbeitsfähigen Müssiggänger der Vorwand zum Betteln benommen und bleiben für die allgemeine Wohlthätigkeit nur die wirklichen Armen übrig, von denen, bis eine andere Vorkehrung getroffen wird, jedes Kirchspiel die seinigen zu versorgen hat. Bei der in Gallizien sehr einfachen und wohlfeilen Kost ist diese Versorgungsart am wenigsten beschwerlich und auf dem offenen Lande ganz anwendbar, da sie für eine Person über 15 Jahre mit 3 Kreutzer, bei einer Person unter 15 Jahren mit 1½ Kreutzer bestritten werden kann. Den Gemeinden wird freigelassen, die Verpflegung in Geld oder in natura abzureichen.

3) Um aber diese Versorgung zu erleichtern, sollen die Ordinarien

a) den Seelsorgern der Kirchspiele als eine der wesentlichsten Pflichten der Seelsorge empfehlen, das Volk von der Kanzel und bei jeder andern Gelegenheit zu unterrichten, daß es sowohl eine nähere Pflicht, als ein besonderes verdienstliches Werk ist, die Armen der Gemeinde so gut als möglich unter sich zu versorgen.

b) Hat jeder Pfarrer sowohl in den Städten als auch auf dem Lande in seiner Pfarre alle Sonn- und gebotenen Feiertage einverständlich mit den Gemeindevorstehern eine freiwillige Samm= lung zu veranstalten, das Gesammelte verhältnißmäßig auszu= theilen, und

c) sich zu bestreben, es dahin zu leiten, daß die Armen mit ihren Weibern und Kindern vorzüglich bei ihren Anverwandten oder, wo keine Verwandte sind, bei andern gutmüthigen Ein= wohnern aus Nächstenliebe allenfalls, und wenn es anders nicht thunlich wäre, gegen einen geringen jährlichen Zins unterge= bracht, oder sollte auch dieß nicht geschehen können, ohne Zah= lung in die Häuser der Gemeinde aufgenommen werden.

4) Nebst diesem werden Seelsorger und Obrigkeiten Jeder= mann, besonders aber Personen von mildthätigen Gesinnungen und vortheilhaften Glücksumständen begreiflich machen, welches Ver= dienst sie sich um den Staat und die Menschheit erwerben, wenn sie an Kindern, die bei armen Aeltern nur kümmerlich ihre Be= dürfnisse erhalten und dennoch für dieselben eine große Last sind, an Kindern, die, ob sie gleich von gesunden Körpern sind, gleich= wohl wegen Unvermögens der Aeltern nicht leicht etwas zu er= lernen Gelegenheit haben, wodurch sie sich in Folge der Zeit auf eine ehrbare Art den Unterhalt erwerben könnten, wenn sie an solchen Kindern die Wohlthätigkeit ausüben, dieselben zu sich nehmen, ernähren und nach der Religion und den bürger= lichen Pflichten erziehen.

5) Diesen Ermahnungen ist noch beizusetzen, daß ein sol= cher angenommene Zögling bis zur Vollendung seines 15. Jah= res zu verschiedenen seinem Alter und Kräften angemessenen Haus= und Wirthschaftsdiensten verwendet, mithin von demselben für den empfangenen Unterhalt dennoch auch einiger Nutzen ge= schöpft werden mag, und daß selber nach erreichtem 15. Jahre, wenn er tauglich ist, unter der Rubrike zum Wehrstande in der Conscription angesetzt werden kann und dadurch der Gemeinde im Ganzen ebenfalls wieder zu Guten kömmt.

6) Grundobrigkeiten, Magistrate oder Gemeindevorsteher, welche wider die Erwartung dem Seelsorger bei diesen heilsamen Anstalten an die Hand zu gehen außer Acht lassen sollten, sind dazu von den Kreisämtern mit dem gehörigen Nachdrucke zu ver= halten. (Patent für Gallizien 3. November 1786.)

§. 15.

Die Armenanstalten erhielten unter der Regierung Seiner Majestät des Kaisers Franz I. mancherlei wesentliche Verän= derungen. Im Jahre 1801 wurde eine Hofcommission in Wohl= thätigkeitssachen errichtet, welche auf die Vervollkommnung des

Armenwesens in seinem ganzen Umfange hinzuwirken, zur Aufgabe erhielt. (Hofdecret vom 22. December 1801.)

Diese Hofcommission wurde später aufgehoben und die ihr zugewiesenen Geschäfte eingetheilt. (Hofdecret vom 5. Jänner 1816.)

In Wien wurden mit Kundmachung vom 2. Juni 1802 Personen vom Abel und Bürgerstande, Geistliche, Honoratioren und Staatsbeamte eines jeden Ranges eingeladen, sich zur unentgeldlichen Mitwirkung bei der neuen Errichtung der Armenanstalten als Armenväter zu melden. Aus diesen Personen wurden von Seiner Majestät die Armenväter, die Directoren der Armenbezirke und die Pfarrer als Vorsteher der Sprengel ernannt. Den Armenvätern und Bezirks-Directoren, so lange sie ihre Stelle begleiten, wurden alle Vorrechte eines landesfürstlichen Beamten eingeräumt, daher gebühren ihnen, wenn sie auch sonst nicht in Staatsdiensten stehen, nebst ihren Gattinnen von Seite des Magistrats und dessen Behörden der Titel Herr und Frau, dann der Sitz bei Commissionen. (A. h. Entschließung vom 29. September 1803. Kundmachung in Wien 18. October 1803. Circulare der niederösterreichischen Regierung vom 10. Mai 1806.)

II. Abschnitt.

Dotation des Armen-Instituts.

---

§. 16.

Die ältesten Quellen des Einkommens für die Armencasse sind die Almosensammlungen. Dieselben wurden vorzüglich unter der Regierung der Kaiserinn Maria Theresia, und zwar zuerst in den Häusern mit der Büchse angeordnet, aber auch bestimmt, daß die Arbeitsfähigen zur Enthaltung vom Müssiggange, und zur Suchung einer Arbeit angewiesen, die fremden liederlichen Müssiggänger entfernt und die freie Zusammen-Verheirathung der gewerb- und mittellosen Leute eingeschränkt werde. (Verordnung in Wien vom 1. Juli 1746.)

Den Abgang an Almosen, d. i. dasjenige, was zum erforderlichen Bedürfniß die Sammlungen nicht hereinbringen, mußten die Gemeinden decken. (Patent für ob der Enns 1. September 1752.)

Es wurde zur Hebung der Almosen die möglichste Verbesserung der Häuser-Sammlungen mit aller Sorgfalt empfohlen, auch die Geistlichkeit um die Mitwirkung angegangen. (Verordnung in Wien 27. Juni 1753.)

Die Hausherrn wurden zur Sammlung bei den Inleuten, die Wirthe zur Sammlung bei den Einkehrenden angeeifert. (Verordnung vom 5. April 1754.)

§. 17.

Bei der Einführung des Armen-Institutes wurde das Almosen auf zweierlei Art eingesammelt, durch Unterzeichnung und durch Sammlung in den Armenbüchsen.

Die Unterzeichnung geschieht, wenn sich die Mitglieder schriftlich erklären, einen gewissen Beitrag in monatlichen oder vierteljährigen Theilzahlungen zu leisten. Und man hat die ansehnlicheren und vermöglicheren Freunde der Menschheit angegangen, daß sie sich den Weg der Unterzeichnung gefallen lassen, weil sie dadurch andere zur Nachfolge aufmuntern und die Anstalt in Stand setzen werden, daß sie einigermaßen über den Hauptzufluß mit sich selbst zur Rechnung zu gehen und wenigstens von einem Jahre zum andern auf einen Fond sicher zählen kann. Doch soll diese Unterzeichnung weder für gegenwärtig noch in der Fortsetzung zu einer Pflicht erwachsen, sondern man erwartet alles von der freiwilligen Wohlthätigkeit der Menschenliebe.

Auch soll bei der Unterzeichnung nicht auf die Größe des Betrages gesehen werden.

Die Einsammlung soll durch eigene Leute geschehen, welche die Häuser mit geschlossenen Büchsen abgehen und um eine Gabe ansprechen, anfänglich von 8 zu 8 Tagen, nach der Hand aber wie es die Umstände und der Fortgang des Institutes anrathen dürften.

Man wünschte und hoffte nicht vergebens, daß einige vom Adel, der Geistlichkeit, vom Handelsstande und Bürgern, wenigstens vom Anfang die Sammlung mit den Büchsen und auch die Unterzeichnungsbögen über sich nehmen würden, um den Fortgang des Institutes zu befördern. Um aber das einfließende Almosen sowohl nach der Absicht des Institutes als des Wohlthäters zu verwenden, mußte eine allgemeine Armenbeschreibung voraus gehen. (Nachricht vom 1. August 1783.)

§. 18.

Da das Betteln, welches einzig und allein durch das Nichtgeben beseitigt werden kann, nicht aufhörte und sich bei der Sammlung von Almosen für das Armen-Institut darauf berufen wurde, so erhielten die Seelsorger die Weisung, in öffentlichen Vorträgen das Volk zu ermahnen und zu belehren, daß sie kein Almosen selbst austheilen, sondern die Bettler gerade an ihre Pfarrer anweisen, bedauernswürdige Arme aber nur in Geheim unterstützen oder zu deren mehrerer Hilfe einer oder der andern Pfarre ein Nebenalmosen mit der Bestimmung für wen oder mit der Bemerkung der Gattung Armuth wöchentlich überhaupt zufertigen möchten.

Denn da das Nichtgeben eben so, wie das Geben eine Handlung des freien Willens ist, der freie Wille aber durch auf Vernunft und Religionswahrheiten gegründete Vorstellungen gelenket werden muß, so dürfte das vorerwähnte Mittel das sicherste sein, dem unordentlichen Almosengeben Einhalt zu thun, wenn die Lehrer des Volkes demselben mit lebhafter Ueberzeugung des Geistes bei allen Gelegenheiten einschärfen und darthun, wie sehr durch das Almosengeben an öffentliche Bettler, der der

Obrigkeit gebührende Gehorsam verletzet, die Ordnung im Staate
verwirrt, das gemeine Beßte verachtet, ja auch sogar die Sicherheit gehemmt werde, indem dadurch vielfältig der Müssiggang, die
vom Müssiggange unzertrennlichen verschiedenen Laster und Aus-
schweifungen genähret, der würdigen Armuth ihre zureichenden
Hilfszuflüße entzogen und an Unwürdige verschwendet würden,
wo sodann das so heilsame Armen-Institut übel verrufen, unter-
graben und endlich ganz vereitelt, die echte christliche Mildthä-
tigkeit durch eine bloß sinnliche, unüberlegte oder gezwungene
Barmherzigkeit verdrängt, den Lügen, Verstellungen und Ver-
läumdungen Beifall gegeben, die untersuchte und geprüfte Wahr-
heit nicht geglaubet, dann auch eine der Menschheit so angemessene, dem Staate so nützliche, der Religion so rühmliche und
von jedem vernünftigen und gutdenkenden Patrioten und Chri-
sten so erwünschte Anstalt zertrümmert, und ganz zu Grunde gerichtet werden mußte.

Uebrigens wünschte auch die Stiftungsoberdirection, daß
den Pfarrern und Seelsorgern mitgegeben werde, diejenigen, die
vom Fasten aus hinlänglichen Ursachen dispensirt wurden, dahin zu ermahnen, die Nachsicht der Kirche mit dem Almosen
der Liebe an das Armen-Institut zu ersetzen, nicht minder, daß
zur Zeit der Fastenpredigten an den Pfarrkirchthüren mit der
Armenbüchse ungefähr durch 2 Stunden für das Armen-Institut selbst eben von der Pfarrgeistlichkeit gesammelt und der Anfang immer eine halbe Stunde vor der angehenden Predigt gemacht werden möchte.

Damit aber weder die Prediger noch Zuhörer durch die auf-
und abgehenden Sammelbüchsen irre gemacht und der Gottesdienst nicht unterbrochen und gehindert werde, so dürften nach
dem Antrage der Stiftungsoberdirection die Ein- und Ausge-
henden bloß mit leiser Stimme und den Worten „für die Armuth" angesprochen werden. (Verordnung in Wien vom 17.
Februar 1784.)

Die Almosensammler sollen eifrig, unverdroßen und mit
sanftmüthigen Vorstellungen zu Werke gehen, und Niemanden,
auch weder den mindesten Einwohner des Ortes und Hauses
unangesprochen lassen, da man überzeugt ist, daß es öfters nicht
an dem Almosengeben, wohl aber an der Sammlung gelegen sei.
(Verordnung in Mähren vom 20. November 1786.)

§. 19.

Es ist wiederholt zu neuen Subscriptionen der Mitglieder des
Armen-Institutes zu schreiten und die Sammlungen in den Häu-

fern durch Leute, denen das Beßte der Armuth nicht gleichgültig ist, vorzunehmen. Auch versichert man sich von den eine Privat-lustbarkeit anstellenden Hausvätern oder Gesellschaften, daß sie auch ihre nothleidenden Nebenmenschen daran Theil nehmen las-sen, und sich jedesmal zu einer freiwilligen Gabe herbeilassen, welche freiwilligen Beiträge immer gleich unmittelbar gegen Quittung an den Hauptbezirk abzuführen sind. Auch werden zur Sammlung solcher freiwilliger Almosen in den Schreibstu-ben der Kaufleute, in den Wirths- und Caffeehäusern eigene Büchsen aufgestellt werden, damit in dieselben jeder wohlthätige Menschenfreund, besonders aber solche Parteien, die etwa oh-nehin wegen Schließung eines vortheilhaften Kaufes oder an-dern Geschäftes, den Trieb zur Wohlthätigkeit empfinden, auch für die nothleidende Armuth einen kleinen Theil des errungenen Gewinnes mögen opfern können. (Hofkammerdecret vom 26. März 1792.)

Zu einer gleichen Bestimmung wurden in den Kirchen Opfer-stöcke für das Armen-Institut errichtet, dagegen auf den Stra-ßen und Gottesäckern abgeschafft. (Hofdecret vom 6. Juni 1787. Verordnung in Mähren vom 20. November 1786.)

§. 20.

Die Pfarrer und Seelsorger sollen trachten, jene Gemeinden, welche einen Ueberschuß haben, zu bewegen, von diesem Ueber-schuße den benachbarten armen Gemeinden um so mehr etwas mitzutheilen, als sonst ohnehin der ärmere Theil an die einzel-nen Mitglieder der wohlhabenden Gemeinde sich wenden und selbst zur Last kommen würde. Dagegen ist aber auch den ärmern Gemeinden an die Hand zu lassen, daß sie selbst die vermögli-cheren Gemeinden angehen und um Mittheilung eines Theiles ihres Ueberschußes bitten sollen, wodurch sie ihre Armen zu erhal-ten in den Stand gesetzt würden. (Verordnung in Wien vom 25. Juni 1785.)

Sammlungen für akatholische Gemeinden haben vom Pastor bei seinen beitragsfähigen Glaubensgenossen und nicht bei den Katholiken zu geschehen. (Hofkanzleidecret vom 1. März 1838, Zahl 4305.)

§. 21.

Um dem Armen-Institut einen Fond zu verschaffen, um die häufigen wegen eingebrochenen Nebenabsichten und übertriebe-nen Eifer dem Staate und der Religion schädlichen Bruder-schaften zu regeln, um den höchst schädlichen Müßiggang, un-gestümmen Bettel zu beseitigen und die thunlichste Versorgung

aller würdigen Armen zu erzwecken, wurden diese Bruderschaften in eine einzige, die christliche thätige Nächstenliebesversamm-
lung umgestaltet; alles Vermögen der bisherigen Bruderschaften nach Abzug der Stiftungen und sonstigen Obliegenheiten zu
einem Theile zur Verpflegung der Armen und zum andern Theile
zur Errichtung und Verbreitung der gemeinnützigen Normal-
schulen, zum Unterrichte und besserer Erziehung der armen Jugend,
mithin zu den 2 wesentlichen Gegenständen der Nächstenliebe nach
der bereits bestehenden a. h. Anordnung verwendet. Das will-
kührliche Almosengeben von der Hand wurde zwar unter einer
festzusetzenden Strafe nicht verboten, allein doch die Hoffnung
ausgesprochen, daß jeder das allgemeine Beste liebende Bürger
die Haltung der a. h. Gebote, wie es die Schuldigkeit aller
Unterthanen ist, durch dergleichen der Versorgungsanstalt nachtheilig werdendes Almosen-Austheilen nicht erschweren und zu
derselben Uebertretung nicht mitwirken werde. Dagegen war
gleichwohl Niemanden verwehrt, armen Angehörigen oder sonst
kümmerlich lebenden Personen, die nicht zur völlig standesmäßigen Verpflegung bei der einzuführenden Armenversorgungs-
anstalt gelangen, unter der Hand einigen Beistand zu leisten.
(Verordnung in Wien vom 19. August 1783.)

Bei Vertheilung des gestifteten Almosens von aufgehobenen
Klöstern war auf die Pfarrgemeinde, in welcher das Kloster
gelegen ist, die vorzüglichste Rücksicht zu nehmen. (Hofdecret
vom 31. August 1782.)

Die Capitalien zur Erlösung der gefangenen Christen-Scla-
ven wurden mit dem Zinsengenusse gleichfalls dem betreffenden
Armen-Institute zugewiesen. (Hofdecret vom 17. Juli 1783.)

Die Barschaften der aufgehobenen Zünfte wurden für das
Armen-Institut eingezogen und von den Zinsen vorzüglich die
armen Zunftgenossen und Wittwen unterstützt. (Hofdecret vom
20. Mai 1788.)

§. 22.

Es wurde die Veranlassung getroffen, daß in jedem Orte
der bestandenen Bruderschaften, die von den schuldigen Parteien erliegenden Gelder zu Handen der Armenanstalten und des
Armen-Institutes übernommen und die eingehenden Zahlungen
ausquittirt würden, wo hingegen es in Absicht der Zahlungen
an die Filial-Cassierer abzukommen hatte, und solche Zahlungen an die Vorsteher der Armen-Anstalten geleistet werden mußten. (Gubernial-Decret in Böhmen vom 15. Juli 1790.)

§. 23.

Zur Versorgung der ganz krüppelhaften und mit scheuhaften Uebeln beladenen Soldatenweiber und Kinder wurde jährlich ein Staatsbeitrag von 6000 fl. bestimmt, und diese Personen den politischen Spitälern und Versorgungsörtern zugewiesen. (Verordnung in Böhmen vom 1. Februar 1784.)

Es wurde ferners in jedem Lande der Armenleutaufschlag als Staatsbeitrag zu den Armenversorgungs-Anstalten und ein Zuschuß vom Münz- und Bergwesensgefäll bewilligt. (Verordnung in Wien vom 19. Februar 1785. Verordnung vom 27. Juni 1753.)

In Wien wurde dem Armen-Institute vom Jahre 1786 an vom a. h. Hofe jährlich die Summe von 24000 fl. abgereicht, wovon 4000 fl. dem Polizeifonde wegen Abstellung des Bettels zufließen. (Verordnung vom 24. Jänner 1786.)

§. 24.

Um die Armencasse besser zu dotiren, wurde in Wien eine Abgabe den ein Hofquartier oder Quartiergeld genießenden Beamten, dann den Vergoldern eine Taxe auferlegt, der Holzaufschlag pr. 3 kr. von einer Klafter Brennholz und für die Haltung eines Tragsessels die Taxe von 1 fl. monatlich dem Armenhaus bewilligt. (Verordnung in Wien vom 27. Juni 1753. Hofentschließung vom 20. August 1781.)

§. 25.

Für die Armencassen in allen Erbländern und speciell für die Prager Armencasse wurde ein Procent von allen Licitationen außer den Executions- und Cridafällen bewilligt. (Verordnung in Böhmen vom 11. April 1781.)

Diese Bewilligung wurde später auf die Localarmenanstalten jeder Ortschaft, wo die Licitation geschah, ausgedehnt und befohlen, daß die 1procentige Licitationsgebühr fortwährend zu entrichten sei. (Hofdecret vom 12. Februar 1784. Hofkanzleidecret vom 13. September 1791.)

Diese Licitationsgebühr wurde für Wien mit Beibehaltung der obigen Ausnahme auf 2 Procent erhöht, für Tyrol 1 Procent bewilligt und von der Entrichtung in allen Provinzen die Aerarial-Verkäufe ausgenommen. (Central-Finanz-Organisirung, Hofcommissionsdecret vom 25. April 1812 und 24. Juni 1817. Hofkanzleidecret vom 10. October 1831, Zahl 22973.)

Im Salzburgerkreis, so wie in ganz Oberösterreich wurde bei allen in gerichtlichen oder außergerichtlichen Angelegenheiten vorkommenden Licitationen der Civil-Parteien mit Ausnahme der Executions- und Cridafälle sowohl vom beweglichen als vom unbeweglichen Vermögen nach Abzug der auf der Realität haftenden Schulden 1 Procent zu Gunsten der betreffenden Localarmenanstalten gestattet. (A. h. Norm vom 6. Juni 1761. Hofkanzleidecret vom 12. März 1831, Zahl 5328.)

Zuletzt wurde erlassen, daß die Abnahme des Armen-Percents bei öffentlichen Versteigerungen, da, wo und in der Art, wie sie nach Zulaß der bestehenden Vorschriften dermalen besteht, noch ferner Statt zu finden hat. (Hofkanzleidecret vom 8. October 1839, Zahl 16532.)

§. 26.

Von den öffentlichen Bällen mußte der vierte oder dritte Theil der ganzen Einnahme dem Armenfond oder Waisenhaus zugewendet werden. (Verordnung in Wien vom 7. November 1766.)

Die Schauspiele zum Beßten des Armen-Institutes wurden unter den bestehenden Vorsichten bewilligt. (Verordnung in Böhmen vom 18. April 1786.)

An Normatagen jedoch durften die Wohlthätigkeits-Anstalten wohl Musik, nicht aber Tänze, Opern und Schauspiele in einem Theater aufführen, und überhaupt wurde alles verboten, was der Heiligkeit der benannten Tage zuwider wäre. (Hofkanzlei-Präsidial-Decret vom 18. Juni 1821, Z. 17340.)

Die für wohlthätige Zwecke an Normatagen abzuhaltenden musikalischen Akademien sollten ernster Gattung sein, d. i. Concert spirituels, keineswegs aber Tableaux, Declamatorien, und wiederholt wurden Opern, Schauspiele und Tänze verboten. (Regierungsdecret in Oberösterreich vom 28. Juli 1821, Zahl 13984.)

Für die Ertheilung der Bewilligung zur Abhaltung von Tanzmusiken in allen Kreisen von Oberösterreich wurde gestattet, in den Städten und Märkten 1 fl., auf dem Lande 40 kr. zu Gunsten der Local-Armen-Institute einzuheben. Uebrigens hat es in den Städten Linz und Salzburg bei den schon bestehenden bereits besonderen Zwecken gewidmeten Taxen, welche aus solchen Anlässen abgenommen zu werden pflegen, zu verbleiben, und findet obige Bestimmung auf diese Orte keine Anwendung. (Hofkanzleidecret vom 26. Jänner 1827, Zahl 1358.)

Sind endlich Bälle oder andere Belustigungen zu wohlthätigen Zwecken mit Lotterie und Gewinnausspielungen verbunden, und sollen die Lottotaren nachgesehen werden, so soll
diese Nachsicht frühzeitig nachgesucht werden, damit die a. h. Bewilligung eingeholt werden könne. Früher ist weder der Ball
abzuhalten noch anzukündigen. (Regierungsdecret in Oberösterreich vom 8. März 1840, Zahl 6545.)

§. 27.

Die Marktübertretungen wurden mit einer Geldstrafe von
30 Reichsthalern verpönt und diese, so wie alle anderen Geld-
bußen dem Armenfonde zugeführt. (Verordnung in Wien vom
18. October 1755.)

Von den temere litigantibus oder muthwilligen Proces-
sirern wurden die andictirten Strafen zur Armencasse einbezo-
gen, diese auch nebst dem zu der Condemnirung der Expen-
sen, der Rechtsfreund aber zu einer Geldstrafe für eben diese
Armencasse verurtheilt. (Hofdecret für alle k. k. Erbländer vom
6. Juni 1761.)

Der einem Unterthan in einer gegründeten Beschwerde den
Beistand verweigernde Unterthansadvocat mußte 5—10 Ducaten zum Armen-Institut erlegen. (Instruction für die Unter-
thansadvocaten, Hofdecret vom 30. Mai 1781.)

Das Darangeld von dem zweiten Dienstherrn, wenn er
von dem ersten, welches sein Dienstbot angenommen hatte,
wußte, fällt ebenfalls in die Armencasse. (Patent vom 30.
September 1782.)

Jedes Stift oder Ordenshaus, welches aus seiner Schuld
das Protokoll der landesfürstl. Verordnungen in der Einrichtung und Fortsetzung mangelhaft hielt, mußte 100 Ducaten
zu Handen der Armenhäuser erlegen. (Hofdecrete vom 15. Juni
1782 und 13. Mai 1783.)

Der Buchdrucker, welcher nur eine Kleinigkeit, und wenn
es nur einige Zeilen waren, ohne Imprimatur drucken ließ,
mußte 6—12 auch 24 Ducaten nach Gestalt der Sache unnachsichtlich zur Armencasse erlegen. (Verordnung in Böhmen vom
28. Februar 1782.)

Die anstößige Stelle in Festo Gregorii VII., so wie in
der Lectio II. in Festo Bononis, die Worte von exorto
— interfuit, sind in den Ordensbrevieren bei einer Strafe
von 50 fl. für den Armenfond zu verpicken und auszulöschen.
(Hofdecrete 15. Juni 1782 und 16. September 1782.)

2 *

Die von Pfuschern und Hausirern herumgetragenen Zinn-gießerarbeiten und Waaren werden im Betretungsfalle zum Beßten des Armen-Institutes verwendet. (Hofdecret vom 5. August 1784.)

Das den Züchtlingen gegebene Almosen wird **confiscirt**, der Züchtling und der Almosenspender abgestraft. (Verordnung in Wien 10. Juni 1786.)

Wer ein Scheit Schwemmholz entwendete, und wer das entwendete kaufte, mußte für jedes Scheit 10 Gulden zum Armenfond bezahlen. (Patent in Wien vom 10. October 1785.)

Wer von der privilegirten Compagnie zur Schiffbarma-chung des Marchflusses einen Schiffmann aufhetzte und ab-wendig machte, ohne Entlaßschein annahm, mußte 200 Duca-ten bezahlen, wovon eine Hälfte dieser Compagnie, die andere dem Armen-Institute zufiel. (Patent in Wien vom 10. October 1785.)

Ueberhaupt fallen alle Strafen an Geld, Waaren, Feil-schaften dem Armen-Institute und eben so die Strafen bei ver-botenem Spiele zu. (Strafgesetz vom 3. September 1803, **II.** Thl. §. 9 und 266.)

Auch die Strafgelder für den versäumten Besuch der Wie-derholungsschule fließen in den Armenfond. (Studien-Hof-Commissions-Decret vom 27. September und 8. November 1816, Z. 2076 und 2486.)

Dem Armen-Institute des Ortes verfallen die in Amtssa-chen gegebenen Geschenke oder deren Werth selbst bei nach Pflicht ausgeübten Amte. (Strafgesetz vom 3. September 1803, §. 88 I. Theil.)

Eben so gehören die Strafen bei Gewerbsstörungen, Win-kelschanken u. dgl. zum Armenfond, also alle Strafgelder bei Polizeivergehen und daher auch die Strafen bei Zünften und Gewerben, die Satzübertretungsstrafe und das satzwidrige Ge-bäck, die Geldstrafen für Uebertretungen bei Tanzmusiken. (Hofkanzleidecret vom 3. August 1827, Zahl 20410, Hand-werksordnung vom Jahre 1732, a. h. Entschließung vom 1. December 1806, Hofzahl 22709, Regierungs-Decret für Oester-reich ob der Enns vom 8. Juni 1827, Zahl 12846.)

Endlich fließen nach §. 25 des Auswanderungspatentes vom 24. März 1832, wie überhaupt alle polizeilichen auch diese Strafgelder in den Armenfond. (Regierungsdecret für Oester-reich ob der Enns vom 8. Mai 1836, Zahl 14405.)

§. 28.

Bei den ein Vermögen hinterlassenden Spitälern oder aus dem Armen-Institute Betheilten, ist zu erheben:

I. ob er dasselbe schon bei seinem Eintritt ins Spital besessen, oder

II. erst während seiner Aufnahme in das Spital von anderwärts erworben, oder

III. dasselbe nur von dem ihm aus dem Spital zugeflossenen Genuß in Ersparung gebracht hat, wo sodann dem Spitale im ersten und zweiten Falle aus solchem Vermögen der ganze Betrag der genossenen Spitalsportion vom Tage der Vermögens-Erwerbung vergütet, endlich im 3. Falle dem Spital einigen Ersatz zu fordern nicht eingeräumt werden soll. (Normale vom 7. Mai 1757. Hofdecret vom 3. Juni 1784.)

Wenn bei der Verlassenschafts-Pflege einer Person, die aus dem Armen-Institute einen Betrag genossen hat, hervorkommen soll, daß sie zur Zeit der Verpflegung aus dem Armen-Institute ein solches Vermögen besessen und verheimlicht hat, welches sie, wenn es bekannt gewesen wäre, von diesem Bezuge ausgeschlossen haben würde, so soll dieses den Erben nichts nützen, sondern das Ausgelegte dem Armen-Institute aus der Masse zurück vergütet werden. (Hofdecret vom 12. Jänner 1789.)

Hat aber der aus dem Armen-Institute betheilte Arme nach seinem Tode nebst dem Vermögen auch Schulden hinterlassen, so nehmen die Rechte des Armen-Institutes hinsichtlich des Almosens erst dann den Anfang, wenn nach Abzug aller Schulden etwas bleibt. (Hofdecret vom 2. März 1790.)

Doch sind die Versorgungshäuser von der Gerichtsbarkeit der Abhandlungs-Instanzen nicht ausgenommen, sondern sie haben bloß die allenfalls dem Hause zu ersetzenden Unkösten zu liquidiren und die Amtshandlungen der competenten Behörde zu überlassen. (Appellations-Verordnung in Böhmen vom 22. Februar 1791.)

§. 29.

Von dem Intestat-Nachlaße des **Secular-Clerus** gehört, wenn die Verwandten nicht selbst arm sind, ein Drittel dem Armenfond, und zwar des Ortes, an dessen Kirche der Verstorbene angestellt war; sind aber dieser Kirche Filialen untergeordnet, so wird das Drittel nach dem Verhältnisse der Volksmenge abgetheilt. Ist der Priester bei keiner Kirche angestellt, so fällt das Drittel dem Institute des Ortes zu, wo er gestorben ist. (Hofdecret vom 18. Juli 1772 und 27. Nov. 1807.)

Wird aber dieses Armendrittel den Verwandten bewilligt, so erhalten dieses nur die in wahrer Armuth lebenden, und zwar nur in dem Betrage, welcher ihnen nach der gesetzlichen Erbfolge zugefallen wäre, der auf die reichen Erben fallende Theil bleibt dem Armen-Institut. (Hofkanzleidecret vom 16. September 1824, Zahl 2040.)

Diese für die Armen bestimmten Drittel sind, wenn auch die armen Verwandten daraus betheilt wurden, immer von der Erbsteuer befreit gewesen. (Hofkanzleidecret vom 11. Februar 1819, Zahl 4107.)

Auch kann das Armendrittel bei geistlichen Intestat-Verlassenschaften an baierische Unterthanen im Falle der beobachteten **Reciprocität** anstandslos ausgefolgt werden. (Hofkanzleidecret vom 29. September 1825, Zahl 29234.)

§. 30.

In Wien wurde ein Procent zum Wohlthätigkeitsfonde, für Steyermark, respective die Stadt Grätz, bei Verlassenschaften über 100 fl. ein halb Procent für den Hauptarmenfond und eben so viel in Prag für den politischen Stiftungsfond bewilligt. Bei Legaten zu wohlthätigen Zwecken jedoch findet kein Abzug für das Armen-Institut Statt. (Justiz-Hofdecrete vom 30. August 1806, 15. Juni 1816, Nro. 1259, 9. April 1817, Nr. 1331, und 30. October 1823, Nro. 1972.)

§. 31.

Die Geistlichen wurden aufgefordert, für das Armen-Institut Legate zu machen, und die Beobachtung dieser Vorschrift wurde dem Consistorium zur Ueberwachung aufgetragen; obschon durch ältere Gesetze überhaupt befohlen war, daß jeder Erblasser in seinem letzten Willen etwas dem Armenhause hinterlassen solle. (Verordnungen vom Jahre 1724, 1751, 25. Juli 1776, 5. Mai und 5. August 1785.)

Jedes Legat und jede Erbseinsetzung zu Gunsten des Armen-Institutes mußte der Stiftungs-Hofcommission angezeigt und die Kammerprocuratur zur Vertretung aufgestellt werden, wovon auch sogleich die Anzeige an die Landesstelle zu machen war. (Appellations-Decret vom 24. October 1784, Justiz-Hofdecret vom 3. Juni 1785, Nro. 441.)

Die Abhandlungs-Instanzen müssen die Anzeige durch die Kreisämter an die Landesstelle halbjährig, im Falle aber ein

etwas beträchtlicheres Legat oder eine weltliche Stiftung vor-
kommt, sogleich erstatten. Diese Anzeige hat nun vom 1. Solar-
quartal 1830 angefangen vierteljährig zu geschehen. (Justiz-
Hofdecret vom 3. Juni 1785, Nro. 441, Hofdecret vom 28.
October 1790, Hofdecret vom 11. August 1786, Regierungs-
decret für ob der Enns vom 24. Jänner 1830, Zahl 1332.)

Das Armen-Institut ist bei Legaten oder der Erbseinsetzung
von der Entrichtung aller Taxen, mithin der Sterbtaxe sowohl
als der Abhandlungsgebühren und übrigen Gerichtstaxen,
gänzlich befreit, nur in dem Falle, wenn in einem Testamente,
wo dieses Institut zum Erben eingesetzt wird, Legate vorkä-
men, welche auf Anordnung des Erblassers ohne Abzug zu
verabfolgen sind, in diesem Falle hat dasselbe von den Legaten die gewöhnlichen Gebühren zu tragen, so daß die zuge-
standene Befreiung alsdann nur in Ansehung derjenigen Summe
Platz greift, welche nach Abfuhr der Gebühren dem Institute
hörig bleibt. (Edict vom 24. September 1750, Justiz-Hofdecret vom 26. November 1784, Nr. 369, Hofdecrete vom 30.
Jänner, 28. Februar 1791, 15. Jänner 1801, Hofkammerdecret vom 23. Februar 1804, Hofkanzleidecret 5. Sept. 1820.)

Bei Legaten zu wohlthätigen Zwecken ist jedoch kein Abzug
für den Armenfond. (Hofdecret vom 30. October 1823.)

Die Befreiung von den Gerichtstaxen gilt nur für das
eigentliche Armen-Institut, nicht aber auch für die Bürgerspitäler und Fonde. (Hofkammerdecret vom 31. Mai 1825,
Hofdecret vom 23. Februar 1792, Regierungsdecret für ob der
Enns 11. Juni 1825, Zahl 14011.)

Ueber die Legate für Arme mußten sich die Erben ausweis-
sen, wann und in wessen Gegenwart die Vertheilung geschah,
als sonst das Legat das zweite Mal aus Eigenem gezahlt werden
müßte. Ist in Wien bei einem Legate für Arme Jemand zur
Vertheilung beauftragt, so hat er das Verzeichniß der Bethei-
ten der Stiftungs-Oberdirection vorzulegen, außerdem nimmt
diese Stelle die Vertheilung vor. (Hofdecret vom 23. Jänner 1786.)

Hat der Erblasser verordnet, daß die Erben das bestimmte
Almosen selbst austheilen sollen, so hat er zu erkennen gegeben,
daß er in sie volles Vertrauen setze, auch ihrer Willkühr über-
lasse, die Armen mit aller Vorsicht zu wählen, daher können
solche Erben gegen die ausgedrückte Anordnung des Erblassers
nicht nach der bestehenden Verordnung und nicht wie andere behandelt werden, für die der Beisatz, daß sie Niemanden Rechen-
schaft schuldig sind, im Testamente, nicht zugesetzt worden ist.

Bei dergleichen Fällen wird also immer auf den ausgedrückten Willen und darauf zu sehen sein, daß nichts vorgekehrt werde, was demselben entgegen sein könnte. (Hofdecret vom 26. Mai 1787.)

Legate zu frommen Werken ohne nähere Bestimmung gehören zum Soldatenkinderfonde. (Normale vom Jahre 1745 und 1. Juli 1769, Hofentschließung 25. Juli 1772.)

Ist aber ein Vermächtniß für Hausarme legirt, so gehört es unter die bestimmten Vermächtnisse, was hingegen für andere Arme überhaupt vermacht wird, gehört den Militär-Invaliden-Fond. (Hofentschließung vom 30. September 1772.)

Legate für Bruderschaften, die nicht mehr bestehen, gehören für das Armen-Institut. (Hofentschließung vom 2. Juni 1785.)

Legate für das Armen-Institut sollen auch demselben zufallen, nur die ohne alle Bestimmung auf Arme überhaupt ohne nähere Bezeichnung derselben lautenden Vermächtnisse fließen zur Hälfte in den Invalidenfond. (Hofdecret 13. December 1788, Justiz-Hofdecret vom 22. Dec. 1788, Nro. 938.)

Hat Jemand im Testamente seine arme Seele zum Universal-Erben eingesetzt, so ist im Einverständniß mit dem Ordinariat das Erbe auf Stiftmessen und zur Unterstützung der Armen gegen die ihnen auferlegte Pflicht, für den Erblasser zu beten, zu verwenden. (Hofkanzleidecret vom 7. Febr. 1828, Z. 2647.)

Ueberhaupt aber und immer ist der Wille des Erblassers, so fern er nichts Gesetzwidriges enthaltet, also auch in Hinsicht auf fromme Stiftungen, genau zu befolgen. (Hofkanzleidecret vom 16. November 1826, Zahl 32187.)

Hinsichtlich der Anlegung oder sogleichen Verwendung der Legate für das Armen-Institut wurde zuerst befohlen, daß Legate, welche die Summe von 500 fl. erreichen, angelegt, die andern zu Currenten-Ausgaben verwendet werden sollen. (Hofentschließung vom 26. April 1786.)

Später wurde verordnet, daß Legate für das Armen-Institut mit der Bedingniß, sie sogleich zu vertheilen, dem Armen-Institute übergeben und dem Erblasserischen Willen gemäß behandelt werden sollen, die Legate ohne diese Bestimmung im öffentlichen Fonds zum Besten des Armen-Institutes anzulegen, und nur die Zinsen zu vertheilen sind; was ohne Rücksicht auf die Größe des Betrages zu geschehen hat. (Hofdecret vom 2. Jänner, 13. October 1787 und 28. October 1790.)

Zuletzt wurde jedoch verordnet, daß die gesetzlichen Legate sowohl, als die freiwilligen Vermächtnisse und Geschenke, in so fern der Schenker keine besondere Bedingung beigefügt hat, ohne Rücksicht auf die [Größe des] Betrages, sowohl bei den Staats = als auch bei den Local=Wohlthätigkeits = Anstalten, als ein currentes Einkommen angesehen, und zur Bestreitung des laufenden Aufwandes verwendet werden dürfen. (Hofdecret vom 28. Februar 1836, Zahl 5006, Hofdecret 27. September, 4. October 1839, Zahl 29896 und 30014.)

Concurrenz.

---

§. 32.

Die letzte und häufig ergiebigste Quelle der Einnahme für das Armen = Institut ist die Pfarr=Concurrenz, welche die Abgänge des Armen=Institutes in folgenden Fällen deckt, als:

1) Bei Versorgung der erwerbsunfähigen Pfarr=Armen.

2) Bei der Verpflegung und Heilung der einheimischen Kranken, in so fern die Kosten nicht in öffentlichen Anstalten auflaufen und nicht vom Aerar und den Dominien gesetzlich getragen werden.

3) Die Versorgung der armen Siechen und Wahnsinnigen, in so fern sie nicht in einer öffentlichen Anstalt untergebracht sind.

4) Die Kosten für Findlinge und arme Gebärende, so lange die ersteren nicht eingekauft und die letzteren nicht in öffentliche Anstalten untergebracht sind.

5) Die Unterstützung der Invaliden, Landwehrweiber und ihrer Kinder, endlich

6) die Todtenbeschau für solche Arme, aus deren Nachlasse diese Auslage nicht bestritten werden kann.

Nur die Armenversorgung muß sich nach der Verordnung vom 9. August 1783 und dem Unterrichte vom 17. Februar 1784 über den ganzen Pfarrbezirk ohne Beschränkung ausdehnen, und es ist sich dießfalls nach den eigens dafür bestehenden Vorschriften zu benehmen, da ihre Kosten nur in so fern einen Ge=

genftand der Pfarrbezirks=Concurrenz ausmachen, als die be=
treffenden Armen=Institute Abgänge haben.

Ueber die im folgenden Jahre zu gewärtigenden Pfarr=Con=
currenz=Auslagen ist jährlich im Monat October ein Präliminare
zu verfassen, und dieses in Beziehung auf die Armen=Verfor=
gungskosten von dem Ortspfarrer mitzufertigen.

Diese Voranschläge sind bis 20. November ans Kreisamt
einzusenden.

Nach erfolgter hoher Genehmigung werden die Concurrenz=
Auslagen eingehoben, verausgabt und gehörig verrechnet. (Hof=
kanzleidecret 25. December 1835, Zahl 34285.)

§. 33.

Ueber die Einkünfte und Abgaben des Armen = Institutes
müssen in jedem Pfarrbezirke ordentliche Rechnungen geführt, die
Rechnungsabschlüsse von den Armen=Instituts=Vorstehern und
Seelsorgern, dann monatliche und alljährliche Ausweise über
den Stand der betheilten Armen verfaßt werden.

Zur gleichmäßigen Einrichtung der Rechnungen sind be=
sondere Formularien vorgeschrieben. (Hofdecrete vom 30. Juni
1787, 24. Mai 1788, 29. Mai 1789, Verordnung in Böh=
men 14. Juni 1797.)

Ueber diese Verfassung der Ausweise wurde durch vielfältige
Verordnungen der sachgemäße Unterricht ertheilt.

In jedem Pfarrbezirke müssen die Rechnungen monatlich
abgeschlossen werden, der ganzjährige Ausweis aber muß, un=
ter Fertigung des Pfarrers, Rechnungsführers und Armenva=
ters an den Hauptbezirk, und von diesem auf dem Lande zu
Ende eines jeden Jahres an das Kreisamt zur weiteren Einbe=
gleitung an die Landesstelle befördert werden.

Für diese jährlichen summarischen Rechnungsausweise wurde
ein Formular vorgeschrieben, und die Zusammenstellung der
Rechnungsresultate aufgelassen.

Wenn die Pfarrbezirke, wie es auf dem Lande häufig der
Fall ist, zu keinem Hauptbezirke gehören, so werden ihre Rech=
nungen und Ausweise unmittelbar an das Kreisamt eingesendet.
(Hofdecret 24. Mai 1788, Verordnung in Böhmen 23. April
und 17. December 1789, 14. Juni 1797, für Kärnthen 10.
April 1793, Regierungsdecret in Oberösterreich vom 4. Aug.
1829, Zahl 20490.)

Bei dem Armen=Institute wurden später besondere Läden
nach dem Muster für die Kirchen errichtet, worin die Rechnun=

gen, Obligationen, Gewähre und andere Urkunden verwahrt, auch gegen Auswechslung und Unterschiebung gesichert werden sollen.

Die Lade selbst ist unter einer dreifachen Sperre zu halten, ein Schlüssel soll dem obrigkeitlichen Beamten, ein zweiter dem Seelsorger, der dritte dem Armenvater zugetheilt werden. (Hofdecret vom 21. Jänner 1792.)

Die vorhandenen Capitalien des Armen = Institutes dürfen niemals angegriffen oder vermindert werden; für die Sicherheit derselben haben die Magistrate und Dominien zu haften. Verordnung in Böhmen vom 14. Juni 1797, §. 2.)

Die Pfarrer wurden angewiesen, jedesmal 8 Tage vor ihrem Abtritte von der Pfründe der weltlichen Vogtei Nachricht zu geben, und die in Händen habenden Documente zur Legung der Vogtei = und Armen = Instituts = Rechnungen zu übergeben. (Regierungsdecret in Oberösterr. vom 24. Jänner 1831, Z. 1546.)

Nach dem Tode eines Pfarrers ist nach einem eigenen Formular die Scontrirung vorzunehmen. (Regierungsdecret für Oberösterreich vom 28. Februar 1841, Zahl 5356.)

Sämmtliche Armen = Instituts = Rechnungen sind gegenwärtig zu Folge höchsten Hofkanzleidecretes vom 22. April 1843, Zahl 7924, und Regierungsdecrete für Oberösterreich vom 9. Jänner 1844, Zahl 28285, bis längstens 28. Februar bei dem k. k. Kreisamte einzureichen.

III. Abschnitt.

Die Armenbetheilung.

§. 34.

Der Hauptgrundsatz des Armen-Institutes ist, daß die Unterstützung desselben sich nur auf die dringendsten Bedürfnisse beschränken darf, damit der Nothleidende nicht bemüßigt werde, sich durch Bettelei fortzuhelfen. Standesansprüche sollen nicht gehört, Unterscheidungen der Personen nicht beachtet werden, sondern die Versorgung der Armen muß durchaus nach einem gleichen Maßstabe geschehen. Sie muß hinreichend sein, darf aber auch das Nothwendige nicht übersteigen, so daß ein Dürftiger niemals das erhalten soll, was er durch eigenen Fleiß erwerben kann. (Hofdecret vom 26. November 1784, Instruction für die Armenväter in Wien 1803, I. Abschnitt, §. 4 und 6.)

§. 35.

Um ein Almosen zu erhalten, hat sich der Arme jedesmal persönlich bei seinem Armenvater zu melden.

Hinsichtlich der Bittschriften für Arme wurde verfügt, daß da viele unnütze Bittschriften von armen Bettlern vorkommen, und diese hierzu vermuthlich durch die Winkelschreiber, um diesen armen Leuten den letzten Kreutzer auszupressen, verleitet werden dürften, so war durch die Pfarrer und die öffentlichen Zeitungsblätter bekannt zu machen, daß künftig Niemand ein Almosen erhalten, oder in einem Kranken- oder sonstigen Versorgungshause aufgenommen werden würde, der eigens durch ein Memorial darum einkommt; daß dieses ohne alle Rücksicht liegen bleiben soll, daß sich die hierum Ansuchenden lediglich an die Pfarrer und Armenväter zu wenden haben, wodurch sie zugleich alle Unkosten, welche sie für das Schreiben der Memorialen oder sonst zu machen haben, ersparen werden.

Sollte aber der Arme glauben, daß er nicht institutmäßig betheilt sei, so kann er seine gegründet gemeinte Beschwerde mit

Anschließung der pfarrlichen Abweisung, welche jeder Pfarrer mit den angehängten Ursachen der Verweigerung mittelst eines umständlichen schriftlichen Zeugnisses jeder Partei auf Verlangen zu geben gehalten sein soll, höhern Ortes anbringen, und die institutmäßige Hilfe gewärtigen. (Verordnung in Wien vom 6. December 1784.)

Die Bittgesuche der Armen wurden wiederholt verboten, und befohlen, daß solche Bittschriften unerledigt hinausgegeben, und die Armen zu mündlichen Gesuchen bei den Pfarrern verhalten werden sollen. (Hofdecret vom 1. März 1788.)

§. 36.

Die Betheilung der Armen hat durch die Hände der Pfarrgeistlichkeit zu geschehen, diesen kommt die institutmäßige Betheilung zu und erst, wenn gegen diese Betheilung Beschwerden einlaufen, haben die vorgesetzten Behörden das weitere Amt zu handeln. (Hofentschließung am 23. December 1785 und 2. October 1786.)

§. 37.

Hat sich der Arme vorschriftmäßig gemeldet, so ist zu der sorgfältigen Erhebung seiner Lage und Umstände zu schreiten.

Die Armenbeschreibung ist der Grund zur Beurtheilung der Dürftigkeit der Armen, und zur Bestimmung der nach dem Grade der Dürftigkeit gebührenden Armenportion. Wenn ein Armer sich um eine Almosenportion meldet, hat man zur Beurtheilung seiner Dürftigkeit folgende Fragen an ihn zu stellen:

1) Wie er heiße und woher er gebürtig sei.

2) Wo er wohne, und welches Hausnummer das Haus habe, wo er wohnt.

3) Wie lange er sich hier aufgehalten.

4) Ob er verheirathet oder ledig sei; wenn er verheirathet ist, wie dessen Gattinn, es versteht sich gegentheilig, wenn die Hilfe verlangende Person weiblichen Geschlechtes ist, heiße. Wenn die Person, die sich meldet, weiblichen Geschlechtes ist, so ist nicht sie, sondern der Ehemann, der das Haupt der Familie ausmacht, zu beschreiben, und auch darauf zu bestehen, daß er selbst erscheint.

5) Wie viel Kinder sie haben, und wie alt jedes sei.

6) Wo sich die erzogenen Kinder befinden, wovon sie sich ernähren, und was für eine Hilfe die Aeltern von ihnen erhalten, oder wenigstens mit Recht erwarten können.

7) Ob sie die erzogenen Kinder bei sich haben, oder ob dieselben bei guten Freunden, in Stiftungen u. s. w. versorgt werden.

8) Was bisher das Gewerbe des Armen gewesen sei, in wie weit er im Stande ist, diesem nachzugehen.

Diese Frage läßt sich nicht sowohl beantworten, als bemerken. Man hat auf das Alter, die gute oder gebrechliche Leibesbeschaffenheit des Armen zu sehen, und die sichtbaren Leibesgebrechen wohl anzumerken, die angeblichen inneren aber von einem Leib- oder Wundarzte bestätigen zu lassen.

9. Was der Arme bei seiner Leibesgebrechlichkeit doch noch zu verdienen im Stande sei. Hier kommt es abermals mehr auf die eigene Beurtheilung und Beschauung, als auf das eigene Angeben des Armen an, weil seine Umstände immer mitleidswerther angegeben werden, als sie wirklich sind, welches die tägliche Erfahrung lehrt.

10) Seit wann sich der Arme in diesen Umständen befinde, wovon er sich bis jetzt fortgebracht hat, und ob er sich nicht ferner auf die nämliche Art fortbringen könne.

Die genaue Beantwortung dieser Frage entscheidet oft das Schicksal des Armen.

Man muß vorzüglich bei dieser Frage stehen bleiben, und sich nicht mit leeren Vorwendungen begnügen, sondern mit zu stellenden Fragen so lange fortfahren, bis alles aus dem Grunde erhoben ist.

11) Ob der Arme eigene Mittel besitze oder nicht, eine fremde Hilfe, von seinen Kindern, Anverwandten oder andern Gutthätern, oder aus Stiftungen genieße, in wie fern darauf sicher zu rechnen sei u. s. w.

Viele haben bei ihren Kindern oder andern Bekannten, wenn sie auch gebrechlich sind, für das Kinderwarten oder andere zu verrichtende geringe Hausdienste die Kost und Wohnung. Sie pflegen diese Hilfe gemeiniglich zu verschweigen, und in diesem Falle gebührt ihnen höchstens die Viertelportion, da der Dienstbote, der sich hart plagt und alle harte Arbeit verrichten muß, nicht viel mehr an Lohn bekömmt.

12) Auf was für eine Art der Arme die Wohnung genieße, ob aus Verbindlichkeit oder christlicher Liebe, oder gegen Bezahlung, und was er jährlich nach Abschlag der ihm etwa von andern Miteinwohnern gemachten Beiträge für sich und seine Familie bezahle.

13) Wie er die angezeigten Umstände seiner Dürftigkeit durch unverwerfliche Zeugnisse bestätigen könne.

Alle diese Fragen werden nicht immer und an jeden zu stellen sein. Die wahre Armuth entscheidet sich von selbst augenblicklich und leidet keine Verstellung.

Nur da wird man keine übergehen können, wo sich verstellte Arme eindringen, und durch die Kunstgriffe der Verstellung einen Theil des Almosens zum Schaden des Armen-Institutes erschleichen wollen.

Die Beantwortung dieser Fragen, und wenn sich deren Richtigkeit nach der Hand bei der Untersuchung, die allemal gründlich zu machen ist, bestätiget, läßt endlich den Grad der Dürftigkeit und nach demselben den Antheil der Almosenportion bestimmen. (Verordnung in Wien 24. Februar 1784.)

§. 38.

Die zur patentmäßigen Verpflegung angewiesenen Bettler sind nicht als Boten, um die bloße Atzung oder wohl gar als Tagwerker zu gebrauchen, sondern, wenn sie etwas zu arbeiten oder sich zu verdienen im Stande sind, so ist es billig, ihnen einen wenigen Beitrag zuzulegen. Die noch riegelsamen hingegen können zu geringeren gemeinsamen Arbeiten angehalten werden, einem und dem andern aber steht im Beschwerungsfalle bevor, sich bei der vorgesetzten Stelle zu melden.

Die Armen sollen von ihrer Obrigkeit examinirt, die Insassen ermahnt werden, die auszutheilenden Almosen in die Büchsen zu legen, welches vorzüglich bei den Begräbnissen zu beobachten, und nicht mehr vor der Hand zu vertheilen ist. (Patent für ob der Enns vom 1. September 1752.)

Zur richtigen Bestimmung der Almosenportion dient noch folgende Richtschnur:

1) Jene Person, welche weder wegen hohen Alters, noch wegen Leibesgebrechen verhindert wird, zu arbeiten, und sich den nothdürftigen Lebensunterhalt mit der Arbeit zu verschaffen, ist nicht institutsfähig, und deren Vorwand, keine Arbeit, keinen Verdienst zu haben, ist nicht zu hören, denn dieses ist nicht die Sache der Armenversorgungs-Anstalt, sondern der Polizei, welche Arbeitsfähigen Arbeit verschaffet.

2) Wenn der Arme, der das Almosen verlangt, verheirathet ist, und dessen Ehemann oder Eheweib sich so viel verdienen kann, um durch eigenes Verdienst sich und seinen Gatten nothwendig zu erhalten, so kann er auf das Almosen keinen Anspruch

machen; denn der Mann ist seinem Weibe, und dieses dem Ehemanne die Erhaltung wechselweise schuldig.

3) Unerzogene Kinder verdienen nur in so weit eine besondere Rücksicht, als man überzeugt ist, daß die Aeltern auch bei anhaltendem Fleiße außer Stande sind, sie zu erhalten, und ihnen die Erziehung bis zur Fähigkeit der eigenen Erwerbung des nothdürftigen Unterhaltes zu geben, und so weit die Kinder der Jugend oder Leibesgebrechlichkeit halber sich nichts verdienen können. Der Taglöhner und dessen Eheweib, die noch bei guten Kräften sind, werden zwei auch drei Kinder, so gering auch ihr Verdienst ist, ernähren, und ihnen die ihrem Stande angemessene Erziehung geben. Diese Voraussetzung wird durch vielfältige Beispiele, in der Stadt sowohl als auf dem Lande, bestätigt. Mehr als 3 Kinder, bei denen er seinen zu geringen Verdienst unter so viele Mitzehrende theilen muß, können ihn in Umstände versetzen, daß er nicht im Stande ist, sich nur nothdürftig zu ernähren, besonders, wenn die Mutter mit kleinen Kindern oder einem säugenden Kinde beschäftiget, verhindert wird, ihrer Arbeit nachzugehen, wie sie es sonst thun würde. Hier verdient er also den Almosenbeitrag einer Viertelportion als eine Zulage und Beihilfe für das 3. und 4. Kind.

4. Der Gebrechliche und Kraftlose, wenn er eigenes Vermögen besitzt, auch der, welcher von fremder Wohlthätigkeit Hilfe genießt, können mit Recht nur in so weit das Almosen ansprechen, in so weit als das eigene Vermögen oder die genießende fremde Hilfe zur nothdürftigen Unterhaltung unzulänglich ist.

5) Arme des weiblichen Geschlechtes finden immer ein leichteres Unterkommen, als die des männlichen. Sie lassen sich auch in ihrem hohen Alter zu verschiedenen kleinen Hausdiensten brauchen, sie begnügen sich mit einer geringeren Kost, und ihre Kleidung kömmt leichter zu stehen. In der Regel gebührt ihnen also nur eine ¾ Portion, wenn einem Armen des männlichen Geschlechtes die ganze Portion bestimmt wird. Eine Ausnahme davon leiden besondere wichtige Umstände, z. B. eine schwere und langwierige Krankheit u. s. w.; in welchem Falle es aber immer sowohl für den Armen, als für das Institut vortheilhafter sein wird, auf die Versorgung in einem Versorgungshause anzutragen, wo eine solche preßhafte Person Wohnung, Bett, Wartung, weltliche und geistliche Hilfe finden kann, und doch dabei die Versorgung dem Institute leichter zu stehen kömmt.

6) Wenn Aeltern, die schuldig sind, ihre Kinder zu ernähren, ein kleiner Beitrag in den Stand setzet, der Pflicht als Va-

ter, und Mutter nachzukommen, so hat es eine ganz andere Beschaffenheit, als mit älternlosen verlassenen Waisen. Diese erwarten Nahrung und Erziehung von fremder Gutthätigkeit, und die Armenversorgungs = Anstalt ist schuldig, vorzüglich diese in ihren Schutz zu nehmen.

Einwohner, die aus christlicher Liebe und Gutthätigkeit solche Waisen übernehmen, können mit Recht auf eine Schadloshaltung Anspruch machen. (Hofdecret vom 24. Jänner 1784.)

Mit diesen ist also der Beitrag gutwillig auszumachen, und ihnen auch die halbe Portion, welche jährlich 24 fl. ausmacht, abzugeben. Wollen sich die Pflege=Aeltern mit der halben Portion nicht begnügen, so ist dem Hauptbezirke die Anzeige zu machen, weil man hoffen und von der christlichen Liebe der Einwohner sich versprechen kann, daß sich gutthätige Menschen finden werden, welche die Erziehung und Verpflegung solcher mittellosen Waisen gegen den Beitrag der halben Portion übernehmen werden.

7) Arme, welche Fremde sind und sich nicht durch zehn Jahre an einem Orte beständig aufgehalten haben, können der institutmäßigen Versorgung nicht theilhaftig werden; sondern sie haben die Hilfe in dem Lande, in dem Orte, aus dem sie gebürtig sind, zu suchen, und sind dahin anzuweisen. Sollte das Institut die Versorgung der Fremden übernehmen, so würde kein Fond in der Welt erklecken, und keine Ordnung jemals gehalten werden können.

8) Wenn auch die Hauptarmenbeschreibung zu Stande gebracht ist, und den Grad einer ziemlichen Verläßlichkeit erreicht hat, so können sich doch Umstände ereignen, daß mancher Arme mit einer geringeren Armenportion zu betheilen ist, und mancher die Vermehrung des zu erhaltenden Almosens verdient. Das erste kann sich ereignen, wenn dem Armen durch ein unerwartetes Glück seine Umstände verbessert werden, oder wenn er sich von einer Krankheit erholet und seiner Arbeit wieder nachgehen kann; das letztere, wenn er gebrechlicher oder außer Stand gesetzt wird, sich mit seiner Arbeit den vorigen Verdienst zu verschaffen. Auf solche Aenderungen der Umstände des Armen ist von dem Bezirke sorgfältig zu sehen. Doch sind die Portionen willkührlich nicht zu erhöhen, sondern unter dem Monate dem Hauptbezirke die Umstände mit Einbringung der Armenbeschreibung anzuzeigen, und von da die Bestätigung über die zu tragende Verbesserung der Almosenportion abzuwarten. Zufälle, welche eine augenblickliche Hilfe erfordern, leiden eine Ausnahme davon.

9) Mit den Armen, welche noch nicht beschrieben sind, und um ein Almosen ansprechen, ist es auf die nämliche Art zu halten; aber, wenn sich ihre Umstände seit einer kurzen Zeit nicht verschlimmert haben, hat man ihre Dürftigkeit eben so streng als gewissenhaft zu untersuchen. Es ist die Vermuthung, daß sie das Almosen entbehren können, wider sie, da sie sich sonst gleich anfänglich gemeldet und um das Almosen gebeten haben würden. Arme also, welche sich unter dem Monate melden, sind zwar zu beschreiben, der Grad der Dürftigkeit zu untersuchen, die Almosenportion vorzumerken, jedoch von dem Hauptbezirke bis Ausgang des Monats die Bestätigung der verfaßten Armenbeschreibung einzuholen, mithin die Almosen=Betheilung erst das folgende Monat vorzunehmen, wovon aber dringende Fälle, welche eine augenblickliche Hilfe fordern, wieder eine Ausnahme leiden.

10) Viele Arme verdienen Winterszeit eine Hilfe, welche sich im Sommer selbst ohne Almosen oder einer geringeren Portion das nothwendige Auskommen verschaffen können. — Darauf muß besonders gesehen und zur Sommerszeit der Antheil des Almosens da, wo es sich thun läßt, auf eine geringere Portion herabgesetzt werden.

11) Zur Ehre der Menschheit muß man es sagen, daß es Arme gibt, die genügsamer sind, und sich mit einer geringeren Hilfe begnügen, als sie es mit Recht fordern könnten. Man darf also die zu bestimmende Almosenportion mit ihnen selbst verabreden, und man wird nicht selten mit etwas Geringeren auslangen, als man nach der eigenen Beurtheilung selbst ausgemessen hätte.

12) Die Armen an den Hauptbezirk anzuweisen, ist eine vergebliche und nur Umtriebe verursachende Sache. Sie müssen immer wieder an den Pfarrbezirk geschickt, und da institutmäßig untersucht werden. Alles geht in seiner Ordnung, wenn der Arme gleich in den Pfarrbezirken beschrieben, untersucht, und dann unter einem die Beschreibung vor Ausgang des Monats zur Bestätigung eingeschickt wird. Man hofft aber auch und verspricht es sich von dem wahren Menschengefühle der Aufseher, Armenväter und Rechnungsführer in den Bezirken, daß sie die Armen, welche sich bei ihnen melden, an einem in der Woche dazu bestimmten Tage und Stunde geduldig anhören, ihnen mit Gelassenheit und christlicher Sanftmuth begegnen, und keinen mit rauhen Worten von sich abweisen werden. Christenpflicht fordert dieses, der Monarch versieht sich darauf, das Publicum erwartet es, und der Credit des Institutes hängt davon ab.

13) In zweifelhaften Fällen steht es jedem der Aufseher, Armenväter und Rechnungsführer frei, bei dem Hauptbezirke Auskunft einzuholen. Sie werden zu keiner Zeit, zu keiner Stunde ungern gesehen werden; denn alles ist hier von Wichtigkeit und nichts leidet einen Aufschub, weil es um die Rettung der leidenden Menschheit zu thun ist, und weil alle aus dem edlen Triebe der Liebe des Nächsten handeln. Bei Austheilung an die Armen ist sich lediglich an das zu halten und zu beschränken, was an Almosen eingehet und zur Vertheilung wirklich oder ausdrücklich bestimmt ist, die Hälfte des Bruderschaft-Vermögens hingegen hat unangegriffen zu bleiben. (Hofdecret vom 10. August 1786.)

Sehr wichtig ist die Armenbeschreibung, damit man den wahren Nothbürftigen von dem Scheinarmen unterscheiden, die verschiedenen Stufen der Dürftigkeit beurtheilen, und darnach die Hilfe und Unterstützung ausmessen kann. Da die Vereinigung die Absicht hat, wahren Nothbürftigen die nöthige Versorgung zu reichen, so können Standesansprüche nicht gehört werden, welche, um wenige mit Ueberflusse zu unterhalten, in die Nothwendigkeit versetzen würden, mehreren das Unentbehrliche zu versagen. Die Versorgung der Armen geschieht also ohne Unterschied des Standes nach gleichem Maßstabe. Man nennt die Versorgungsantheile Portionen. Eine ganze Portion in der Stadt wird zu 8 kr., dreiviertel Portionen zu 6 kr., eine halbe zu 4 kr., eine viertel zu 2 kr. gerechnet. Auf dem Lande, wo die Lebensmittel wohlfeiler sind, wird die Hälfte der Stadtportion für zureichend erklärt. Der ganz mittellose und jeder erwerbsunfähige erhält eine ganze Portion, und so wie Jemand durch seine Arbeit mehr oder weniger verdienen kann, wird auch immer seinen Umständen ein Beitrag angemessen werden.

Die Beurtheilung der Hilfe und die Verwendung des Almosens überhaupt wird in jedem Pfarrbezirke unter den Augen des Seelsorgers und der von der Gemeinde dazu selbst erwählten, ihr Vertrauen besitzenden und unentgeldlich dienenden Vorsteher ganz öffentlich vorgenommen, und hierüber von dem bei jeder Pfarrgemeinde bestellten Rechnungsführer eine umständliche Rechnung gehalten werden. Diese Rechnung kann jedes Mitglied einsehen, dem gesammten Publicum soll alle Jahre durch den Druck über die eingegangenen Unterzeichnungsbeträge über das in Büchsen gesammelte Almosen, und wie diese Zuflüsse verwendet worden sind, die Ausweisung vorgelegt werden. (Nachricht vom 1. August 1783.)

3 *

Ueber die von sämmtlichen Kreisämtern eingesendeten Armen-Instituts-Ausweise wurde erinnert, daß vorzüglich auf dem Lande denjenigen, welche sich noch etwas verdienen, welche bei ihren Anverwandten Kost, Naturalien und andere Unterstützung erhalten, nur eine halbe oder Viertelportion zukommen soll, was auch in größeren Ortschaften zu geschehen hat, wo Spitäler und andere weltliche Stiftungen bestehen. (Nachricht in Brünn vom 19. Juni 1788.)

Für die Armen-Institute und Landstiftungen wurde ein Formular vorgeschrieben, nach welchem der Ausweis über die Betheilten zu verfassen war. Die Armuthszeugnisse endlich sind gewissenhaft auszustellen. (Hofdecret vom 24. Mai 1788, Gubernial-Decret in Böhmen vom 24. Februar 1786.)

§. 39.

Von der Stadt oder Ortsgemeinde **ab arario comunis civitatis**, oder wo Spitäler vorhanden, sind zu verpflegen: 1) die anfäßig Gewesenen; 2) Gewerbsleute; 3) die Dienstboten und Taglöhner, welche das Decennium erreicht haben. (A. h. Resolution vom 16. November 1754.)

Die unehelichen Kinder haben von dem Vater oder der Mutter, von der zuständigen Heimathsbehörde, in Ermanglung jedoch und gegen Regreß, von der Gemeinde des Ortes, wo sie sich befinden, so wie die Mütter dort, wo sie entbindet, Hilfe und Beistand zu suchen. (Instruction für die Gerichte in Böhmen vom 13. October 1755.)

Die armen Lehrjungen sind entweder unentgeldlich aufzubingen und freizusprechen, oder sind diese ohnehin geringen Gebühren aus der Armen-Casse zu entrichten. (Hofdecret vom 12. September 1761.)

Die auf die zweite Art verheiratheten Militärweiber und ihre Kinder sollen gleich den Kindern der Bürger und Bauern verpflegt werden. (Hofdecret vom 9. December 1775.)

Die mit scheuhaften Uebeln beladenen oder ganz krüppelhaften Soldatenweiber und Kinder sind den politischen Spitälern und Versorgungsörtern zugewiesen. (Verordnung in Böhmen vom 27. Juli 1782.)

Der wahrhaft erwerbsunfähige und erwerblose Arme ist in der dazu berufenen Pfarrgemeinde von Seite des Armen-Institutes mit dem nothwendigen Unterhalte im Gelde oder durch Naturalien, besonders durch wechselseitige Umlegung zu erhalten. (Regierungsdecret für Oberösterr. vom 16. November 1833, Zahl 33007.)

Schüblinge sollen von den aufgreifenden Behörden ohne Anspruch auf eine Vergütung, mit den nöthigsten Kleidern versehen werden. (Hofdecret vom 24. August 1843, Zahl 2586, Regierungsdecret für Oberösterreich vom 4. September 1843, Zahl 24693.)

§. 40.

Die nicht pensionsfähige Schullehrerswittwe und jedes Kind bis zum vollendeten 15. Jahre, wenn der Schullehrer zehn oder zum wenigsten drei Jahre an einem oder an mehreren Orten gedient hat, muß von der Gemeinde der Pfarre oder aus dem Armen=Institute eine Unterstützung erhalten. Hat der Mann über zehn Jahre gedient, so erhält die Wittwe die ganze Portion, hat aber der Mann unter zehn, jedoch über drei Jahre gedient, so erhält die Wittwe ³/₄ Portion und jedes Kind ¼ Portion. (A. h. Entschließung vom 11. August 1805.)

Nur in dem Falle, wenn der Schullehrer nicht zum wenigsten durch drei Jahre an einem oder mehreren Orten gedient hätte, müßte dessen Wittwe selbst auf ihre Versorgung bedacht sein, ohne auf diese Begünstigung Anspruch machen zu können. (Studien=Hofcommissionsdecret vom 4. April 1833, Zahl 2347.)

Auch ist für die Schullehrer=Wittwen und Waisen ein Pensions=Institut eingeführt. (A. h. Entschließung vom 11. August 1805.)

Die Verpflichtung der Gemeinden zur Erhaltung der Schullehrers=Wittwen erstrecket sich nicht nur auf die eingeschulten, sondern in wie fern nicht etwa Gemeinden in einer Pfarre einer eigenen von der Pfarrschule abgesonderten Schule eingeschult sind, auf die Pfarrgemeinden. (Studien=Hofcommissionsdecret vom 28. December 1818, Zahl 4963, und Regierungsdecret für Oberösterr. vom 23. November 1819, Zahl 1134.)

Ist jedoch das Armen=Institut nicht im Stande, den Lehrers=Wittwen die ganze tägliche Portion, wenn sie im Orte abgereicht wird, wo die Lehrers=Wittwen zu versorgen sind, zu verabreichen, so haben sämmtliche Gemeinden beizutragen, welche zur Schule des verstorbenen Lehrers eingeschult waren. (Studien = Hofcommissionsdecret vom 15. März, Zahl 1747, und Regierungs = Decret für Oberösterr. vom 1. April 1823, Zahl 7548.)

Wegen den Schullehrers-Wittwen, die eigenes Vermögen besitzen, wurde verordnet:

Die politische Schulverfassung, Abschnitt 14, §. 8, bestimmt nur überhaupt, welche Unterstützung und woher dieselbe den Schullehrers-Wittwen und Waisen verschafft werden sollte, in der Voraussetzung, daß diese Wittwen und Waisen der Unterstützung bedürftig seien. Diese Unterstützung ist **per analogiam** nach jenen Normen zu behandeln, welche für Beamtens-Wittwen bestehen. Nur sind jene Bezüge immer aus der Berechnung des eigenen Einkommens wegzulassen, welche eine Schullehrers-Wittwe aus einer Privat-Pensions-Anstalt erhält, weil einerseits eine Wittwe ohnehin von täglich 8 kr. schwer leben kann, und der Lehrer durch seinen Beitritt zu einem Pensions-Institute der hinterlassenen Wittwe ein besseres Loos bereiten wollte, weil andererseits nur dadurch die Lehrer angeeifert und ermuntert werden, zahlreicher solchen Pensions-Instituten beizutreten, was für die Staatsverwaltung und für das Beste des Lehrstandes nur wünschenswerth sein kann, und weil in den Pensions-Statuten ohnehin durch eigene §§. dafür Sorge getroffen wurde. (Hofdecret vom 14. Juni 1828, Zahl 2958, Regierungsdecret für Oberösterr. vom 3. Juli 1828, Zahl 17671.)

§. 41.

Den Aeltern wurde aus dem Vermögen der Kinder ein standesmäßiges, dem **Peculio adventitio** angemessenes Kostgeld gerichtlich ausgeworfen, daher dieselben dem Armen-Institute nicht zur Last fallen. (Patent in Wien vom 19. Februar 1756.)

Die unehelichen Kinder haben von dem Vater oder der Mutter den zuständigen Unterhalt zu gewärtigen. (Instruction vom 13. October 1755, Hofdecret vom 9. Mai 1788.)

Die Armen-Institute sollen keine Pensionen für entlassene Beamte zahlen. (Hofentschließung vom 31. März 1785.)

Die Handwerksburschen sind aus dem Armen-Institut nicht zu betheilen, und gleich wie das Armen-Institut lediglich die Versorgung der eigenen Armen nicht nur jedes Ortes, sondern auch eines jeden Pfarrbezirkes zum Ziele hat, und in dieser Rücksicht auch, um nämlich das Almosen den entkräfteten, zu aller Arbeit unfähigen in jeder Pfarrei nicht zu entziehen, die herumwandernden zur Arbeit aufgelegten Handwerksbursche von der Vertheilung beim Institute ausgeschlossen worden sind, so wird verordnet, daß mittelst der Pfarrer und Armenväter die dießfällige zweckmäßige Absicht und die zu derselben Erreichung gerichtete a. h. Vorsorge den Einwohnern bei der Almosensammlung begreiflich gemacht, wonach dann die Verminderung der Beiträge nicht nur weiters nicht zu besorgen, sondern vielmehr zu hoffen sein wird, daß diese bloß zum Wohle der eigenen Armen jedes Ortes oder Pfarrbezirkes ergangene Anstalt der Ausschließung der Handwerksburschen die Einwohner vielmehr zu den Beiträgen aneifern werde, indem dadurch das Almosen eben nur den Dürftigen jeden Orts und Hauptbezirkes allein vorbehalten bleibt. Wenn zunächst diese Anstalt einmal bekannt sein, und von den Dominien die Mittel gegen den muthwilligen Bettel ergriffen werden, so wird der Anlauf der Handwerksbursche nicht lange anhalten. (Hofentschließung vom 26. April, 25. August, 5. November 1786, Hofkanzleidecret vom 5. April 1792.)

Die Handwerksburschen sollen nur bei ihrer Domicilsbehörde sonst von keinem Armen = Institute betheilt, und auf Beiträge von den Zünften und freiwilligen Vereinen gewiesen werden. (Hofkanzleidecret vom 5. April 1792, 1. Juni 1824, Zahl 15694, Regierungsdecret für Oberösterr. vom 27. Jänner 1832.)

Den Züchtlingen ist kein Almosen zu geben. (Verordnung vom 10. Juni 1786.)

Nach dem bürgerlichen Gesetzbuch vom Jahre 1811 haben den Unterhalt, das ist Nahrung, Kleidung und Wohnung, so wie die übrigen Bedürfnisse und Unterricht lebenslänglich folgende anzusprechen:

a) Die Gattinn verpflegt den Mann und der Mann die Gattinn. §. 91 und 796.

b) Ehegatten, die sich scheiden wollen, müssen in Absicht auf den Unterhalt einverstanden sein. §. 105 und 106.

c) Dafür ist auch während des Streites über die Trennung zu sorgen. §. 117.

d) Die Aeltern sind ihren Kindern, so lange sie sich nicht selbst ernähren können, den Unterhalt schuldig. §. 139, 141 —143, 150, 166 —171.

e) Die Kinder ihren dürftigen Aeltern. §. 154.

f) Wenn die Aeltern die Kinder nicht erhalten können, so fällt die Sorge auf die väterlichen und dann auf die mütterlichen Großältern. §. 143.

g) Zur Verpflegung der unehelichen Kinder ist der Vater, dann die Mutter verbunden, diese Pflicht geht auch auf die Erben der Aeltern über. §. 168, 171.

h) Die mittellosen Waisen sind erst in Ermanglung von zahlungsunfähigen Verwandten auf die öffentlichen milden Stiftungen und bestehenden Armenanstalten angewiesen, bis sie sich durch eigene Arbeit und Verwendung ernähren können. §. 221.

i) Der nothwendige Unterhalt gehört auch dem vom Pflichttheil ausgeschlossenen Notherben. §. 795.

k) Dem überlebenden Ehegatten. §. 796.

l) Dem Geschenkgeber. §. 950 und 954.

m) Dem Bürgen. §. 1354.

n) Müssen alle Alimente monatlich voraus bezahlt werden. §. 1418.

o) Dem in Arrest gezogenen Schuldner muß der Gläubiger die nöthige Alimentation leisten. (A. h. Resolution vom 11. September 1784.)

p) Die gerichtliche Alimentation für die Gattinnen und Kinder der Beamten kann auf die Besoldung derselben um so gewisser angewiesen werden, als die Befreiung derselben vom Verbot und der Execution nur die Absicht hat, dem muthwilligen Schuldenmachen Schranken zu setzen, keineswegs aber die Erfüllung der in den natürlichen und positiven Rechten vorgeschriebenen Pflichten des Ehemannes und Vaters zu hindern. (Hofdecret vom 19. April 1799.)

Die höchste Verordnung vom 25. October 1788 steht also der Cession der Besoldungen an diejenigen, welche aus denselben auf ihren Unterhalt gesetzmäßigen Anspruch haben, nicht im Wege. Auch aus dem Quartiergelde der Beamten wird der Gattinn und den Kindern ein Betrag bemessen und angewiesen, wenn die Alimentation denselben gerichtlich zuerkannt wurde. (Hofdecret vom 14. September 1805.)

q) Die Wittwen der in Untersuchung verfallenen suspendirten, mit Alimentationen betheilt gewesenen, jedoch vor vollendeter Untersuchung verstorbenen Beamten erhalten eine Alimentation. (Hofkammerdecret vom 30. Mai 1832, Regierungsdecret für Oberösterr. vom 11. Juli 1832, Zahl 18687.)

Dieses gilt auch für Wittwen von aus politischen Fonden und aus Comunal-Cassen alimentirten und ständischen Beamten. (Hofkanzleidecrete vom 16. Juli und 18. October 1832, Zahl 15284 und 23825, Regierungsdecrete für Oberösterr. vom 20. August und 28. October 1832, Zahl 21002 und 24815.)

r) Bezüge der Bettelvogte dürfen endlich auch nicht aus dem Armen-Institute gezahlt werden. (Regierungsdecret für Oberösterr. vom 15. Februar 1834, Zahl 3045.)

§. 42.

Zur Betheilung der Armen muß ein nach dem Locale schicklicher Tag der Woche gewählt, und dieser hinfort ohne triftige Ursache nicht verändert werden. Diese Betheilung hat jedesmal an einem öffentlichen Orte hauptsächlich in der Pfarre oder bei den Armenvätern zu einer vorgesetzten Stunde, von welcher jede Gemeinde vorläufig zu benachrichtigen ist, zu geschehen, um dadurch das allgemeine Zutrauen nicht allein zu erwecken, sondern auch stets als das zuträglichste Mittel zur Aufrechthaltung des Armen=Institutes zu erhalten.

Sollten aber Arme, die ihr Almosen selbst ablangen können, bei der Austheilung nicht persönlich erscheinen, so ist dießfalls nach öfterem Ausbleiben und bei anscheinendem Verdachte genaue Nachfrage und Untersuchung zu machen, ob nicht etwa Schleichwege betreten oder Betruge gespielt werden.

Um sich besonders in Städten bei der Almosenaustheilung zu versichern, daß das Almosen den wahren und vorgemerkten Armen wirklich zukomme, und um dem Armen selbst auch die Erleichterung zu verschaffen, wenn er persönlich bei der Austheilung nicht erscheinen kann, jemanden andern statt seiner schicken zu können, sind gedruckte Anweisungen auszufertigen, und den in der Versorgung stehenden Armen zuzustellen, welche der Arme oder jener, dem er sie vertraut, bei der Almosenbetheilung, die allemal öffentlich zu geschehen hat, vorzeigen muß, und ohne deren Vorzeigung das Almosen nicht zu verabfolgen ist. Dadurch wird allen Unterschleifen ausgewichen, welche sonst besonders in Bezirken, wo eine große Anzahl Arme sich befindet, leicht unterlaufen können.

In größeren Städten, wo mehrere Pfarrbezirke sind, und die betheilenden Armen von einem in der andern wohl nicht ohne Ursache überziehen, soll nebst ihren Entlassungsscheinen auch in denselben die vorher zu untersuchende Ursache angemerket werden, weil eben diese Ursache zuweilen zur Abänderung der Portion Anlaß geben kann; so lange aber, als ihre Lage nicht vollkommen beleuchtet wird, haben solche Arme in dem Genuße des in der vorigen Pfarre erhaltenen Almosens zu verbleiben.

Damit man bei jedem Hauptbezirke am Ende eines jeden Monats den Stand der Armen, den eingebrachten Almosenbetrag und die an Almosen gemachte Ausgabe, sowohl pfarrweise als im Ganzen übersehen, und hiernach die Aushilfe, die ein Bezirk dem andern geben kann und ein Bezirk von dem andern brauchet, anweisen könne, so haben die Pfarrbezirke in Ab=

sicht der Berechnungen und summarischen Auszüge nach den zwei Nachrichten von dem Graf Buquoischen Armen-Institute in Böhmen sich zu verhalten.

Nur in größeren Städten ist dießfalls eine andere Benehmung vorgeschrieben. Wenn jedoch nach der Zeit einige Bezirke gleiche Einrichtung treffen wollten, haben diese an die Kreisämter sich zu wenden, und von dort die nöthige Belehrung einzuholen. (Kreisschreiben in Mähren vom 25. April, in Böhmen vom 19. August 1785.)

Von Zeit zu Zeit sind große allgemeine Versammlungen über die gemeinschaftlichen Angelegenheiten des Armen-Institutes zu halten, und sollen die Pfarrer, Armenväter und Rechnungsführer nach Erforderniß der Umstände monatlich oder vierteljährig zusammentreten, um über die Berichtigung der Armenbeschreibung die zweckmäßige Hilfe und Vertheilung des Almosens und zugleich auch über die möglichen Verbesserungen gemeinschaftlichen Rath zu pflegen. (Verordnung vom 1. August 1783.)

§. 43.

Da unter den nachläßigen Aeltern, die ihre Kinder nicht zur Schule schicken, auch sogar solche gezählt werden, welche von dem Armen-Institute die Verpflegung genießen, dergleichen Aeltern aber, wenn sie ihre Kinder, die doch den Unterricht und die Bücher überall unentgeldlich erhalten müssen, nicht zur Schule schicken, offenbar zeigen, daß ihre Absicht ist, diese zum Betteln zu gebrauchen, und in dem schädlichen Müssiggange zu erhalten, und also dem Zwecke des Institutes, welches sie verpfleget, und welches Bettelei vermindern, Arbeitsamkeit erwecken und zur heilsamen Bildung der Jugend den ersten Grund legen und befestigen soll, gerade entgegenhandeln, so wird verordnet, daß dergleichen Aeltern in diesem Falle das Almosen, dessen sie ganz unwürdig sind, nicht gereicht werden solle. (Hofdecret vom 4. Jänner 1786.)

Jene Personen, welche um Betheilung vom Armen-Institute einlangen, oder welchen bereits Betheilungen zukamen, sind, wenn sie die periodischen Beträge abholen, zu befragen, ob sie ihre Kinder haben impfen lassen, wobei ihnen im Verneinungsfalle zu bedeuten ist, daß sie ihre Kinder um so gewisser bei erster Gelegenheit impfen lassen, und sich darüber mit den Impfungs-Zeugnissen auszuweisen haben, als im widrigen Falle ihnen nicht nur keine neue oder größere Betheilung mehr ertheilt, sondern selbst die bereits zugewiesene entzogen werden würde.

II. Hauptstück.
Bürgerspitäler.

---

§. 44.

Vor der Einführung des Armen = Institutes und vor der neueren Einrichtung der Armen = Versorgungsanstalten bestanden zur Unterbringung der Armen eigene Armenhäuser und Spitäler, worin die Armen entweder aus dem Ertrage der hierzu gewidmeten Stiftungen oder aus andern wohlthätigen Zuflüssen unterhalten, und hierauf gewissermassen die ganze Armenversorgung beschränkt wurde. Während der Regierung Josephs II. wurden diese Spitäler und Armenhäuser in den Hauptstädten größtentheils aufgehoben und dagegen die allgemeinen Siechen = und Versorgungshäuser nach den Grundsätzen der neu gegründeten Armen = Verpflegung hergestellt. Da jedoch ein großer Theil dieser Versorgungsplätze auf früheren Stiftungen beruhte, so wurde, um dem Willen der Stifter zu entsprechen, verordnet: daß diese gestifteten Unterhaltsbeträge auch ferner an die Armen vertheilt werden sollen. Hierdurch entstanden die unter dem Namen der Spitals = Pfründner betheilten Armen, welche die für die ehemaligen Armenhäuser und Spitäler gestifteten Beträge nunmehr als ein Handalmosen empfangen, und sich hiervon selbst zu verpflegen haben. (Kundmachung des steyrischen Guberniums vom 13. Jänner 1796.)

Die Pfründner erhalten, wenn sie in der Stadt wohnen, ihre Almosen wöchentlich von ihrem Pfarrer, welcher die Bezahlung in dem ihnen von der Oberdirection ertheilten Einschreibbuche anmerkt, und solche zugleich mit den Findlings = und Waisengeldern verrechnet. Für die auf dem Lande wohnenden Pfründner wurde die Vorkehrung getroffen, daß sie ihre Gebühr unmittelbar bei der Stiftungshaupt = Casse erheben konnten. Wenn diese Pfründner in die öffentlichen Versorgungshäuser übertreten wollen, so werden sie aufgenommen, und haben ihre Verpflegsbeträge dahin mitzubringen. Außer den

Verforgungshäusern hatten die Pfründner ein sichtbares Un=
terscheidungs=Zeichen zu tragen, damit sie sich dem Betteln nicht
überlassen können. Wenn sich nach dem Tode eines Pfründners
ein Vermögen vorfindet, welches derselbe entweder schon bei dem
Eintritte in die Portion besaß, oder während seiner Versorgung
erhalten hat; so sollen dem Fonde alle unrechtmäßig genossenen
Geldbeträge zurückgestellt werden. Auf dasjenige aber, was
sich der Pfründner von seiner Portion erspart hat, ist für den
Fond kein Anspruch. (Hofdecret vom 3. Juni 1784.)

Zur Wiederbesetzung der erledigten Pfründen haben entwe=
der die von den Stiftern ernannten Patrone den Vorschlag zu
machen, oder wenn kein Privat=Patron bestellt ist, so wird der
Genuß der Pfründe durch die Landesstelle auf den Vorschlag
der Oberdirection in Folge der hierüber bestehenden Directiven
verliehen. (Kundmachung des steyrischen Guberniums vom 13.
Jänner 1796, **VI. VII.**)

In Wien wurde später die Verleihung solcher Stiftungen,
die Genehmigung der Privat=Präsentationen, so wie auch die
Aufnahme der Pfründner in die Versorgungshäuser oder ihre
Entlassung aus denselben der Stadthauptmannschaft übertragen.
(Hofdecret vom 10. April 1807, §. 8.)

Um sich gegen den Gebrauch der Privatpräsentationen zu
verwahren und dem Willen des Stifters zu entsprechen, wurde
befohlen, daß nur solche Personen für die erledigten Pfründen
in Vorschlag gebracht werden sollen, welche sich durch Zeugnisse
der Pfarrer und Armenväter als wirkliche und eingeborne Ar=
me ausweisen können. (Hofdecret vom 18. Februar 1786, und
Verordnung in Böhmen vom 7. December 1785.)

§. 45.

Da nach den ältesten Landesgesetzen die Pflicht zur Versor=
gung der Armen auf dem Lande den Obrigkeiten und Gemein=
den obliegt; so wurden die ihnen zugehörigen Landspitäler für
Pfründner, Kranke und Sieche überall beibehalten, die für sie
gestifteten Einkünfte, so wie die Art ihrer Benützung und Ver=
wendung wurde aber der Aufsicht der öffentlichen Verwaltung
unterzogen. (Hofdecret vom 17. November 1787.)

Die in diesen Spitälern befindlichen Armen werden entwe=
der mit Kost, Kleidung und ihren übrigen Bedürfnissen von
der Anstalt versorgt, oder sie genießen bloß die gemeinschaftliche
Wohnung und Heizung, und erhalten außerdem einen täglichen
Geldbeitrag. Mehrere dieser Spitäler wurden in neuern Zeiten
erweitert, in ordentliche Krankenspitäler umgestaltet, und ins=

besondere sollte darauf gesehen werden, in denselben eigene Be-
hältnisse für Wahnsinnige herzustellen, um auch dem flachen
Lande die Wohlthat solcher Verwahrungsörter zuzuwenden.
(Hofdecret vom 16. October 1790.)

Den Obrigkeiten und Gemeinden steht, so wie vorher, die
Ernennung der Pfründner zu; allein es wurde ihnen neuerlich
untersagt, einzelne Personen bereits im Voraus für später erledigte Plätze vorzumerken; sie sollen vielmehr nach der Erledigung eines Platzes den Bittwerbern einen Termin von 8 bis
10 Tagen zur Einbringung ihrer Gesuche gestatten, und aus
den angemeldeten Armen immer den Dürftigsten auswählen.
(Verordnung in Böhmen vom 18. Februar 1813.)

Ueber sämmtliche Pfründner haben die Obrigkeiten, Magistrate oder Gemeinden ein Protokoll zu halten, welches vorzüglich zum Gebrauche bei Rechnungsrevisionen und bei der
Untersuchung der Spitäler bestimmt ist; die Kreisämter haben
darüber zu wachen, daß diese Protokolle nach den vorgeschriebenen Formularien ordentlich fortgeführt werden. (Verordnung
in Böhmen vom 18. Juli 1798.)

Die öffentliche Verwaltung war vorzüglich bemüht, das
Vermögen und die Einkünfte der Landspitäler zu sichern, und
über die zweckmäßige Verwendung desselben zu wachen. Daher
wurde in Böhmen befohlen, für jedes Spital einen Stiftbrief
zu verfassen, in demselben alle dem Spitale zu seinem Unterhalte überlassenen Häuser und Grundstücke, Zinsungen, Capitalien und jährlichen Zuflüsse in Naturalien oder im Gelde auszuweisen, und solche nebst den hierzu gehörigen Documenten,
als: Testamenten, Schenkungsurkunden, Obligationen, grund-
bücherlichen Extracte u. s. w., an die Kreisämter zur Beförderung an die Landesstelle zu überreichen. (Verordnung in Böhmen vom 14. Jänner 1796, §. 1 und 2.)

Zur Ausfertigung dieser Stiftbriefe sowohl, als auch für
die Schuldverschreibungen zu Gunsten der Spitäler wurden eigene
Formularien mitgetheilt. (Verordnung vom 13. Nov. 1795.)

Um die Uebersicht über das Vermögen und die Einkünfte
dieser Spitäler auch in der Zukunft zu erhalten, sind die Dominien und Magistrate oder Gemeinden verbunden, ein ordentli-
ches Spital=Stiftungsbuch zu errichten, und in dasselbe: 1) den
Stiftungsbrief nebst allen dazu gehörigen Urkunden oder Beilagen zum ewigen Gedächtnisse einzutragen; 2) alle dem Spitale künftig zufallenden Vermächtnisse nebst der Vermächtnißur-
kunde einzuschreiben, und endlich 3) darin auch alle in Anse-

hung des Spitals erlassenen Verordnungen im Auszuge aufzunehmen. (Verordnung in Böhmen vom 28. September 1802.)

Die Verwaltung der Spitals-Einkünfte ist den Obrigkeiten, Magistraten oder Gemeinden unter der Aufsicht der Kreisämter oder Länderstellen überlassen. Vermög einer früheren Verordnung für Steyermark sollen hierzu in den Städten und Märkten aus den vermöglicheren Bürgern alle 3 Jahre einige Spitalmeister gewählt werden. (Hofentschließung für Steyermark vom 29. November 1769.)

Ohne höhere Erlaubniß ist nicht gestattet, irgend eine, dem Spital gehörige Realität zu veräußern oder zu verpachten, Natural-Einkünfte in Geldleistungen umzuwandeln, ein Spitalgebäude zu einer andern Bestimmung zu verwenden oder daran bedeutende Bauveränderungen vorzunehmen, oder endlich über die Anzahl oder die Portion der Pfründner irgend eine Abänderung zu veranlassen. (Verordn. in Böhmen vom 9. Jän. 1800.)

Ueber den Stand der versorgten Pfründner, über die Einkünfte und Ausgaben der Anstalt, haben die Magistrate und Obrigkeiten jährlich einen Ausweis an ihr Kreisamt einzusenden. (Verordnung in Kärnthen vom 10. April 1793, in Böhmen vom 14. Jänner 1796.)

Bei diesen Verrechnungen darf das eigenthümliche Vermögen der Spitäler niemals mit jenem des Armen-Institutes vermengt werden. (Verordnung in Böhmen vom 14. Jänner 1796, §. 3.)

Die Intercalar-Einkünfte von den von Zeit zu Zeit erledigten Plätzen, so wie die dem Stiftungsfonde zurückfallenden Kleidungsstücke müssen ebenfalls in den Ausweis aufgenommen werden. (Verordnung in Böhmen vom 18. Juli 1798 und 18. Februar 1813.)

Nach der jüngsten Verordnung sind die Bürgerspitals-Rechnungen am 28 Februar jeden Jahres bei dem k. k. Kreisamte einzureichen. (Hofkanzlei-Verordnung vom 22. April 1843, Zahl 7924, Regierungsdecrete für Oberösterreich vom 11. Mai 1843, Zahl 12770 und 9. Jänner 1844, Zahl 2285.)

Zur Verwahrung der Stiftungsurkunden, Rechnungen und Protokolle wurde bei den Landspitälern nach dem Muster des Armen-Institutes die Errichtung von eigenen mit einer dreifachen Sperre versehenen Läden angeordnet. (Hofdecret vom 21. Jänner 1792.)

III. Hauptstück.
Versorgung der Waisen.

§. 46.

Zur Versorgung der Waisen hatte die Freigebigkeit der Landesfürsten und die Privat-Wohlthätigkeit schon in den ältesten Zeiten ansehnliche Stiftungen vorbereitet. Die Waisenhäuser waren in Verbindung mit den Findelhäusern aber auch wie in Wien, Prag, Salzburg abgesondert.

Zur Vermehrung der Einkünfte der Waisenhäuser wurde zuerst ein Aufschlag von Thee, Kaffee und Chocolade bewilligt. (Patent vom 30. März 1763.)

Die Waisen aus dem Armenhause mußten in Folge der erflossenen Generalzunft-Patente unentgeldlich in die Lehre genommen und nach vollendeten Lehrjahren freigesprochen werden. (Verordnung in Wien vom 6. August 1764.)

Von den öffentlichen Bällen mußte der 4. oder 3. Theil der ganzen Einnahme dem Armenfond und Waisenhaus zugewendet werden. (Verordnung in Wien vom 7. November 1766.)

Die Waisenhäuser wurden von der Erbsteuer befreit. (Hofdecret vom 17. Jänner 1767.)

§. 47.

Zur Aufnahme in ein Waisenhaus sind die Waisen geeignet, welchen zu ihrer Erziehung nach ihrer Aeltern Tod kein Vermögen geblieben ist. Es können sich bei der angesuchten Aufnehmung 2 Fälle ereignen, einer, bei dem nur um die Einnehmung in das Waisen- oder Findelhaus gebeten, und der andere, wenn der arme Aelterntheil zwar um die Einnehmung in ein Waisenhaus, zugleich aber auch, weil die Kinder nach Sr. Majestät allerhöchster Entschließung auf das Land in die Kost gegeben werden, darum bittet, damit ihm das Kind zur Erziehung gegen Verabreichung des normalmäßigen Kostgeldes beigelassen werde.

In dem ersten und zweiten Falle kömmt von dem Pfarrbezirke über die Würdigkeit der Aufnehmung das Zeugniß auszustellen, und in demselben auszudrücken:

1) Der Name des Waisen oder des Kindes.

2) Name der Aeltern.

3) Name der Zieh=Aeltern, der Aufenthaltsort und Num= mer des Hauses.

4) Die Bewegursache, warum der Waise in die Verfor= gung eingenommen werden soll.

In der Absicht aber, damit das Kind zur Erziehung gegen Abreichung des normalmäßigen Kostgeldes beigelassen oder über= geben werde, haben die wahren oder die Ziehältern noch ein ge= richtliches Zeugniß beizubringen, in welchem bestätigt wird, daß sie einen christlichen und ordentlichen Lebenswandel führen, mithin ihnen der Waise ohne Anstand zur Erziehung anvertraut werden könne. Uebrigens versteht es sich von selbst, daß zur Aufnehmung in alle diese Versorgungshäuser keine Fremden geeignet sind, mithin auch die Zeugnisse nur für die einheimi= schen Bewohner giltig ausgestellt werden können. (Verordnung in Wien vom 7. October 1784.)

In Wien wurde eine Waisenerziehungs=Anstalt mit Hofent= schließung vom 14. Februar 1788 errichtet, und nebstdem die Waisen aufs Land zur Erziehung gegen Entgeld hinausgege= ben. (Hofdecret vom 18. October 1788.)

§. 48.

In dem Waisenhause wurde für die physische und moralische Erziehung der Kinder die möglichste Sorge angewendet; der Unterricht umfaßt die Lehrgegenstände der drei ersten Classen der Hauptschule; außerdem wird den Fähigeren auch Unterricht in der freien Handzeichnung ertheilt, und den besseren Talen= ten gestattet, die lateinischen Schulen oder die Akademie der bildenden Künste zu besuchen. Die Mädchen erhalten neben dem Schulunterrichte auch die Anweisung zu verschiedenen weiblichen und häuslichen Arbeiten. Bei der Wahl des Standes für die gestifteten Waisen wird auf die körperliche und geistige Beschaf= fenheit und auf die Neigung derselben, und auch so viel möglich auf die Absichten und Wünsche derjenigen gesehen, welche für die Waisen sorgen. Die Waisenoberdirection thut alles Mögliche zu ihren Fortkommen, sie bringt sie entweder bei rechtschaffenen Handwerkern, Handelsleuten und Künstlern in die Lehre, oder sie gehen in die Ingenieur=Akademie zum Bombardier=Corps oder zu den Regimentern über, und werden auf das sorgfältigste beaufsichtigt.

Das Waisenhaus in Prag wurde im Jahre 1773 von einer menschenfreundlichen Privatgesellschaft errichtet, und durch Sub=

scriptionen und verschiedene andere wohlthätige Beiträge unter=
halten. Im Jahre 1775 schenkte M. Theresia dieser Anstalt ein
Capital zum Ankaufe eines eigenen Hauses, und stiftete in der=
selben 12 Plätze für arme Waisen, welche der Oberstburggraf
vorschlagen sollte; im Jahre 1780 wurde dem bereits erweiter=
ten Institute von der Kaiserinn auf die Bitte der Vorsteher das
noch jetzt für dasselbe bestimmte größere Haus geschenkt. Als Jo=
seph II. alle übrigen Anstalten dieser Art auflöste, wurde die=
ses seiner guten Einrichtung wegen beibehalten.

§. 49.

Da die Waisenhäuser durch die kostbare Unterhaltung der Ge=
bäude, durch die beträchtlichen Regiekosten und noch weit kostba=
rere Erziehung und Verpflegung der Kinder einen großen Auf=
wand erforderten, so zwar, daß außer dem Hause zwei Mal
mehr Waisen versorgt werden konnten, so wurden die Waisen=
häuser aufgelassen, die darin befindlichen Waisen auf das Land
und zu Handwerkern in Kost gegeben, und folgende Directiv=
Regeln vorgeschrieben:

1) Diejenigen Landleute oder Handwerker, welche daher
ein solches Waisenkind in Kost zu nehmen Willens sind, müs=
sen sich mit dem, vor der Grundobrigkeit und dem Pfarrer ge=
meinschaftlich und unentgeldlich auszustellenden Zeugnisse ihres
Wohlverhaltens bei dem k. k. Kreisamte melden, und es verstehet
sich dieses auch von jenen Vätern oder Müttern, welche wirklich
dermalen Kinder in dem Waisenhause haben, und solche in ihre
Kost und Obsorge zurückzunehmen verlangen.

2) Nach eingelangten kreisämtlichen Berichten wird jenen,
welchen man Waisenkinder anzuvertrauen findet, so wie auch den
Grundobrigkeiten und Pfarrern der Tag zur Uebernahme der
Kinder durch die Kreisämter bedeutet werden, an welchem sie
ganz sicher die ihnen zugetheilten Kinder aus dem Waisenhause
abzuholen haben werden.

3) Sie werden ihnen gegen Empfangschein übergeben, und
die Kinder nur ein für allemal mit der ganzen Kleidung und
Wäsche versehen werden; die Uebernehmer haben für ein Kind
bis zum erreichten Alter von 10 Jahren 24 fl., von 10 bis 15
Jahren aber nur 12 fl. jährlich zu empfangen, weil dazumal
der Waise seinen Ziehältern schon einige Dienste zu leisten im
Stande ist. Die Geldbeträge erhalten die Uebernehmer in mo=
natlichen Fristen, und zwar den ersten monatlichen Betrag zu=
gleich mit der Uebernahme des Kindes aus der Waisencasse, die
weiteren Beträge aber gegen gedruckte Quittungen aus den

4

Händen des Pfarrers, welchen die Waisencasse mit den erforderlichen Geldern in voraus versehen wird. Ueber die, aus dieser Casse empfangenen und von den Pflegeältern ebenfalls zurückerhaltenen Kostgelder wird der Pfarrer mit Ende jeden halben Jahres eine documentirte Rechnung legen und der Direction des Institutes übersenden.

4) Jeder Uebernehmer bekömmt mit dem Kinde auch eine gedruckte Instruction, welche sowohl die gute Haltung, als auch die sittliche Erziehung und Schulunterricht des Kindes zum Gegenstande haben wird. Auf derselben genaue Befolgung werden die Obrigkeiten und Pfarrer durch öfteres Nachsehen gemeinschaftliches Augenmerk tragen, und bei wahrnehmender Vernachläßigung eines Kindes sogleich veranlassen, daß selbes in ein besseres Ort untergebracht, und hierüber die gemeinschaftliche mitgefertigte umständliche Anzeige durch das Kreisamt an das Landesgubernium erstattet werde.

5) Nach zurückgelegtem 15. Jahre wird für diese Waisen kein Kostgeld aus dem Fonde des Institutes mehr verabreicht; Knaben und Mägde sind alsdann, wie all übriges Dienstgesinde freie Leute, haben sich als solche nach der Gesindordnung zu halten, und bleibet ihnen frei, bei ihren Ziehältern zu verbleiben, oder in andere auch entfernte Dienste zu treten, in welch letzteren Fall jedoch sie sich genau nach den Militär-Conscriptions- und Emigrations-Generalien zu verhalten haben.

6) Im Falle der Erkrankung sind derlei Waisen, wenn ihre Uebertragung ohne Gefahr ihres Lebens thunlich ist, in das sobald thunlich errichtet werdende neue Waisen- und Findelhaus, und auf desselben Kosten zur nöthigen Pflege zurückzubringen, und daher von den Ziehältern die Erkrankung derselben allemal gleich der Grundobrigkeit und dem Pfarrer anzuzeigen. Gestattete die Art der Krankheit nicht, daß das Kind in das neue Waisen- und Findelhaus überbracht werde, so wird auf desselben Kosten die Heilung des Erkrankten mit Zuhilfenehmung des nächsten Leib- und Wundarztes wohl zu besorgen, und nach erfolgter Genesung des Kindes das zu documentirende Verzeichniß der Heilungskosten, mit Bemerkung der Gattung und der Zeit der Krankheit, von der Grundobrigkeit durch das Kreisamt der Landesstelle einzusenden sein.

7) So wie sich weiters vorbehalten wird, jedes Kind, so bald man will, wiederum zurückzunehmen, eben so wird jedem Uebernehmer frei stehen, dasselbe zurückzugeben; nur wird er es ein Monat vorher der Obrigkeit und dem Pfarrer zu melden haben, damit diese für die anderwärtig gute Unterbrin-

gung eines solchen Kindes in ein anderes Ort zu sorgen, und die Anzeige hiervon mittelst des Kreisamtes der Landesstelle zu machen wissen mögen.

8) Sollten die in die Kost übernommenen Kinder sterben oder zurückgegeben werden wollen, oder auch, daß man nöthig fände, solche wegen Verwahrlosung oder aus sonst wichtigen Ursachen abzunehmen, so wird der Pfarrer das in Händen der Zieh = oder eigenen Aeltern noch übrig verbliebene Kostgeld ein= heben und gehörig verrechnen; in Absicht der, noch kein gan= zes Jahr in der Verköstigung gewesenen Kinder aber, das, was selbe an Kleidung und Wäsche empfangen haben, ebenfalls über= nehmen, die Wäsche und Kleidung von den verstorbenen Kindern jedoch dem neuen Waisen= und Findelhause zurücksenden, den noch lebenden und nur anderswo in Versorgung gelangenden Kindern aber ein so anderes beilassen.

9) Die Grundobrigkeit und der Pfarrer werden weiters den sich ergebenden Todesfall der Pflege=Aeltern mit der, für die anderweitige gute Ueberbringung der betreffenden Waisen ge= troffenen Fürkehrung, so wie auch den Todesfall eines jeden Waisenkindes ohne Aufenthalt gemeinschaftlich durch das Kreis= amt der Landesstelle anzeigen, auch genaue Sorge tragen, da= mit von den Pflege=Aeltern kein Todesfall verschwiegen, oder gar statt des verstorbenen oder auch wie sonst immer ein anderes Kind unterschoben werde; die Ortsobrigkeit wird in vorkom= menden Fällen dieser Gattung sogleich verläßliche Untersuchung vornehmen, und hierüber dem Kreisamte zur weiteren Begleit= tung an die Landesstelle Bericht erstatten. Derlei von den Pflege= geältern ausübende Unterschleife aber wird man als Diebstähle des Almosens ansehen, und scharf bestrafen. Da jedoch ein sol= cher Fall sich nicht ergeben kann, ohne daß die Gemeinde und derselben Gerichte davon Wissenschaft haben, so werden diesel= ben wegen unterlassener Anzeige für den Ersatz des dem Kin= der=Institute dadurch zugegangenen Schadens aus Eigenem zu haften haben.

10) Die Taufscheine der Waisenkinder verbleiben dermalen in Verwahrung des neuen Waisen= und Findelhauses, und wer= den ihnen erst nach erreichtem Alter von 15 Jahren durch die Obrigkeiten verabfolget werden, es wäre denn, daß durch die Pflegeältern gegründete Ursachen zur früheren Erhaltung ange= zeigt würden.

11) Die Pflege=Aeltern sind übrigens gehalten, für die Be= grabung der verstorbenen Waisenkinder dem Pfarrer die Stoll= gebühr zu entrichten.

4 *

12) Endlich wird alle halbe Jahr durch einen Abgeordneten aus dem neuen Waisen- und Findelhause eine Musterung der Kinder aller Orte, mit Zuziehung der Ortsobrigkeit, des Pfarrers und des Schulmeisters, vorgenommen werden, wozu demselben all nöthiger Beistand zu leisten ist. Bei dieser Gelegenheit wird unter Einem gesehen werden, ob Knaben von höheren Jahren nach Maß der Leibeskräften und wahrnehmenden Fähigkeiten entweder zu Professionen zu bestimmen und guten Meistern in die Lehre zu geben oder in das neue Institut zurück zu nehmen seien; um sie wohl zu prüfen und die fähigsten zu höheren Schulen auszubilden, oder aber sie dem Bauernstande, unter welchem sie erzogen worden, zu überlassen; und so wie jedes, von dem öffentlichen Hause in andere Versorgung gegebene Kind ein Kind des Staates und der Vorsorge der Obrigkeit und des Pfarrers insbesondere anvertraut ist, eben so verspricht man sich von derselben Pflicht gegen Gott und den Monarchen, daß selbe an all dem nichts ermangeln lassen werden, was zur guten Erziehung und zu dem erforderlichen Unterrichte der verlassenen Jugend nur immer beitragen kann. (Verordnung in Prag 10. Juli 1783, in Grätz 17. Februar, 6. April, 6. Juni 1785, in Brünn vom 5. October 1784.)

Die Waisenhausrechnungen sind am 28. Februar jeden Jahres dem k. k. Kreisamte vorzulegen. (Hofkanzlei-Verordnung vom 22. April 1843, Zahl 7924, Regierungsdecret für ob der Enns vom 11. Mai 1843, Zahl 12770, und 9. Jänner 1844, Zahl 28285.)

IV. Hauptstück.
Gebär- und Findelhäuser.

§. 50.

Die schwangeren ledigen Weibspersonen hatten sich schon in der ältesten Zeit eines besonderen Schutzes zu erfreuen. Es wurde zu ihren Gunsten befohlen, daß ihnen bei herannahender Geburtszeit Unterstand verstattet und Hilfe geleistet werden soll, weil deren Entfernung wider die menschliche Schuldigkeit und das Christenthum streitet. (Verordn. in Linz vom 4. August 1746.)

Um die Furcht vor der Schande einer unehelichen Schwangerschaft zu beseitigen, hat die Gesetzgebung sowohl den Obrigkeiten, als auch der Geistlichkeit den ehemals üblichen Gebrauch aller beschämenden öffentlichen Strafen bei den geschwächten Weibspersonen untersagt; die Obrigkeiten wurden vielmehr verpflichtet, den Aeltern, wegen der Erhaltung ihrer und ihrer Töchter Ehre zur möglichsten Verheimlichung und Erleichterung der Entbindung ihrer Kinder behilflich zu sein. (Instruction vom 13. October 1755, §§. 3 und 6, Verordnung in Steyermark vom 8. September 1784, §. 5.)

Dagegen ist den Obrigkeiten strenge untersagt, die gefallenen Weibspersonen wegen ihres Vergehens mit Auflegung von Robothen zu bestrafen, oder die Erbtheile derselben zu den obrigkeitlichen Renten einzuziehen., noch weniger von ihnen Geldstrafen oder andere Accidenzien einzufordern. (Verordnung vom 2. November 1789, 9. März 1770 und 13. Oct. 1755.)

In Steyermark wurden die Seelsorger angewiesen, bei der Vorsegung der ehelichen und unehelichen Mütter keinen Unterschied zu machen, sondern alle durch die nämliche Thüre in die Kirche einzuführen. (Verordnung vom 21. October 1784.)

Die Hebammen sind endlich auch vermöge ihres Eides verbunden, über diejenigen gefallenen Weibspersonen, die sich ihnen anvertrauen, und ihre Hilfe bei der Entbindung ansprechen, die strengste Verschwiegenheit zu beobachten. (Verordnung vom 13. October 1755, §. 2, allgemeine Sanitätsnorm von 1770, Instruction für die Hebammen vom Jahre 1808.)

§. 51.

Zur Verhütung der Mißhandlung der Schwangeren von ihren Angehörigen, wurde den Obrigkeiten befohlen, auf das lieblose Betragen der Aeltern besonders aufmerksam zu sein, und bei Wahrnehmung einer harten Behandlung dieselben insgeheim zu warnen, sie zu einem besseren Betragen und zur Leistung der nöthigen Hilfe unter strenger Ahndung zu verhalten.

Auf gleiche Art ist den Dienstfrauen befohlen, daß sie ihren weiblichen Dienstboten bei Wahrnehmung einer Schwangerschaft nicht mit Ungestüm begegnen, und vermöge einer neuen Verordnung in Böhmen sollen den Unterthanen und dem Dienstgesinde alljährlich nicht nur die, auf den Kindermord und auf die Hinweglegung eines lebenden Kindes im Gesetzbuche bestimmten Strafen kund und begreiflich gemacht, sondern ihnen auch angezeigt werden, welche nachsichtige Behandlung und welcher Schutz vor Mißhandlungen den schwangeren Personen von dem Gesetz zugesichert ist. (Verordnung 13. October 1755, §. 2, 8. September 1784, §. 3, 11. März 1768 und 10. Februar 1791, §. 2.)

§. 52.

Die gefährliche Hinweglegung der neugeborenen Kinder hat ihren gewöhnlichen Grund in dem Mangel an Unterhalte. Wenn die Gebärhäuser die verlassenen Schwangeren der Noth und dem Mangel entreißen, so ist dagegen durch die vorhandenen Findelanstalten für das Unterkommen ihrer unglücklichen Früchte gesorgt. Jedoch ist die Wirksamkeit dieser Anstalten zunächst nur für den Umfang der Hauptstädte berechnet; daher wurden bereits durch frühere Gesetze die Personen ausdrücklich bestimmt, welchen die Pflicht der Erhaltung der geschwächten Personen und ihrer Kinder obliegt.

Ganz mittellosen schwangeren Weibspersonen, besonders wenn sie fremd sind und vor ihrer Niederkunft nicht in die Heimath geschoben werden können, haben die Gemeinden, wo sie sich befinden, das Unterkommen, die ihrem Zustande angemessene Hilfe und den Unterhalt nebst ihrem Kinde während des Wochenbettes, und so lange es nach dem Ermessen der Obrigkeit noch nothwendig sein sollte, gleich andern Ortsarmen zu verschaffen. (Verordnung vom 13. October 1755, §. 4, und 8. August 1784, §. 6, 13. October 1755, §. 5, 8. Sept. 1784, §. 6, für Oesterreich ob der Enns vom 4. August 1746 und 15. Mai 1755.)

§. 53. ·

Auch die Hausleute, besonders die im Dienste stehenden Personen, wenn sie zur Kenntniß von der unehelichen Schwangerschaft einer im Hause befindlichen Person gelangen, sind verbunden, solche geheim den Aeltern, Vormündern, Verwandten, Hausvätern oder Hausmüttern anzuzeigen, und wenn sie wahrnehmen, daß von denselben keine Vorsorge zur Niederkunft gemacht würde, solches der weltlichen Obrigkeit zu entdecken. Selbst die Obrigkeit soll, in Ermangelung bestimmter Anzeigen, auf den bloßen Ruf die Sache möglichst geheim untersuchen, um alle Gefahr für die Leibesfrucht zu beseitigen; dabei haben aber die Obrigkeiten zugleich für eine gute Behandlung der Schwangeren und alle mögliche Hilfsleistung zu sorgen, damit sie nicht einer gefährlichen Verzweiflung oder Kleinmüthigkeit Preis gegeben werden. (Verordnung vom 29. November 1793, 13. October 1755, 16. März 1767; 8. September 1784, 15. Juli 1794.)

Hinsichtlich der Kinder, welche die ledigen Weibspersonen theils in der Stadt, theils auf dem Lande gebären, dann in die Stadt bringen, und entweder gegen ein geringes Almosen in dem Bürgerspital zu versorgen trachten oder irgendwo niederzulegen suchen, wurde angeordnet, es sei die Vorsehung zu treffen, daß die Obrigkeiten, welche für die unter ihrer **Jurisdiction** erzeugten Kinder ohnehin Sorge zu tragen haben, für derlei Landeskinder entweder den erforderlichen Atzungsbetrag abreichen, oder selbe zur eigenen Verpflegung übernehmen. (A. h. Resolution vom 19. April 1755.)

Schwangere Weibspersonen dürfen nur dann mittelst Schub in ihren Geburtsort befördert werden, wenn es ohne Gefahr für ihren Zustand geschehen kann; außerdem haben ihnen die Gemeinden, in welchen sie sich befinden, bis dahin ihr nöthiges Unterkommen zu verschaffen.

Wenn eine Schwangere zu einer Criminalstrafe verurtheilt wird, so muß mit der Kundmachung des Urtheils bis nach der Entbindung gewartet werden, außer wenn der bis zu ihrer Entbindung fortdauernde Verhaft für sie härter sein sollte, als die zuerkannte Strafe; eben so müssen körperliche Züchtigungen, längere und strenge Arreststrafen bei Schwangeren und Säugenden, wenn für sie oder den Säugling, nach dem Urtheile der Sachverständigen, Nachtheile zu besorgen sind, so lange aufgeschoben werden, bis solche gefahrlos vollzogen werden können. (Verordnung vom 15. Mai 1782, 4. August 1746, Strafgesetz I. Thl., §. 445, II. Thl., §§. 438 und 439.)

§. 54.

Die österreichische Staatsverwaltung ging in Hinsicht der Vorsorge für Schwangere und die Frucht derselben noch weiter, und strebte den Veranlassungen zum Kindermorde noch vollständiger durch die Errichtung von Gebär= und Findelhäusern zu begegnen, durch welche den unglücklichen Schwangeren nicht nur ein geheimer Zufluchtsort, zur Vermeidung der öffentlichen Schande und häuslicher Mißhandlungen, sondern auch gegen den gefürchteten Mangel ein Unterkommen für sich und ihre Neugebornen eröffnet worden ist. So wurden in den Provinzial=Hauptstädten, in Wien laut Nachricht vom 20. Juni 1784, in Brünn vom 6. Mai 1785, in Prag 30. Juli 1789, in Linz 11. Februar 1791, in Grätz 13. Jänner 1796, Gebär= und Findelhäuser errichtet.

§. 55.

Die Aufnahme in die Gebärhäuser geschieht entweder unentgeldlich oder gegen eine mäßige Bezahlung. Unentgeldlich werden diejenigen Schwangeren aufgenommen, welche ganz hilflos sind, und ihre Armuth durch Zeugnisse von ihren Pfarrern und Armenvätern darthun können. (Verordnung vom 7. October 1784, Unterricht für Ausstellung der Zeugnisse zur Versorgung.)

Jedoch erstrecket sich diese Annahme nur auf die Armen derjenigen Hauptstadt, wo die Gebäranstalt besteht. Auswärtige werden in der Regel nicht unentgeldlich aufgenommen; nur in besonderen Fällen, wenn sie schon sehr nahe an der Geburt und wirklich arm sind, darf hiervon eine Ausnahme gemacht werden; jedoch müssen diese Personen bei ihrem Austritte ihre Kinder selbst versorgen, oder ihre Gemeinde das für die aufgenommenen Findlinge bestimmte Erlaggeld bezahlen. Den unentgeldlich Aufgenommenen wird in dem Gebärhause eine ihrem Zustande angemessene Arbeit vorgelegt, die sie zum Beßten der Anstalt für die unentgeldliche Versorgung verrichten müssen; zugleich sind sie verbunden, nach ihrer Entbindung in dem Findlingshause, auf eine bestimmte Zeit und gegen Abreichung ihres Unterhaltes als Ammen zu dienen. (Verordnung vom 13. Jänner 1796.)

§. 56.

Diejenigen Weibspersonen, welche kein Armuths=Zeugniß beibringen können, werden gegen Bezahlung nach 3 Classen aufgenommen. In der ersten Classe erhält jede ihr abgesondertes Zimmer. Wenn eine Person in dieser Abtheilung bloß ge-

heim niederkommen, und sich nach der Entbindung sogleich wie=
der aus dem Hause entfernen, folglich nicht einmal einen ganzen
Tag darin verweilen wollte, so hätte sie für alle ihr geleistete
Hilfe nach der Bestimmung vom Jahre 1784 bloß die Tare
von 4 Gulden zu entrichten. Für einen längeren Aufenthalt
vor oder nach der Entbindung wurde ursprünglich die Bezah=
lung auf einen Gulden täglich festgesetzt, wofür nebst der Woh=
nung auch die Kost, Wartung und alle Arzneien abgereicht wer=
den. In diese Zimmer ist Jedermann mit Ausnahme des Ge=
burtshelfers, der Hebamme und der Wärterinn, welchen die
strengste Verschwiegenheit bei Verlust ihres Dienstes zur Pflicht
gemacht ist, der Eintritt versagt.

Es steht der Aufgenommenen frei, sich ihren eigenen Arzt
oder eine andere bekannte Hebamme kommen zu lassen, sich ihres
eigenen Dienstboten zu bedienen, und für denselben die Kost im
Hause nach Belieben zu bestellen und zu bezahlen; auch kann
diesem letztern, damit er nicht im Hause gesehen, und irgend et=
was verrathen werde, seine Kost auf das Zimmer gebracht wer=
den. Selbst zur Beiwohnung des Gottesdienstes ist für die da=
selbst befindlichen Schwangeren eine solche Einrichtung getroffen,
daß dieselben von Niemand gesehen werden können.

In der zweiten Abtheilung befinden sich mehrere Personen
in einem Zimmer, doch so, daß die bereits entbundenen von den
noch schwangeren abgesondert sein können. In die 3. Abthei=
lung werden alle Personen ebenfalls ohne eine Frage oder Un=
tersuchung aufgenommen, und werden daselbst mit Arbeit ver=
sorgt, um sich etwas verdienen zu können; übrigens erhalten die
in dieser Abtheilung untergebrachten Schwangeren mit denjeni=
gen, welche sich daselbst unentgeldlich befinden, ein gemeinschaft=
liches Unterkommen und die nämliche Verpflegung. (Verord=
nung in Niederösterreich vom 28. Juli 1811 und 4. März 1814,
§. 1 und 2.)

§. 57

Die Gebärhäuser haben nach den Directiv=Regeln, die ihrer
Errichtung von Joseph II. zum Grunde gelegt wurden, in al=
len ihren Theilen eine solche Verfassung erhalten, daß sie ihrer
Bestimmung, der Furcht vor der öffentlichen Beschämung zu
begegnen, durch die Bewahrung des Geheimnisses der dahin ge=
flüchteten Personen durchaus entsprechen können. Aus dieser Ur=
sache ist allen daselbst sowohl zur Wartung, als auch zur eigent=
lichen Geburtshilfe angestellten Personen die strengste Verschwie=
genheit zur Pflicht gemacht; außer den unentbehrlichen Leuten

wird Niemanden der Eintritt unter was immer für einem Vorwande gestattet. Nur bei den unentgeldlich Aufgenommenen werden die angehenden Hebammen und Accoucheurs zum practischen Unterrichte zugelassen; aber auch hierbei ist die Vorsicht angeordnet, daß diejenigen Schwangeren, bei welchen besondere Umstände eintreten, hiermit verschont werden. (Verordnung vom 13. Jänner 1796.)

Keine Person, die aufgenommen zu werden verlangt, wird um ihren Namen, und um so weniger um jenen des Vaters ihres Kindes befragt. Selbst auf den beinahe unmöglichen Fall, daß eine Weibsperson im Gebärhause ausgespürt werden sollte, kann darauf von den Aeltern oder Ehemännern kein gerichtlicher Beweis in einer Klage gegründet werden. Jede Eintretende muß aber doch ihren wahren Namen in einem versiegelten Zettel dem Geburtshelfer übergeben, welcher die Nummern des Zimmers und des Bettes der Schwangeren darauf äußerlich bemerkt, worauf ihr derselbe wieder eingehändigt wird; diese Maßregel ist nur für den traurigen Fall berechnet, daß die Eintretende sterben sollte, um den Angehörigen ein Zeugniß über ihren Tod ausstellen zu können. Uebrigens haben die in das Gebärhaus kommenden Schwangeren die Freiheit, mit Larven, verschleiert, und überhaupt so unkennbar, als sie immer wollen, zu jeder Stunde des Tages und bei der Nacht zu erscheinen, und sich an dem stets gesperrten Thore mittelst des Läutens der am Hause angebrachten Glocke durch den bestellten Thorsteher einführen zu lassen.

§. 58.

Vermög der innern Einrichtung der Gebärhäuser sind daselbst eine zureichende Anzahl von Geburtshelfern und Hebammen angestellt, die Häuser sind mit den erforderlichen männlichen und weiblichen Dienstpersonen, mit einem Traiteur, und für die geistliche Hilfe auch mit einem bestellten Seelsorger versehen. Die unentgeldlich Aufgenommenen erhalten die Bettwäsche und die Bett- und Zimmergeräthschaften von der Anstalt; jedoch haben sie daselbst ihre eigene Kleidung zu tragen, und nur denjenigen, welche ein unreines Gewand haben, und sich wegen Dürftigkeit kein angemessenes beischaffen können, werden Hemden und auch Kleidung gereicht. Ueberall sind die Schwangeren von den Gebärenden und Wochenbetterinnen abgesondert, indem für jede Classe besondere Zimmer bestimmt sind. Auch erkrankte Wöchnerinnen oder Schwangere werden in ein besonderes Zimmer übersetzt, bis sie wieder genesen sind.

In die Gebäranstalt werden die in den Provinzen der österreichischen Monarchie gebornen oder dort deponirten Armen unentgeldlich aufgenommen, jedoch müssen sie sich mit einem Ar-
muths = Zeugnisse ausweisen, und sich als Ammen verwenden
lassen. Ohne Armuths=Zeugniß werden nur jene unentgeldlich
aufgenommen, welche sich beim practischen Unterrichte benützen
lassen, und sich zum Säugammen=Dienste bereit erklären. Auch
Weiber und Wittwen werden nach Umständen aufgenommen, die
Verpflegskosten jedoch auf die Verwandten und Gemeinden re-
partirt. Eben so werden unentgeldlich aufgenommen die auf
dem Wege nach dem Gebärhause von der Geburt überrascht, und
dann erst dahin gebracht wurden. Lassen sie sich als Ammen benützen, bringen sie ein Armuths=Zeugniß bei, widmen sie sich
dem practischen Unterrichte, so sind sie frei, sonst zahlen die
Verwandten oder Gemeinden die Verpflegskosten. Die bei Hebammen entbundenen werden nur dann aufgenommen, wenn sie
noch einer Geburtshilfe oder der Pflege benöthigen.

Auch die aus öffentlichen Anstalten von Behörden Ueber-
schickten werden aufgenommen, jedoch ohne Haftung für den Fall
der Entweichung. Auch die jedoch nur auf die zweite Art verheiratheten Soldatenweiber werden aufgenommen.

Die Aufnahme geschieht in der Regel nicht vor dem Ende
des siebenten Monats. Die zahlenden werden abgesondert, und
nicht zum klinischen Unterrichte benützt.

Bei Gefahr am Verzuge darf die Aufnahme nicht verzögert
werden, sonst aber geht die Untersuchung voraus. Eben so
müssen die auf der Gasse Entbundenen sogleich, die bei Hebammen Entbundenen erst nach Beibringung der gesetzlichen Ausweise aufgenommen, und können die Schwangeren auch vor ihrer
Entbindung wieder entlassen werden. Die unentgeldlich verpflegten Wöchnerinnen müssen, wenn sie auch als Ammen nicht
geeignet sind, sich zu andern Zwecken der Anstalt verwenden
lassen.

Auch Ausländerinnen werden in die Findelanstalt aufgenommen, die Kosten, wenn keine zahlungspflichtigen Verwandten
da sind, abgeschrieben. (Hofkanzlei=Decret vom 7. Jänner 1836,
Z. 2781, Regierungs=Decret für O. Oest. vom 20. März 1836,
Z. 3463.)

§. 59.

Hinsichtlich der Aufnahme in das Linzer Gebärhaus wurde
Folgendes vorgeschrieben:

1) Die k. k. Entbindungs = Anstalt ist in Gemäßheit ihrer unmittelbaren und ursprünglichen Bestimmung ein Zufluchtsort für schwangere Personen ohne Unterschied des Standes, des Geburtsortes oder der Vermögensumstände, woselbst namentlich gefallene Mütter vor Schande und Noth bewahrt, nicht minder endlich die unschuldigen Kinder in Schutz genommen werden.

2) Der Eintritt in das Gebärhaus ist einer jeden schwangeren Weibsperson gestattet, und zwar entweder gegen eine sehr mäßige Zahlung, oder aber ganz unentgeldlich.

3) Die Zahlung geschieht nach 3 Classen, so daß in der ersten 36, in der zweiten 28, und in der dritten 20 kr. CM. WW. täglich in monatlichen Beträgen vorhinein entrichtet werden.

4) Jene, welche nach der ersten Classe verpflegt werden, haben einzelne abgesonderte Zimmer; die in der zweiten Classe sind zu zweien beisammen, und beide Classen sind mit einer gewählteren Kost, so wie mit feinerer Bettwäsche bedacht; doch die geburtshilfliche Wartung und die etwa nöthige ärztliche Behandlung ist für alle Individuen, sie mögen nun zahlen, oder unentgeldlich im Gebärhause untergebracht sein, völlig gleich.

5) Keine Person, welche in eine der zahlenden Classen der Entbindungs = Anstalt aufgenommen zu werden verlangt, darf um ihren Namen, noch minder aber um den vom Vater ihres Kindes befragt werden; und selbst in dem Falle, daß der Aufenthalt einer solchen Weibsperson ausgespäht werden sollte, wird von der Anstalt keine Auskunft gegeben, weder von den Behörden ein geltender Beweis angenommen, und der Aufenthalt einer Person in diesem Rettungsorte kann niemals einen rechtsgiltigen Grund eines Zeugnisses gegen selbe gewähren, da letzteres selbst im Falle des Erkennens von keinem einzigen Individuum des Hauses geleistet werden darf.

6) Die einzige Vorschrift, welche anbefohlen ist, und gehandhabt werden muß, besteht darin, daß jede unerkannt sein wollende Frauensperson ihren Tauf = und Familiennamen, so wie ihren Geburtsort auf ein Blatt Papier niederschreibt, und diesen versiegelt der ersten Haushebamme überreicht. Diesen Zettel erhält sie, nachdem die Zeit und die Nummer ihres Eintrittes von Seiten der Verwaltungs = Kanzlei von außen angemerkt worden, uneröffnet und wo möglich noch am nämlichen Tage wieder zurück, um ihn bei ihrem Austritte mit sich zu nehmen, und auf diese Art für Jedermann unerkannt zu bleiben; ja nur für den Fall, als sie stürbe, bleibt jener Zettel zurück, damit die Gebärhaus=Verwaltung die Angehörigen der Verstorbenen von ih-

rem Ableben benachrichtigen könne, obschon diese Behörde, gleichwie der Geburtshelfer und das übrige Personale des Hauses auch dann noch nicht von der Pflicht der Verschwiegenheit losgezählt ist.

7) Uebrigens steht es jenen Personen, welche ihre Zuflucht in das k. k. Gebärhaus nehmen, frei, namentlich, wenn sie in die erste oder zweite Classe der Verpflegung eintreten, verschleiert, mit Larven, und überhaupt so unkennbar, als sie nur immer wollen, entweder in dem Augenblicke der bereits herannahenden Entbindung, oder längere Zeit vorher daselbst einzutreten, sich nach ihrer Entbindung sogleich zu entfernen, oder länger zu verweilen, das geborne Kind mit sich zu nehmen, und in eigene von ihnen selbst gewählte Kost zu geben, oder aber in das Findelhaus bringen zu lassen.

8) Um endlich die Verborgenheit der in dem k. k. Gebärhause untergebrachten Weibspersonen noch mehr zu sichern, soll auch gar kein Fremder, ausgenommen, er wird auf besonderes Begehren einer daselbst Verpflegten herbeigeholt, in das Gebärhaus eingelassen werden; ja es ist sogar den Aerzten und auch der andern Hebamme, so wie den Wärterinnen des Hauses strenge untersagt, die Zimmer der nach der ersten und zweiten Classe Verpflegten unaufgefordert zu betreten.

9) Die unentgeldliche Aufnahme schwangerer Weibspersonen in die k. k. Gebäranstalt, woselbst sie gleich denen in der dritten Zahlungsclasse verpflegt werden, ist alsdann gestattet, wenn sie sich mit gehörigen Zeugnissen von der Ortsobrigkeit, so wie vom Seelsorger über ihre gänzliche Mittellosigkeit und mit einem ärztlichen Zeugnisse, daß ihre Schwangerschaft bereits das siebente Monat überschritten habe, auszuweisen im Stande sind. (Regierungs-Decret für Oesterreich ob der Enns vom 13. Juli 1835, Z. 33312.)

§. 60.

Hinsichtlich der zu beobachtenden Modalitäten bei der Aufnahme und Entlassung der schwangeren Weibspersonen und Wöchnerinnen aus der Gratis-Gebäranstalt hat die hohe Hofkanzlei mit Decret vom 7. Jänner 1836, Z. 27816, folgende Grundsätze aufgestellt:

1) Alle jene ledigen Schwangeren, welche in den Provinzen der österreichischen Monarchie geboren sind, oder daselbst das Decennium erstreckt haben, wirklich arm sind, und sich in der Regel über die Armuth mit vorschriftmäßigen Zeugnissen auszuweisen vermögen, werden unentgeldlich in die Gebäranstalt

aufgenommen, wogegen fie fich der Benützung beim practifchen Unterrichte auß der Geburtšhilfe und dem vorgefchriebenen Säugammendienfte zu unterziehen haben. Wenn jedoch eine ledige Schwangere nach den Beftimmungen der Gebäranftalten die Geheimhaltung anfprechen follte, fo fann derfelben die unentgeldliche Aufnahme ausnahmsweife auch ohne Beibringung eines vorfchriftmäßigen Armuths-Zeugniffes für den Fall zu Statten kommen, wenn fie fich zur Benützung beim practifchen Unterrichte auß der Geburtšhilfe und zum vorgefchriebenen Säugammendienfte hergibt und bereit erklärt.

Die Armuths-Zeugniffe müffen in den Provinz-Hauptftädten und in der Haupt- und Refidenzftadt Wien von den Hauseigenthümern, dem Pfarrer und der Polizei-Direction, oder der Polizei-Bezirkš-Direction, wo eine folche vorhanden ift, auf dem Lande aber von der Ortšobrigkeit und der Herrfchaft ausgeftellt und unterfertiget fein.

2) Verheirathete Weiber und Wittwen, wenn fie von ihren Gatten im Zuftande der Schwangerfchaft zurückgelaffen werden, find in der Regel zur Aufnahme in die Gebäranftalt nicht geeignet, bei befonderen Verhältniffen können aber auch verheirathete Weiber und Wittwen ausnahmsweife in die Gebäranftalt aufgenommen werden; jedoch darf diefeš niemals unentgeldlich gefchehen, fondern eš find die entfallenden Verpflegškoften nach Umftänden entweder von der Aufgenommenen und den gefetzlich verpflichteten Anverwandten derfelben, oder bei deren Zahlungšunvermögenheit von der betreffenden Gemeinde, nach der den Gemeinden überhaupt obliegenden Verpflichtung, für ihre Hilfebedürftigen Armen zu forgen, hereinzubringen.

Wittwen aber, welche nach dem Tode ihrer Gatten fchwanger werden, find in diefen Fällen den ledigen Weibsperfonen gleich zu achten, und wie diefe zu behandeln.

3) Perfonen, welche auf dem Wege nach dem Gebärhaufe von der Geburt überrafcht, und entweder während oder nach geendigtem Geburtšacte in die Gebäranftalt überbracht werden, müffen ohne Unterfchied und ohne Zögerung aufgenommen werden, und wenn fie fich zur Entrichtung der Verpflegškoften nicht erklären, und mit den erforderlichen Zeugniffen nicht verfehen find, fo müffen nachträglich wegen Einbringung der Verpflegškoften von denfelben und von ihren gefetzlich verpflichteten Anverwandten, oder wegen ihrer unentgeldlichen Aufnahme die vorfchriftmäßigen Verhandlungen eingeleitet werden.

4) Ledige Schwangere, welche bei Hebammen entbunden

wurden, können nur dann in das Gebärhaus unentgeldlich aufgenommen werden, wenn sie noch eines geburtshülflichen Beistandes und der Pflege des Wochenbettes bedürfen, und wenn sie ihre Armuth durch legale Zeugnisse, so wie den Umstand der unvermutheten Niederkunft durch die Bestätigung der Polizeibehörde zu erhärten im Stande sind, wogegen eine derlei Entbundene sich den mit der ynentgeldlichen Aufnahme verbundenen Obliegenheiten und Verpflichtungen, in so weit sie solche zu erfüllen im Stande ist, zu unterziehen hat. Bedürfen aber derlei Individuen zwar keines geburtshülflichen Beistandes, wohl aber einer ärztlichen Hilfe und Pflege, so sind sie an das allgemeine Krankenhaus anzuweisen.

5) Schwangere, welche aus öffentlichen Anstalten von Behörden zur Entbindung geschickt werden, sind in die Gebäranstalt jedoch ohne Haftung und Verantwortung der Administration rücksichtlich einer allfälligen Entweichung aufzunehmen. Ist in der dießfälligen Anweisung die Armuth und der Zuständigkeitsort, dann der Umstand, daß die aufzunehmende Schwangere unverehelicht ist, bestätiget, so hat die Aufnahme unentgeldlich zu geschehen, im entgegengesetzten Falle ist aber wegen Berichtigung der Verpflegskosten oder der unentgeldlichen Aufnahme die weitere Verhandlung einzuleiten.

Bei verheiratheten Schwangeren ist sich wegen Berichtigung der Verpflegskosten nach den Bestimmungen ad 2, bei jenen aber, die aus Inquisitionshäusern übersendet werden, nach den Bestimmungen des 18. Hauptstückes St. G. B. I. B. u. 8. Hauptstückes II. zu benehmen.

6) Die nach erster Art verheiratheten Soldatenweiber, da sie dem Militär angehören, sind in die Civil - Gebäranstalten gar nicht aufnahmsfähig, rücksichtlich der auf die zweite Art verheiratheten Soldatenweiber ist sich nach den Bestimmungen ad 2 zu benehmen.

In Hinsicht der von Soldaten geschwängerten ledigen Weibspersonen hat rücksichtlich der Aufnahme in die Gebäranstalt kein Unterschied Statt zu finden, sondern es ist dießfalls, so wie bei anderen ledigen Schwangeren sich um so mehr zu benehmen, als die Frage nach dem Kindesvater in der Gebäranstalt, den bestehenden Directiven zu Folge, nicht Statt finden darf, somit die Angabe, von einem Soldaten geschwängert zu sein, gar nicht zu berücksichtigen kömmt.

Was die weiteren besonderen Modalitäten in obigem Betreff anbelangt, so hat in dieser Beziehung Folgendes zu gelten:

I. Schwangere follen nicht vor dem Ende des siebenten Mo-
nates der Schwangerschaft aufgenommen werden, jene Fälle ausgenommen, wo nach den Erscheinungen eine Frühgeburt zu ver-
muthen steht; wenn derlei Schwangere, welche vor dieser Zeit
eine Unterkunft im Gebärhause suchen, wegen ihrer Subsistenz
in Verlegenheit sind, so sind dieselben der Polizei-Direction oder
Ortsobrigkeit zur weiteren angemessenen Verfügung in dieser
Beziehung zu übergeben.

II. Die an der Gebäranstalt um Aufnahme sich meldenden
und zur Zahlung bereiten Schwangeren dürfen dort, wo für
die Zahlenden eigene Abtheilungen schon bestehen, oder hinläng-
licher Raum zu diesen Abtheilungen vorhanden ist, für keinen
Fall in der Gratis-Gebäranstalt aufgenommen werden, sondern
sie sind ungesäumt auf die Abtheilung der Zahlenden zu überbrin-
gen, und es darf daher nie eine Vermischung der zahlenden und
nicht zahlenden Schwangeren Statt finden; wo aber der Raum
eine eigene Abtheilung für die zahlenden Schwangeren letzter
Classe nicht gestattet, ist die Vorsorge dahin zu treffen, daß die
Zahlenden möglichst zusammengelegt, und von den Unentgeldlichen nach Thunlichkeit geschieden und abgesondert werden, so
wie die Zahlenden in keinem Falle zu dem klinischen Unterrichte
benützt werden dürfen.

III. Jede aufzunehmende Schwangere ist bei ihrer Ankunft
sogleich von der Hebamme und in zweifelhaften Fällen von dem
Gebärhausarzte, oder von dem Assistenten der Anstalt, je nachdem dem einen oder dem andern dieses instructionsmäßig bisher
zugewiesen war, zu untersuchen. Jene, die bereits mit Geburts-
schmerzen behaftet sind, oder auf dem Wege nach dem Gebärhause von der Geburt überrascht werden, sind sogleich aufzunehmen, und es ist auf den mitgebrachten Documenten, oder wenn
ein solches fehlt, auf dem Nationale, welches nach Umständen
entweder von dem instructionsmäßig hierzu verpflichteten Oberkrankenpfleger oder der Verwaltung der Versorgungs-Anstalten
zu erheben ist, der Grund der Unabweisbarkeit von der Hebamme, oder dem Gebärhausarzte, oder dem Assistenten anzuführen und zu unterfertigen.

IV. Bei Schwangeren, deren augenblickliche Aufnahme
nicht nothwendig ist, kann diese jederzeit erst dann Statt finden,
wenn von dem Oberkrankenpfleger oder der Verwaltung der
Versorgungs-Anstalten, je nachdem der eine oder die andere
die dießfällige Erhebung zu pflegen hat, die Documente untersucht und in Ordnung befunden worden sind. Bei mangelhaften
oder fehlenden Documenten hat die Hebamme oder der Gebär-

hausarzt, oder der Assistent zu bestimmen, ob die betreffende Schwangere zur Beibringung der gehörigen Behelfe angewiesen werden könne. Abzuweisende müssen über das Nöthige gehörig belehrt werden.

V. Bei Hebammen Entbundene dürfen nur, in so ferne sie noch eines geburtshilflichen Beistandes und einer Pflege im Wochenbette bedürfen, und nur gegen Beibringung der erforderlichen Documente in die Gratis=Gebäranstalt aufgenommen werden. Bei jenen, die auf der Gasse vom Geburtsacte überrascht, und dann bei der nächsten Hebamme entbunden worden sind, ist die Nachweisung dieses Umstandes von der betreffenden Polizei=Direction zur Erwirkung der Aufnahme in die Gebäranstalt hinreichend, es ist jedoch wegen Einbringung der Verpflegskosten oder der unentgeldlichen Aufnahme, in so ferne sie mit den erforderlichen Zeugnissen nicht versehen sind, die nachträgliche Verhandlung einzuleiten.

In allen andern Fällen sind aber die Hebammen gehalten, wenn sie die bei ihnen Entbundenen und noch eines geburtshilflichen Beistandes Bedürfenden unentgeldlich in die Gratis=Gebäranstalt übersetzen wollen, ein legales Armuths=Zeugniß derselben beizubringen.

VI. Schwangere, welche gegen Beibringung eines Armuths=Zeugnisses in das Gebärhaus aufgenommen worden sind, können auch vor ihrer Entbindung wieder aus demselben entlassen werden; dasselbe gilt auch von jenen, welche wegen irgend eines andern dringenden Vorfalls ohne Zeugniß, sohin bedingnißweise aufgenommen worden sind; jedoch ist bei der letzteren im Falle ihrer Zahlungs=Unfähigkeit für die Berichtigung der entfallenden Verpflegsgebühren die gehörige Sorge zu tragen.

VII. Unentgeldlich verpflegte Wöchnerinnen, jene ausgenommen, welche krank und deren Kinder vor der Zeit ihres Austrittes aus dem Gebärhause gestorben sind, oder welche ihre Kinder in die eigene unentgeldliche Pflege mitnehmen, müssen in das Findelhaus abgesendet, und dort zum Ammendienste verwendet werden; doch dürfen jene Wöchnerinnen, die zum Ammendienste nicht geeignet sind, deren Kinder aber in die unentgeldliche Aerar=Verpflegung übernommen werden, nicht sogleich aus der Gebäranstalt unmittelbar entlassen werden, sondern selbe sind vor der Entlassung an das Findelhaus anzuweisen, wo von der Findelhaus=Direction die weitere Verhandlung, ob eine solche Wöchnerinn nicht zu andern Zwecken zu verwenden sei, oder anstandslos entlassen werden könne, zu pflegen ist.

Eine unentgeldlich verpflegte Wöchnerinn, die ihr Kind in die eigene unentgeldliche Pflege mitnehmen will, hat sich vorläufig durch ein Zeugniß ihrer Obrigkeit auszuweisen, daß sie das Kind zu erhalten im Stande ist, oder daß sonst für dasselbe gesorgt werde.

Rücksichtlich der Frage, wie sich in Ansehung der Aufnahme und Verpflegung der vom Auslande herrührenden schwangeren Weibspersonen zu benehmen sei, findet man zu bestimmen, daß eine solche mittellose Person aus dem Auslande unter Nachweisung ihres Vaterlandes und Geburtsortes auf gleiche Weise, wie die aus österreichischen Provinzen herrührenden Schwangeren unentgeldlich zu verpflegen, hiernach aber der Kostenaufwand vorzulegen ist, damit im Wege der Hof- und Staatskanzlei die Verpflegskosten durch die zahlungsfähigen Verwandten hereingebracht und abgeschrieben werden können. (Regierungs-Decret für Oberösterreich vom 20. März 1836, Z. 3463.)

Zu der vorerwähnten Verordnung hat die hohe Hofkanzlei am 11. Juli 1839, Z. 20728, noch Folgendes vorgeschrieben: -

1) Bei der Aufnahme der Schwangeren in die Gebäranstalten ist sich im Geiste der mit der allerhöchsten Entschließung vom 11. Mai 1784 genehmigten Directiven zu benehmen.

2) Die zur Aufnahme in die Gebäranstalt erforderlichen Armuths-Zeugnisse müssen künftig entweder von dem Pfarrer, als dem ersten und eigentlichen Armenvater, und von der Polizei-Bezirks-Direction, welche sich von den pecuniären Verhältnissen der Parteien am leichtesten Kenntniß verschaffen könne, ausgestellt und bei der Aufnahme gleich künftig respectirt werden.

Auf dem Lande genügt das Zeugniß der Ortsobrigkeit; übrigens ist den Pfarrern, Bezirks-Directionen und Ortsobrigkeiten zwar Genauigkeit, aber ein schonendes Benehmen zu empfehlen.

3) Die abweisbaren Schwangeren, welche kein derlei Zeugniß produciren, sind gehörig zu belehren und zur Beibringung eines solchen aufzufordern, die unabweisbaren aber in die Anstalt aufzunehmen, sodann gleich ihr Nationale zusammenzustellen. Bei den weiteren Erhebungen über die Zahlungsfä-

higkeit ist jedoch mit der möglichsten Vorsicht und größten Schonung vorzugehen, und sich hierbei, zur Vermeidung jedes Aufsehens, bloß an die Aufgenommenen selbst zu wenden.

Nur in zweifelhaften Fällen ist sich über die pecuniären Verhältnisse der Schwangeren, ohne Aufsehen zu erregen, bei den Polizei = Directionen oder auf dem Lande bei den Ortsobrigkeiten anzufragen, wobei es sich von selbst versteht, daß ihre Verwandten zur Zahlungsleistung nicht aufgefordert werden dürfen, damit das Geheimniß nicht aufgedeckt, und die wohlthätige Absicht des Gesetzes nicht vereitelt werde.

4) Schwangere, welche ohne Zeugniß erscheinen, aber unabweisbar sind, und wo die Behebungen über ihre Zahlungsvermögenheit erst auf die angedeutete Art zu pflegen sind, haben sich zum practischen Unterrichte hinzugeben, wenn auch später die Zahlung geleistet wird, weil es ihre Pflicht gewesen wäre, sich bei Zeiten mit den erforderlichen Behelfen auszuweisen.

5) Bringen Schwangere kein Zeugniß bei, sprechen sie aber die Geheimhaltung an, so ist dabei nicht ängstlich zu Werke zu gehen; übrigens hat in zweifelhaften Fällen darüber der Primararzt des Gebärhauses, und nach Umständen der Director zu entscheiden, dem auch die Bestimmung obliegt, welche von diesen Schwangeren, obgleich sie die Geheimhaltung ansprechen, doch zum practischen Unterrichte zu verwenden sind.

6) Die Aufnahme des Nationales hat die k. k. Versorgungs=Verwaltung zu besorgen. Diese Aufnahme kann durch Einführung eines mit den erforderlichen Rubriken versehenen Protokolls erleichtert werden. Endlich

7) Auswärtige Schwangere sind den einheimischen gleich zu halten, zumal derlei Weibspersonen, welche die Aufnahme in die öffentlichen Anstalten suchen, ohnehin der Armen=Classe angehören, von welchen im Correspondenzwege selten eine Vergütung hereinzubringen ist. Wird jedoch in einzelnen Fällen eine Vergütung angesprochen, so ist selbe nur unter dem Titel „Verpflegskosten" zu fordern. (Regierungs=Decret für Oberösterreich vom 1. August 1839, Z. 22129.)

§. 61.

Oeffentliche Anstalten zur Versorgung der Findlinge gab es schon in den ältesten Zeiten; allein sie bildeten kein zusammenhängendes Ganze. Die einzelnen von einander losgerissenen Theile konnten sich daher nicht zweckmäßig unterstützen; die ge-

leiſtete Hilfe war nach der Beſtimmung der Stiftungen entweder unzureichend, oder in einzelnen Fällen übertrieben, und
daher überhaupt in keinem richtigen Verhältniſſe zu den Be-
dürfniſſen, welchen abgeholfen werden ſollte; die Verwaltung
und Einrichtung war mit einem großen Aufwande verknüpft;
und die Oberaufſicht wegen der ungleichartigen Verfaſſung der
einzelnen Beſtandtheile für die Staatsverwaltung ſehr beſchwer-
lich. Joſeph II. löſ'te faſt alle früheren Anſtalten auf. Der
Anfang mit der neuen Einrichtung wurde in Wien gemacht,
hierauf folgte die Verbeſſerung derſelben in den einzelnen Provinzen, welche, ſo wie die übrigen Verſorgungs-Anſtalten,
mit welchen die Findlings- und Waiſen-Inſtitute in Verbindung ſtehen, vollkommen eingerichtet wurden. Das Weſentliche
ihrer Verfaſſung, die Art der Verſorgung, die Aufſicht über
die Verpflegten iſt faſt in allen Provinzen gleichförmig, nur
die für die Aufnahme und für die Verpflegung beſtimmten
Geldbeträge ſind nach den örtlichen Umſtänden und nach den
Kräften des Fondes verſchieden feſtgeſetzt. In mehreren Orten
wollte man die Findlinge von den Waiſen abſondern; aber
nach ſpäteren Verfügungen wurde für beide eine gemeinſchaft-
liche Verpflegung beſtimmt; nur in Wien beſteht ein beſon-
deres Waiſenhaus, in welchem eine beträchtliche Anzahl von
Kindern gemeinſchaftlich erzogen wird, und in Prag wurde
das Waiſenhaus ebenfalls beibehalten.

§. 62.

Zur Aufnahme in die Findelanſtalten ſind Kinder armer
Aeltern, dann die Kinder aus dem Gebärhauſe und die eigentlichen Findlinge geeignet. Die Aufnahme geſchieht entweder unentgeldlich, oder gegen eine mäßige Bezahlung.

Unentgeldlich werden die Kinder derjenigen Mütter aufgenommen, welche im Findelhauſe als Säugammen dienen, dann
ſolche Kinder, deren Mütter im Gebärhauſe unentgeldlich verpflegt worden ſind; und endlich auch Kinder ganz armer Aeltern, die ſich über ihre Mittelloſigkeit mit Zeugniſſen von ihren Pfarrern und Armenvätern ausweiſen.

Die Dauer der Verpflegung von den Findlings- und Wai-
ſeninſtituten wurde bei der Einrichtung derſelben überall bis
zum vollendeten 15. Jahre feſtgeſetzt; nach dieſem Alter ſteht
es jedem Kinde frei, entweder bei ſeinen Pflegeältern zu bleiben, oder als eine völlig freie Perſon in andere Dienſte zu
treten. Im Wiener Findelhaus wird zwar das Koſtgeld für
die verpflegten Kinder ſeit dem Jahre 1804 nur bis zum voll-

endeten 12. Jahre bezahlt; doch muß die Direction noch immer über diese Findlinge wachen und dafür sorgen, daß sie entweder eine angemessene Profession lernen, oder, wenn sie dazu noch zu schwach wären, in die Waisenversorgung abgegeben werden. (Verordnung vom 31. Juli 1804.)

§. 63.

Die ordentliche Dauer der Verpflegung vom Hause kann dadurch abgekürzt werden, daß entweder die Aeltern ihre Kinder selbst zurücknehmen, oder, wenn Jemand einen Waisen als eigen annehmen will. Im ersten Falle müssen sich die Aeltern entweder mit dem Ausschnittzeichen ausweisen, oder, wenn sie das Kind weggelegt hätten, alle Umstände angeben, um den Ueberbringer des Kindes auszuforschen, und das Ausschnittzeichen zurückzuerhalten. Nebst der Zurückgabe des Ausschnittzeichens haben die Aeltern auch zu beweisen, daß sie im Stande sind, ihr Kind zu erhalten und zu erziehen. Eben so müssen Diejenigen, welche einen Waisen als eigen annehmen wollen, ausweisen, daß sie dem Kinde den Unterhalt und die nöthige Erziehung geben können, und sich zu beiden mit obrigkeitlichem Vorwissen verbindlich machen. (Verordnung v. 31. Juli 1804.)

Wenn den Findlingen ein bedeutendes Vermögen zufällt, so kömmt die Bestimmung über den Austritt aus der Findelanstalt dem von dem Gerichte zu bestellenden Vormund und der Obervormundschafts = Behörde zu. (Hofkanzlei=Decret vom 21. November 1839, Z. 36,867.)

§. 64.

Für die k. k. Findelanstalt in Linz wurde Folgendes vorgeschrieben:

1) Nach erfolgter Uebernahme eines Kindes hat sich die Pflege = Partei mit dem in der Kanzlei der k. k. Stiftungs- und Versorgungs = Verwaltung erhaltenen Findelhaus = Bogen und mit dem Zahlungs=Ausweise zu dem Vorsteher des obrigkeitlichen Amtes und zum Seelsorger ihrer Pfarrgemeinde zu begeben, damit derselbe die erfolgte Uebernahme des Kindes in seinem Vormerkbuche über die in seinem Bezirke unterbrachten Findlinge gehörig eintragen könne.

2) Ist dem übernommenen Kinde jene Pflege und Treue zu widmen, welche Aeltern ihren leiblichen Kindern schuldig sind, daher es in Allem wie ein eigenes Kind zu halten ist.

3) Sobald das Kind in das sechste Lebensjahr getreten ist, soll die Anzeige hiervon bei dem Ortspfarrer gemacht werden, welcher dasselbe in die betreffende Schule zur Erlangung des nöthigen Schulunterrichtes anweiset. Die Pflegeältern haben das Kind zum fleißigen Besuche der Schule aufmerksam anzuhalten, dagegen aber wird auch der Findling die nöthigen Schulbücher von der Pfarre unentgeldlich erhalten, und ist von der Entrichtung des Schulgeldes befreit.

4) Im Falle der Erkrankung oder einer Beschädigung des Findlings hat die Pflege-Partei die nöthige ärztliche Hilfe, welche auf Kosten der Findelanstalt geleistet wird, sogleich bei dem zunächst wohnenden Arzte oder Wundarzte gegen die Vorweisung dieses Findelhaus-Bogens anzusuchen, und letzteres ist um so weniger zu unterlassen, als auf dem für das Findelkind auszufertigenden Recepte die Zahlungs-Nummer, der Vor- und Zuname, so wie der Wohnort des Kindes ausdrücklich angemerkt werden soll. Stirbt der Findling, so ist sein Tod sowohl bei dem Amte als auf der Pfarre anzuzeigen, und im Vormerkbuche allda gehörig nachzuweisen, endlich aber bei der k. k. Stiftungs- und Versorgungs-Verwaltung unter gleichzeitiger Zurückstellung des Findelhaus-Bogens, so wie des Zahlungs-Ausweises anzumelden.

5) Jede Pflege-Partei hat die Vornahme einer Wohnungs-Veränderung sowohl bei dem Amte und bei jener Pfarre, wo sie auszieht, als da, wo sie hinzieht, zu melden, den neuen Wohnort in dem Zahlungs-Ausweise anmerken zu lassen, damit die k. k. Versorgungs-Verwaltung hiernach die gehörige Vormerkung und Berichtigung in dem Findel-Grundbuche besorgen könne.

6) Die Ueberlassung des Findlings an eine andere Partei, selbst an Verwandte und sogar an die leibliche Mutter desselben, gleichwie die Uebersiedlung in eine andere Provinz ist, wenn nicht vorher die Einwilligung der k. k. Versorgungs-Verwaltung eingeholt worden ist, unter Strafe und Abnahme des Findlings verboten.

7) Jede überwiesene Vernachlässigung, Verwahrlosung oder Mißhandlung des von der Anstalt zur Pflege übernommenen Findlings wird nicht nur mit der unverzüglichen Abnahme desselben, sondern überdieß nach Maßgabe der Art und Beschaffenheit des Vergehens nach §§. 114, 130 II. Thl. St. G. B. bestraft werden.

8) Bei dem Anerbieten zur Uebernahme der unentgeldlichen Pflege eines Findlings hat außer den leiblichen Aeltern

desselben seine bisherige Pflege=Partei den Vorzug vor allen anderen Parteien, selbst auch, wenn sie Verwandte des Kindes wären.

9) Im Falle vom Ableben eines Findlings ist die Bestätigung des Todestages auf dem Zahlungs = Ausweise bei dem betreffenden Pfarrer nachzusuchen, damit die k. k. Versorgungs=Verwaltung sich alsdann hiervon überzeuge.

10) Bei Erfüllung vorstehender Verbindlichkeiten werden der Pflege = Partei, in so lange nicht eine andere Bestimmung erfolgt, nachbenannte höchsten Orts genehmigte Verpflegs=Beträge von der k. k. Versorgungs=Verwaltung ausbezahlt werden :

a) Für ein Kind, bis es das erste Lebensjahr zurückgelegt hat, monatlich 4 fl. 10 kr., somit für das ganze Jahr . . . . 50 fl. — kr. Conv. Mze.

b) Vom vollendeten ersten bis zum zurückgelegten 2. Jahre monatlich 3 fl. 20 kr., jährlich 40 fl., somit für diese Verpflegszeit . . . 40 fl. — kr.

c) Vom vollendeten zweiten bis zum zurückgelegten 6. Lebensjahre monatlich 2 fl. 30 kr., jährlich 30 fl., somit für diese Verpflegszeit . 120 fl. — kr.

d) Vom vollendeten 6. bis zum zurückgelegten 10. Lebensjahre, nach welchem keine Verpflegsgebühr mehr verabreicht wird, monatlich 1 fl. 40 kr., jährlich 20 fl., somit für diese Verpflegszeit . . . . 80 fl. — kr.

e) Nebst diesen Verpflegsgebühren, wenn der Pflegling das erste Lebensjahr vollendet, und sie denselben durch volle 8 Monate gepflegt hat, eine Belohnung von . . . . 4 fl. — kr.
somit für die ganze 10jährige Verpflegsdauer . 294 fl. — kr. CM. WW.

11) Vorstehende Verpflegs=Beträge werden den Ziehältern jedesmal nach dem Ablaufe eines Vierteljahres, nämlich während den ersten drei Tagen der Monate Februar, Mai, August, November, bei der k. k. Stiftungs= und Versorgungs=Verwaltung zu Linz gegen jedesmalige Beibringung des Zahlungs = Ausweises verabfolgt werden, zu welchem Ende jedoch vorher die Bestätigung, daß der Findling noch am Leben sei, auf dem letzt gedachten Zahlungs = Ausweise vom betreffenden

obrigkeitlichen Amte oder Seelsorger mit Beifügung des Datums und der Unterschrift eingeholt werden muß.

12) Sämmtliche Verpflegsgebühren für Findlinge müssen wegen der Handhabung der Rechnungs-Richtigkeit bei der Findelhaus-Casse mit dem Schlusse eines jeden Militärjahres behoben werden; demnach hat jede Partei ihre aushaftenden Verpflegsgebühren zuverläßig spätestens im Monate November jeden Jahres zu erheben, widrigens sie sich den Verfall des rückständigen Betrages selbst beizumessen haben wird.

13) Außer dem vorwärts bestimmten Kostgelde werden den Pflegeparteien noch folgende Begünstigungen und Vortheile zugesichert:

Jede Partei erhält bei der Uebernahme eines Findlings folgende, mit dem Zeichen der k. k. Findelanstalt versehene Leibwäsche und Kleidungsstücke:

a) Für ein bei seiner Uebergabe im ersten Lebensjahre stehendes Kind: 2 Hemden, 1 Oberröckchen, 1 Unterröckchen, 1 Häubchen, 1 Barttuch, 1 Fasche, 1 Einschlagwindel und 2 Unterlegwindeln.

b) Für ein bei seiner Uebergabe im zweiten Lebensjahre bereits stehendes Kind: 2 Hembchen, 1 Oberröckchen, 1 Unterröckchen, 1 Häubchen, 1 Halstuch und 2 Unterlegwindeln.

c) Für einen Knaben, welcher das zweite Lebensjahr bereits zurückgelegt hat: 2 Hemden, 2 Unterzieh-Beinkleider, 1 Halstuch, 1 Mütze, 1 Weste, 1 Janker, 1 Beinkleid, 1 Paar Strümpfe und 1 Paar Schuhe; für ein Mädchen von diesem Alter aber: 2 Hemden, 1 Oberröckel, 1 Unterrock, 1 Halstuch, 1 Haube, 2 Vortücher, 1 Paar Strümpfe und 1 Paar Schuhe.

14) Schlüßlich wird der k. k. Findelanstalt das Recht vorbehalten, zu jeder Zeit, nach vorausgegangener 14tägiger Aufkündigung, den der Pflegepartei in die entgeldliche Besorgung übergebenen Findling zurückzunehmen; dagegen ist aber auch der Pflegepartei das Recht eingeräumt, den in ihrer entgeldlichen Pflege stehenden Findling nach vorausgegangener in der Amtskanzlei der k. k. Versorgungs-Verwaltung anzumeldender 14tägigen Aufkündigung der k. k. Findelanstalt wieder zurückzustellen. Sollte die Pflegepartei wegen eigener Erkrankung oder wegen andern bei ihr eingetretenen, nicht zu beseitigenden Hindernissen den in ihrer entgeldlichen Pflege stehenden Findling ohne vorausgegangene 14tägige Aufkündigung der Anstalt sogleich zurückstellen wollen, so hat sie sich über die

erstere Ursache mit einem ärztlichen von der Obrigkeit bestätig=
ten Atteste, über die letztere Ursache aber mit einem diesen
hinderlichen Umstand ausdrücklich bezeichnenden Zeugnisse von
der Pfarre und der Obrigkeit in der Kanzlei der k. k. Versor=
gungs=Verwaltung auszuweisen.

Hinsichtlich der zu bewerkstelligenden Unterbringung verlas=
sener Kinder in der k. k. Findelanstalt werden nachstehende Be=
dingungen als von nun an allgemein geltend festgesetzt:

a) Zur Uebernahme in das Findelhaus sind bloß solche
Kinder geeignet, deren Aeltern ganz unbekannt, und jene,
welche außer der Ehe zur Welt gelangten, übrigens der Hoff=
nung beraubt sind, daß ihnen die nothdürftige Pflege und Er=
ziehung zu Theil werden könne.

b) Derlei Kinder sollen von nun an, sehr wichtige Fälle
ausgenommen, indem die Landesstelle die specielle Entscheidung
solcher Ausnahmen sich vorbehält, immer in das Findelhaus
gebracht werden.

c) Die Unterbringung von Kindern obiger Art in der
Findelanstalt geschieht entweder nach vorläufiger Entrichtung
einer bestimmten Taxe, oder aber unentgeldlich.

Die Einkaufstaxe für Findlinge hat nunmehr vier Abstu=
fungen, nämlich:

Die erste Classe mit 294 fl. CM. WW., also mit dem
vollen Ersatze des baren Aufwandes von Seiten der Findel=
anstalt auf die Erziehung des Kindes, ist alsdann bemessen, so=
bald die einkaufende Partei außer dem Ansпruche auf die al=
leinig dieser Zahlungsclasse zukommende freie, sonst aber der
k. k. Versorgungs=Verwaltung im Einvernehmen mit den po=
litischen Obrigkeiten, so wie mit den Seelsorgern vorbehaltene
Wahl der Pflege=Aeltern sich das Recht vom Rückersatze des
von der erlegten Taxe auf den Findling nicht wirklich Ver=
wendeten vorbehält, z. B. im Falle, wenn das Kind vor der
Vollendung der Verpflegungs=Epoche stirbt, oder aus der Fin=
delanstalt zurückgenommen wird.

Die zweite Classe zu 100 fl. CM. WW. ist für die au=
ßerhalb dieser Provinz gebornen Kinder zu entrichten.

Die dritte Classe mit 50 fl. CM. für jene Kinder, deren
Mütter entweder auf der höchsten und der zweiten zahlenden
Abtheilung des Linzer Gebärhauses, oder außer demselben, doch
aber innerhalb dieser Provinz geboren; und

Die vierte Classe zu 20 fl. CM. für Kinder, deren Müt=

ter im Linzer Gebärhause nach der dritten Zahlungs-Catego-
rie verpflegt wurden.

Der ganz unentgeltlichen Aufnahme in die Findelanstalt
können demnach nur jene Kinder theilhaft werden, deren Mütter gleichfalls eine unentgeltliche Unterkunft im Gebärhause gefunden haben, oder aber außerhalb desselben von der Niederkunft überrascht worden sind, so daß sie das Gebärhaus nicht
mehr erreichen konnten, sich jedoch hierüber, gleichwie über
das Unvermögen, die Einkaufstaxe selbst nach der geringsten
Classe zu entrichten, mit glaubwürdigen Zeugnissen auszuweisen im Stande sind. Endlich ist die ganz unentgeltliche Aufnahme jener unehelich gebornen Kinder in die Findelanstalt gestattet, deren Mütter, gleichviel, ob sie im Linzer Gebärhause,
oder außerhalb desselben entbunden wurden, sich zum Ammendienste im Findelhause für die Dauer von 3 Monaten herbeilassen, woselbst sie die unentgeltliche Verpflegung, gleich den
nach der dritten Zahlungs-Classe verpflegten Schwangeren, die
ganze Zeit hindurch genießen sollen.

d) Die Aerarial-Verpflegung des Findlings hat nach der
Vollendung seines 10. Lebensjahres und auch dann aufzuhö-
ren, wenn das Kind von seinen Aeltern reclamirt, oder unter seinem vierten Jahre von Jemanden gegen Entschädigung
der Anstalt in unentgeltliche Verpflegung übernommen wird.
(Hofkanzlei-Decret vom 9. September 1833, Z. 19229, Regierungs-Decret für Oberösterreich vom 5. October 1833, Z.
27892.)

§. 65.

Im Findelhause in Linz wurde eine Säugammen-Anstalt
errichtet, und jede dort unentgeltlich entbundene gesunde Weibsperson verpflichtet, sich durch 3 Monate als Amme von zwei
Kindern verwenden zu lassen. Sie kann um den Betrag von
20 fl. CM. für die Findelcasse auf diese Dauer Privaten überlassen werden, und sich selbst von dieser Verpflichtung los-
kaufen.

Die in der Anstalt verwendeten Ammen bekommen die Kost
nach der dritten Classe und 2 fl. CM. monatlich an Lohn,
doch dürfen jene, welche in der Gebäranstalt die letzte Ver-
pflegsclasse bezahlen, wider ihren Willen zum Säugammen-
dienste nicht verhalten werden. (Hofkanzlei-Decret vom 9. September 1833, Z. 19229, Regierungs-Decret vom 15. October
1834, Z. 17421.) Innerhalb der Verpflegsdauer ist kein bestimmtes Alter zur Aufnahme eines Findlings festgesetzt. (Hof-

kanzlei=Decret vom 31. März 1835, Z. 25433, **Regierungs**=
Decret für Oberösterreich vom 10. April 1835, Z. 10421.)

§. 66.

Hinsichtlich der Aufnahme in das Findelhaus wurde end=
lich bestimmt:

a) Nach den für die Aufnahme unehelicher Kinder in die
Findelversorgung bestehenden Weisungen sollen nur jene außer=
halb der Gebäranstalt von unehelichen Müttern geborne Kin=
der aufgenommen werden, wo der Umstand nachgewiesen ist,
daß die fragliche Mutter, in der Absicht, in der Gebäranstalt
Zuflucht zu suchen, durch die Geburt überrascht, ohne ihr Ver=
schulden genöthiget war, außerhalb des Gebärhauses zu ent=
binden; daß es

b) eine allgemeine verpflichtende Bedingung zur Aufnahme
eines derlei Kindes ist, daß solches zur Versorgungs=Verwal=
tung überbracht werde, welch' letzterer die Wahl und Bestim=
mung der Ziehältern überwiesen ist.

c) Daß die Pflicht, für die Erhaltung und Erziehung hilf=
loser Kinder zu sorgen, den betreffenden Gemeinden zusteht,
und Aufnahmen in die Findel=Versorgung nur ausnahmsweise
Statt finden sollen, wo das Leben solcher verlassener Waisen
bedroht ist, wonach die betreffenden aufzuklären, und künftig=
hin vorkommende Gesuche zu würdigen sind. (Regierungs=De=
cret für Oesterreich ob der Enns vom 2. November 1843, Z.
30,258.)

§. 67.

Um die so große Sterblichkeit zu vermindern, wurde in
Wien bereits im Jahre 1788 denjenigen, die ein Kind bis
auf das vollendete 7. Jahr brachten, eine Belohnung von 6
Ducaten zugesagt, und da man später den Grundsatz nicht
ganz festhalten konnte, die Säuglinge nur den zum Saugen
geeigneten Pflegemüttern zu übergeben, so wurde in Nieder=
österreich auch ein Unterricht bekannt gemacht, wie die neuge=
bornen Kinder bei Wasser erzogen werden sollen; dieser Un=
terricht wird jedem Contractsbogen beigedruckt, und die Kreis=
ärzte, Wundärzte und chirurgischen Landgremien sind ange=
wiesen, denselben den Landweibern zu erklären, und thätig
mitzuwirken, daß der erwünschte Erfolg erreicht werde.

Noch bedeutender sind die im Jahre 1804 den Pflegeältern
angebotenen Vortheile und Belohnungen. Den Aeltern, wel=
che zwei Findlinge annehmen, unter welchen ein Knabe ist,

wurde die Befreiung ihres eigenen Sohnes vom Militärstande
bewilligt, wenn sie die Findlinge bis in das zwölfte Jahr unentgeldlich erzogen haben. Wenn beide Findlinge Knaben waren, so blieb bei Erfüllung der erwähnten Bedingungen selbst
einer der erzogenen Findlinge vom Militäre befreit. Nebst diesen Vortheilen durften diese Pflegeältern die Findlinge bis nach
dem vollendeten 22. Jahre bei sich behalten, und zu ihren
Arbeiten verwenden; während dieser Zeit hatten aber die Ortsobrigkeiten und Seelsorger, dann Armenväter darüber zu wachen,
daß die Kinder nicht mißhandelt wurden. Nach erreichtem 22.
Jahre können die Findlinge entweder auf freie Bedingnisse bei
ihren Ziehältern bleiben, oder sich wie immer ihren Unterhalt
verdienen. Wenn die wahren Aeltern einen solchen Findling
nach mehreren Jahren zurückfordern, so haben sie den Pflegeältern nicht nur die Vergütung der Verpflegskosten, sondern
auch eine Entschädigung für den Verlust der übrigen Vortheile
zu leisten; können beide Parteien sich darüber nicht einverstehen,
so ist das gesetzliche Recht der Nährältern zu schützen.

Nebst der Erhöhung des Kostgeldes wurden auch allen bezahlten Pflegeältern, wenn sie das Kind über eine gewisse Anzahl Jahre aufbrachten, namhafte Prämien ausgefolgt, welche
jedoch gegenwärtig, bis auf die 4 fl. CM. nach dem ersten
Lebensjahre, so wie die übrigen vorangeführten Bestimmungen
aufgehoben sind. (Verordnung vom 14. Februar 1788, 5. August 1797, Hofdecret vom 6. September 1804, Verordnung
vom 31. Juli 1804, §. 1 u. 3.)

§. 68.

Zur Aufsicht über die Behandlung der Pflegekinder sind bei
der ersten Einrichtung zu Wien und Prag besoldete Visitatoren
angestellt worden. Die Aufsicht über die auf dem Lande befindlichen Kinder wurde aber in Böhmen bereits im Jahre 1789
den Kreisämtern und unter diesen den Grundobrigkeiten, Magistraten, Pfarrern und Armen-Bezirks-Vorstehern, so wie
über die übrigen Landwaisen aufgetragen, um die Anstellung
eines besonderen Visitators zu ersparen. (Verordnung in Böhmen vom 13. Juni 1789.) Besonders ist es überall den Pfarrern zur Pflicht gemacht, daß sie über die auf dem Lande befindlichen Kinder wachen. Sie haben den Pflegemüttern die
sorgfältige Wartung der Unmündigen als eine sehr verdienstli-
che Handlung vorzustellen, und dieselben zu einer zärtlichen
Sorgfalt für dieselben zu bewegen zu suchen; sie sollen darin selbst
mit gutem Beispiele vorgehen, indem sie durch öftere Besuche

die Theilnahme an dem Zustande der Kinder beweisen. Die Pfarrer haben über die Kinder Protokolle zu führen, den Nähr-ältern das Kostgeld zu bezahlen, und darüber Rechnung zu le-gen; sie sorgen für den Unterricht der herangewachsenen Kin-der in der Religion und den übrigen Gegenständen; sie suchen dieselben im Falle des Absterbens ihrer Nährältern in anderen guten Orten unterzubringen, und auch dem Findelhause recht-schaffene Personen als Ziehältern zu empfehlen.

Die Findlinge wurden den Pflegeältern sowohl, als den öffentlichen Behörden und Seelsorgern zur Obsorge wiederholt empfohlen. (Regierungs-Decret für Oberösterreich vom 29. Au-gust 1822, 3. 17,271.)

§. 69.

Für die Findlinge, welchen ein Vermögen anfällt, sind Vor-münder und Curatoren zu bestimmen, so lange aber außerdem das Findelkind in der Anstalt ist, hat der Vormund keinen Ein-fluß; nach dem Austritte aus der Anstalt sollen für diejenigen, welche keinen Vormund haben sollten, Vormünder bestellt wer-den, welche gesetzliche Anordnung auch auf die Militär-Find-linge ausgedehnt wurde. (Justiz-Hofdecret vom 17. August 1822, Regierungs-Decret für Oberösterreich vom 23. Septem-ber 1822, 3. 19464, Hoffkriegsraths-Verordnung vom 31. Mai 1823.)

Für die in Privat-Verpflegung gegebenen Findlinge wurde endlich mit hohem Regierungs-Decret vom 15. Februar 1830, 3. 4063, die Aufstellung von Vormündern wieder angeordnet.

§. 70.

Die Zeugnisse für Bewerber um Uebernahme von Findlin-gen, welche von dem Pfarrer und der Obrigkeit ausgestellt wer-den müssen, wurden als öffentliche Urkunden erklärt. Auch ha-ben die Seelsorger in den Zeugnissen für Pflegeältern von Lin-zer-Findlingen zum Behufe der Erhebung von Verpflegsgebüh-ren den Namen der Pflegeältern anzuführen und zu bemerken, ob die Findlinge dort in physischer und moralischer Hinsicht gut gehalten sind. Auch ist von den Pfarrämtern auf den Zahlungs-Ausweisen der Tag der Uebergabe des Findlings an die Pflege-ältern zu bestätigen. (Hofkanzlei-Decret vom 24. Februar 1827, 3. 3262, Regierungs-Decrete für Oberösterreich vom 4. März 1827, 3. 5333, und 14. November 1844, 3. 23985.)

§. 71.

Die in das Findlings-Institut gebrachten Kinder werden

denjenigen Pflegeältern übergeben, die sich mit pfarrlichen und
obrigkeitlichen Zeugnissen über einen guten Lebenswandel ausweisen; die Direction sieht auch nach Möglichkeit darauf, daß
Mütter, welche Säugekinder übernehmen, zum Säugen geeignet
sein müssen.

Ueber die wechselseitigen Pflichten des Institutes und der
Pflegeältern wird ein förmlicher Contract errichtet, in welchem
auch von dem Pfarrer die Zahlungen nach jedem Termine eingetragen werden. Die Pflegeältern versprechen in dem Contracte,
die Kinder gut und reinlich zu halten, sie christlich zu erziehen
und überhaupt wie ihre eigenen zu behandeln. Wenn die Kinder
die Jahre erreicht haben, daß sie in die Schule gehen können, so
müssen sie die Aeltern fleißig dahin schicken, die Kinder sind vom
Schulgelde befreit und erhalten die Schulbücher unentgeltlich.

Das Verpfänden der Contracte gegen Geldanleihen ist den
Pflegeältern verboten, und das darauf geliehene Geld ist nicht
nur für den Gläubiger verloren, sondern die Pfarrer, welche
ohnehin solche Verbote nicht annehmen dürfen, haben sowohl
die Gläubiger als solche nachlässige Pflegeältern der Direction
anzuzeigen.

Niemand ist gezwungen, ein Kind auf eine bestimmte Zeit
bei sich zu behalten; die Zurückstellung muß zur weiteren Vorsorge für das Kind rechtzeitig angezeigt werden. (Verordnung
des böhmischen Guberniums vom 6. August 1789 und 14. Februar 1788, 13. Jänner 1796, 15. Mai 1799, §. 1, für
Steyermark, und 31. Juli 1804, §. 5, für Niederösterreich.

Die Pflegeältern sollen bei Uebernahme der Findlinge sich
bei dem betreffenden Districts-Commissariate melden, und bei
Behebung des ersten Kostgeld-Betrages nebst der pfarrämtlichen
Bestätigung auch die Unterschrift des Districts-Commissariates
und Pfleggerichtes um so gewisser beibringen, als ihnen widri-
genfalls der Kostgeld-Betrag nicht verabfolgt werden wird. Jene
Findlinge, welche bereits schon in den früheren Jahren gestorben sind, sollen aus dem fraglichen Ausweise hinweggelassen
werden; dagegen jene, welche erst im Laufe des Jahres, für
welches der Ausweis verfaßt wird, sterben oder austreten, mit
der Bemerkung „gestorben oder ausgetreten" anzuführen sind.
(Regierungs-Decret für Oberösterreich vom 31. März 1828,
Z. 8922.)

Will ein dritter einen Findling in die unentgeltliche Verpflegung nehmen, so findet eine Entschädigung der Anstalt für

die Vorauslagen nicht Statt. (Regierungs = Decret für Ober=
österreich vom 31. December 1830, Z. 15752.)

Auch dürfen Findlinge weder in die entgeldliche, noch in die
unentgeldliche Verpflegung zu Akatholiken gegeben werden, sind
sie aber schon bei Ziehältern, deren bloß ein Theil katholisch ist,
können sie daselbst jedoch nur in dem Falle belassen werden, als
man vollkommen überzeugt ist, daß sie in der katholischen Reli=
gion, worauf strenge zu sehen, gehörig erzogen werden. Für den
Fall aber, daß dieses nicht sein sollte, sind selbe von da wegzu=
nehmen, und bei ganz katholischen Ziehältern unterzubringen,
welches sowohl der Geistlichkeit, als denjenigen, welchen es ob=
liegt, zur Pflicht gemacht wird. (Hofkanzlei = Decret vom 27.
Juni 1831, Z. 14957, Regierungs = Decret für Oberösterreich
vom 9. Juli 1831, Z. 17300.)

Da endlich mehrere ämtlich aufgestellte Pflegeältern sich un=
terfangen haben, die ihnen anvertrauten Findlinge ohne einge=
holter Bewilligung andern Personen zu überlassen und letzteren
den Aerarial = Erziehungs = Beitrag durch erschlichene falsche Le=
bens= und Aufenthalts=Zeugnisse zuzuwenden, so wurde zur Be=
seitigung solcher höchst strafwürdigen Umtriebe nachstehende Ver=
fügung erlassen:

Erstens haben die k. k. Kreisämter allgemein kund zu machen,
daß die ämtlich aufgestellten Pflegeältern der Findlinge die ih=
nen persönlich anvertrauten Kinder, bei strengster Ahndung, Nie=
mand andern in die Obsorge überlassen dürfen, sondern immer
vorerst im Wege ihrer Ortsobrigkeiten, um die Enthebung der
übernommenen Verpflichtung unter Nachweisung der Gründe
und Namhaftmachung anderer vollkommen geeigneter Ziehältern
einzuschreiten und die höhere Entscheidung abzuwarten haben.

Ferner, daß alle diejenigen, welche ohne ämtlicher Bewilli=
gung von solchen Pflegeältern Findlinge in die Pflege überneh=
men, sich nicht nur mit denselben gleich strafbar machen, sondern
auch für die Verpflegung keinen Aerarialbeitrag erhalten, und
die etwa durch falsche Lebens= und Aufenthalts = Zeugnisse der
Findlinge erschlichenen Verpflegs=Beträge wieder unnachsichtlich
ersetzen müssen. Den Ortsobrigkeiten aber haben die Kreisämter
zu bedeuten, daß sie nur ermächtiget seien, in dringenden Fäl=
len, wo Gefahr am Verzuge haftet, einen Wechsel der Pflege=
ältern bei Findlingen vorläufig selbst zu verfügen, wovon sie
jedoch von Fall zu Fall unverzüglich die Anzeige im Wege des
Kreisamtes an die Regierung zu erstatten, außerdem aber hier=
zu immer im vorhinein im ordentlichen Wege die Entscheidung
der Regierung einzuholen haben.

Ferner sind die Pfarrämter anzuweisen, sich vor der Ausstellung eines jeden Lebens- und Aufenthalts-Zeugnisses für einen Findling die Ueberzeugung zu verschaffen, daß sich der betroffene Findling wirklich am Leben und bei den bestimmten Pflegeältern in ordnungsmäßiger Verpflegung befindet, indem sie sich sonst für den der Findlingsanstalt zugehenden Schaden verantwortlich und zugleich auch strafbar machen.

Endlich ist den Ortsobrigkeiten unter gleicher Verantwortlichkeit und Strafbarkeit zur Pflicht gemacht, nicht nur das erste Findlings-Lebens- und Aufenthalts-Zeugniß des Pfarramtes, sondern auch jedes nachfolgende mitzufertigen. (Regierungs-Decret für Oberösterreich vom 6. October 1833, Z. 26062.)

§. 72.

Kranke oder angesteckte Kinder werden bis zu ihrer Heilung im Findelhause belassen, und von den dortigen Ammen und Wärterinnen gepflegt. Wenn die Kinder bei ihren Nährältern krank werden, so müssen in den Hauptstädten sogleich die Bezirksärzte gerufen werden, welche die Kinder, wie alle anderen Armen unentgeldlich zu besorgen haben.

Auf dem Lande haben sich die Pflegeältern an den Arzt oder Wundarzt ihres Wohnortes zu wenden; wo aber kein solcher vorhanden ist, müssen die Kinder in das Findelhaus zurückgebracht werden, welches sowohl die Kosten für die Ueberbringung, als auch für Arzneien und ärztliche Hilfe auf sich nimmt. Die Aeltern, welche sich darin einer Verwahrlosung schuldig machen, oder ein todtes Kind ohne ein Zeugniß über die gebrauchte ärztliche Hilfe in das Findelhaus zurückbringen, sollen bestraft werden.

Sollte ein Kind sterben, so ist dem Pfarrer die Anzeige zu machen, welcher das Ausschnittzeichen abfordert, den Todestag darauf anmerkt, und der Direction einsendet. Die Verheimlichung des Todes in der Absicht, das Kostgeld noch länger zu beziehen, oder ein anderes Kind in den Genuß desselben einzuschieben, wird streng bestraft. (Verordnung vom 20. Juni 1784, 6. Juni 1785, 14. Februar 1788, 13. Februar 1796.)

Für die Ziehältern erkrankter Findlinge wurden 2 neue Ordinationsnormen den Aerzten und Apothekern vorgeschrieben und befohlen, von jeder einzelnen Findlings-Austheilung mit genauer Angabe des Nationals des Findlings, des Standes, Ortes und der Pfarre der Pflegeältern der Regierung die Anzeige zu erstatten; auch wurde befohlen, daß der Gesundheitszustand der zu übergebenden Findlinge auf das genaueste erforscht wer-

den sollte. (Hofkanzlei=Decret vom 4. März 1823, Z. 6361;
Regierungs = Decret für Oberösterreich vom 23. April 1823,
Z. 6167, vom 16. Mai 1824, Z. 6730; Hofkanzlei = Decret
vom 19. Juni 1825, Z. 17,566; Regierungs=Decret für Ober=
österreich vom 30. Juni 1825.)

Für die Findlinge der Wiener Findelanstalt wurde den Aerz=
ten ein Tarif mit Decret der nied. österr. Regierung vom 31.
August 1823, Z. 38949, vorgeschrieben. Erst wenn im Orte,
wo der Findling untergebracht wurde, kein Wundarzt ist, darf
der, aus dem nächsten Orte geholt werden. (Regierungs=Decret
für Oberösterreich vom 9. April 1821, Z. 6434.)

Um den Geschäftsgang bei den Aufrechnungen der Medica=
menten=Kosten für Findlinge zu vereinfachen, und eine vollstän=
dige Uebersicht der durch die ärztliche Behandlung der Linzer
Findlinge jährlich verursacht werdenden Kosten zu erlangen,
wurde nach dem Antrage der k. k. Hofbuchhaltung der polit.
Fonds verordnet, daß gleich dem dießfälligen Verfahren in den
Provinzen Niederösterreich und Steyermark künftig die Medica=
menten=Kosten=Verzeichnisse in Betreff der in der Privat=Ver=
pflegung stehenden hiesigen Findelkinder von den Kreisämtern
gesammelt, und quartalweise der k. k. Versorgungs=Anstalten=
Verwaltung übergeben werden, welche sodann, wenn selbe sich
in dem Besitze aller eben so wie bisher constituirten Curkosten=
Conti eines Quartals befindet, diese insgesammt der Staats=
buchhaltung zur Berichtigung des Calculs vorzulegen, die Buch=
haltung aber nach vorgenommener dießfälliger Amtshandlung
solche sämmtlich mittelst eines Verzeichnisses zur weiteren Ver=
fügung anher zu überreichen hat. (Regierungs=Decret vom 26.
December 1829, Z. 36,875.)

Den Wundärzten bei erkrankten Linzer Findlingen wurde für
die Gänge und Operationen gleichfalls eine Taxe festgesetzt, die
Specification vorgeschrieben. (Regierungs=Decret in Oberöster=
reich vom 5. December 1826, Z. 28682.)

Diese ärztlichen Conten sind so wie die Apotheker = Rech=
nungen binnen 2 Monaten nach Beendigung der Behandlung
vorzulegen, als sonst, wenn die Verzögerung an dem Contisten
liegt, die Zahlung verweigert, und wenn das Districts = Com=
missariat oder Pfleggericht die Schuld trägt, dieses zur Befrie=
digung des Contisten verhalten wird. (Regierungs=Decret für
Oberösterreich vom 16. Februar 1828.)

Diese Conten sind bei Verlust in jedem Militär = Quartale
vorzulegen (Reg. Decret für Oberösterreich vom 17. September

1835, Z. 26,657); doch haben sich die Aerzte bei jeder Ordination sorgfältig zu überzeugen, ob das zu behandelnde Kind richtig zur Findelanstalt gehört. (Regierungs=Decret für Oberösterreich vom 21. November 1832, Z. 30,719.)

§. 73.

Der Total=Ausweis über die Linzer Findlinge ist allein und nicht auch die einzelnen dießfälligen commissariatischen Eingaben vierteljährig dem Kreisamte vorzulegen, und in der Rubrik „Alter" ist die Geburts=Jahrzahl zu setzen, und der Todes= und Austrittstag der Findlinge genau anzugeben. (Regierungs=Decret in Oberösterreich vom 26. September 1825, Z. 13,450, 16. Juli 1826, Z. 16,453, 19. Juni 1827, Z. 15,309.)

Bei erfolgtem Ableben eines Findlings ist sogleich an die Versorgungs=Verwaltung die Anzeige zu machen. (Regierungs=Decret in Oberösterreich vom 7. August 1827, Z. 20521.)

Die Ausweise über die in Privatverpflegung befindlichen Wiener=Findlinge sind jährlich vorzulegen. (Regierungs=Decret für Oberösterreich vom 15. August 1828, Z. 23,027.)

Da man bemerkte, daß die Differenzen zwischen den kreisämtlichen Findlings=Ausweisen und den dießfälligen Ausweisen der k. k. Versorgungs=Verwaltung größtentheils dadurch entstehen, daß die Findlinge, welche in dem Laufe des Jahres starben oder austreten, ungeachtet der schon so oft erlassenen Weisung, in den Jahres=Ausweis nicht mehr aufgenommen werden; so wird dem Kreisamte aufgetragen, die unterstehenden Districts=Commissariate oder Pfleggerichte zur genauesten Befolgung der dießfälligen Vorschriften für die Zukunft bei Vermeidung einer strengen Ahndung anzuweisen, und alle in dem Jahre bei Pflegeältern sich befundene Findlinge, wenn sie auch nur durch eine kurze Zeit eine Unterstützung aus dem Staats=Wohlthätigkeits=Fonde genossen oder angesprochen haben, in dem Final=Ausweise mit der Bemerkung des Todes= oder Austrittstages aufzunehmen, zugleich aber von nun an nebst dem jährlichen Findlings=Hauptausweise auch die vierteljährigen Findlings=Ausweise von den betroffenen Unterbehörden vorzulegen. (Regierungs=Decret für Oberösterreich vom 13. Juni 1831, Z. 13,828.)

Die Ortsseelsorger und Districts=Commissariate haben die Pflegeältern der Findlinge in Evidenz zu halten, und die Anzeige an die Versorgungs=Verwaltung zu machen. Uebrigens ist in jedem Bezirke jährlich einmal die Aufforderung wegen Melden der Pflegeältern zu erlassen, und das Verzeichniß der sich meldenden der k. k. Versorgungs-Anstalt vorzulegen. (Reg. Decret für Oberösterreich vom 6. Februar 1834, Z. 2940.)

Es wurde endlich eine Revision sämmtlicher Findlinge und die genaue Erhebung des Zu- und Abfalles bei strenger Ahndung, und für die Zukunft eine ganzjährige summarische Auszeigung des Zuwachses und der Veränderungen vorgeschrieben. (Regierungs-Decret für Oberösterreich vom 25. Juli 1836, Z. 21,807.)

§. 74.

Die Verpflegskosten für den Findling, resp. die festgesetzten Taxen zahlen die Mütter, welche im Gebärhause gegen Bezahlung aufgenommen und entbunden wurden, wenn sie ihr Kind dem Findelhause überlassen wollen; für die außer dem Hause gebornen Kinder haben die Aeltern nach Verhältniß des Vermögens, und für die auf den Straßen oder in den Häusern weggelegten Kinder haben die Gemeinden zu bezahlen.

Wenn die Mutter eines solchen unehelichen Kindes die Gebär- und Verpflegskosten nicht ganz oder zum Theil aus ihrem Dienstertägniß zahlen kann, so müssen sie von der Geburts-Gemeinde der Mutter getragen werden, doch kann die Gemeinde die Verpflegung selbst übernehmen, darf aber die Mutter nicht zwingen, deßwegen sich mit dem Kinde nach Hause zu begeben. (Regierungs-Decret für Oberösterreich vom 7. März 1820, Z. 4180; Hofkanzlei-Decret vom 24. Februar 1820, Z. 5248.)

Die Verpflegsgebühren für arme Gebärende und Findlinge sind, wie es in der provisorischen Concurrenz-Einrichtung ausgesprochen ist, auch künftig kreisweise umzulegen. (Hofkanzlei-Decret vom 21. Mai 1829, Z. 6216; Regierungs-Decret für Oberösterreich vom 13. Juni 1829, Z. 15,672.)

Diese Umlegung auf die Gemeinden jenes Kreises, wo die Mutter oder das Kind, wenn der Geburtsort der Mutter nicht ausgemittelt werden kann, geboren worden ist, oder die Mutter das Decennium vollstreckte, findet nicht Statt bei Findlingen, deren Mutter und zahlungspflichtige Verwandte zahlungsunfähig sind, jedoch für außer den Linien von Linz geborne Kinder nur nach der geringsten Classe von 20 fl. CM. WW. (Hofkanzlei-Decret vom 21. Mai, 2. Juli 1835, Z. 12,850 und 16,591. Regierungs-Decret für Oberösterreich vom 13. Juli 1835, Z. 20,750.)

Die Aufnahmstaxen für die Linzer Findlinge wurden mit dem h. Hofkanzlei-Decrete vom 25. April 1822, Z. 10,082, beſtimmt, mit dem hohen Hofkanzlei-Decrete vom 30. Juli 1829, Z. 17510, wieder aufgehoben, und in eine einzige umgeſtaltet, welche nach dem Maßſtabe der Auslagen auf die Pflege und Erhaltung der Findlinge nach einem Durchſchnitte mit Rückſicht auf ihre Sterblichkeit auszumitteln und feſtzuſetzen iſt.

Ⲓn Abſicht auf die unentgeltliche Aufnahme habe es bei den bisherigen Vorſchriften zu verbleiben. Die Verpflegsgebühren ſeien dagegen mit Rückſicht auf die beſtehenden beſonderen Localverhältniſſe, und nach Erforderniß von Zeit zu Zeit zu reguliren, daher auch, wo es hiernach thunlich iſt, herabzuſetzen, übrigens alle Nebenbezüge der Pflegeältern, mit Ausnahme der Remunerationen nach dem erſten Jahre, dann der Medicamenten-Vergütung einzuſtellen.

Ferners ſei feſtzuſetzen:

1) Daß die Findlinge künftig immer, ſehr wichtige Fälle ausgenommen, in das Findelhaus gebracht werden.

2) Soll die Wahl der Pflegeältern nur denjenigen überlaſſen werden, welche die Aufnahmstaxe für den Findling vollſtändig entrichtet.

3) Die Aerarial-Verpflegung des Findlings ſoll aufhören, wenn das Kind von Aeltern reclamirt, oder unter ſeinem 4. Jahre von Jemanden gegen Entſchädigung der Anſtalt in unentgeltliche Verpflegung übernommen wird, in welchem letzteren Falle das wegen der Aufſicht und Uebernahme der Findlinge zu ihrem Beßten Vorgeſchriebene einzutreten, was auch in Anſehung des zweiten Punctes zu gelten hat.

4) Die Dauer der Aerarial-Verpflegung ſei von 12 auf 10 Jahre herabzuſetzen. Welch' alles jedoch für die bereits in der Verpflegung außer den Findelhäuſern befindlichen Findlinge nur in ſo weit zu gelten habe, als es mit den hierwegen mit den Pflegeältern geſchloſſenen Verträgen und getroffener Verabredung vereinbarlich iſt.

Dieſen allerh. Beſtimmungen fand die k. k. vereinte Hofkanzlei zweckdienlich, noch Nachſtehendes beizuſetzen. Den betreffenden Parteien bleibe es freigeſtellt, die Aufnahmstaxe entweder ſogleich bei Einbringung des Kindes auf einmal, oder in eben jenen jährlichen Raten zu entrichten, wie die Beiträge auf die Verpflegung des Findlings jährlich verwendet werden, im letzteren Falle müſſe jedoch für die nachfolgenden Raten eine entſprechende Sicherſtellung geleiſtet werden.

Für den Fall, daß ſich Jemand außer Stande fühlt, dieſer Geldleiſtung nachzukommen, ſei ihm geſtattet, eine Nachſicht

anzusuchen, wobei jedoch die ansuchende Partei nähere durch
die Polizei=Directionen zu pflegende Erhebungen ihrer Verhält=
nisse als unvermeidliche Folgen dieses Ansuchens sich gefallen
lassen müsse, und es werde für solche Fälle der Landesstelle ge=
stattet, selbe bis auf ein Viertel der Taxe zu bewilligen.

Da jedoch Fälle eintreten können, daß Parteien Findlinge
einbringen, welche nicht in die Classe der Armen und Zah=
lungsunfähigen gehören, aber auch weder im Stande sind, die
ganze Aufnahmstaxe auf einmal zu entrichten, noch eine Sicher=
stellung für die Ratenzahlungen zu leisten, wohl aber ihrem Er=
werbstande zu Folge nach und nach den Anforderungen der
Findelanstalt nachzukommen, so könne ausnahmsweise für solche
Fälle auch die Nachsicht der Sicherstellung gestattet werden, diese
Parteien seien jedoch den Polizei = Directionen zur Evidenzhal=
tung derselben, und der von ihnen zu entrichtenden Beträge,
so wie zur Einbringung dieser letzteren bekannt zu geben, die
Parteien selbst aber zu verpflichten, von jeder Veränderung
ihres Aufenthaltsortes oder ihrer sonstigen Verhältnisse bei stren=
ger Strafe die betreffende Polizei=Direction in die Kenntniß zu
setzen.

Es versteht sich übrigens von selbst, daß bei Ableben eines
Findlings vor Beendigung der Verpflegs=Periode, für welche
die bestimmte Verpflegsgebühr als Aufnahmstaxe bezahlt wurde,
die Rückvergütung des auf selben nicht verwendeten Betrages
an die betreffende Partei Statt zu finden habe.

So lange sich Leute in der Provinz vorfinden, welche Fin=
delkinder in die Pflege nehmen wollen, seien die Findlinge nicht
außer der Provinz in Pflege zu geben. Hinsichtlich der Ver=
pflegsgebühren wurde befunden, als Provisorium diese Gebüh=
ren für das Land ob der Enns um ein Sechstheil herabzuse=
tzen. (Regierungs = Decret für Oberösterreich vom 30. August
1829, Z. 24,519.)

§. 75.

Um den Landweibern, welche die Geburtshilfe auf dem
Lande ausüben wollen, alle Erleichterung zu ihrer Bildung zu
verschaffen, hatte bereits Joseph II. im Jahre 1786 in Galli=
zien eine Anzahl von Stipendien zu 50 Gulden für arme Land=
weiber, während der Dauer des Unterrichtes, gegründet; spä=
ter wurden auch in Oesterreich unter der Enns 8 Stipendien
von 60 Gulden aus dem Landbruderschafts=Fonde für diejenigen
armen Landweiber bewilligt, welche sich in Orten, wo noch
keine geprüfte Hebamme ist, der Ausübung der Geburtshilfe

widmen wollen, wodurch sie in den Stand gesetzt werden, die
Kosten der Reise und ihres Aufenthaltes an der Universität zu
bestreiten, und sich die nöthigen Bücher anzuschaffen. Aus dieser Ursache haben die Kreisärzte bei ihrer Bezirksbereifung die
Orte zu bemerken, wo es an geprüften Hebammen fehlt, und
die Kreisämter arme, wohlverhaltene, des Lesens und Schreibens kundige Weiber auszuwählen. Die mit einer solchen Unterstützung betheilten Weiber haben einen Revers auszustellen,
daß sie die eingegangene Bedingung erfüllen, und sich in dem
angegebenen Orte mit der Ausübung der Geburtshilfe beschäf-
tigen, oder den Betrag des genossenen Stipendiums zurück-
zahlen wollen, wenn sie den für sie bestimmten Wohnsitz verlassen sollten. In Böhmen wurden die Gemeinden, wo sich
noch keine geprüfte Hebamme befand, verpflichtet, denjenigen
Weibern, welche sich unterrichten lassen wollen, im Falle ihrer
Armuth, während der Dauer des Unterrichtes täglich 10 Kreu-
zer abzureichen, und den Kreisämtern gestattet, solche Unterstützungen aus der Contributions-Casse der Gemeinden zu bewilligen. In Gallizien sind überdieß die mit Diplomen versehenen Hebammen, wenn sie bloß Häuslerinnen oder Inwohne-
rinnen sind, von der Frohndienstleistung enthoben; nur wenn
sie Grundstücke besitzen, auf welchen die Robotpflichtigkeit haftet, haben sie die gesetzliche Zugrobot, in keinem Falle aber
eine Handrobot zu leisten. Allen Hebammen wird der Unterricht unentgeldlich ertheilt; während des practischen Unterrichtes
am Gebärhause genießen sie freie Wohnung, Betten und Heizung, und sowohl die mit Stipendien vom Staate, von Dominien oder Gemeinden unterstützten Weiber, als auch diejenigen, die sich mit glaubwürdigen Zeugnissen über ihre Mittellosigkeit ausweisen können, sind von der Bezahlung einer Prü-
fungstare befreit. (Verordnung in Niederösterreich vom 10.
September 1796, 21. October 1784, 10. April 1795, 1. September 1798. Verordnung in Böhmen vom 22. Mai 1791.
Hofdecret in Böhmen vom 27. December 1794. Studien-Hof-
commissions-Decret vom 5. Juni 1811. Hofdecret für Niederösterreich vom 10. April 1795, §. 7, und für Böhmen vom
15. Mai 1805, §. 1.)

Ueberdieß wurden für die Hebammen nebst dem unentgel-
lichen Unterrichte auch von den Gemeinden Wartgelder ausge-
setzt, und somit auch für die armen Gebärenden außer der Findelanstalt gesorgt. (Hofkanzlei-Decret vom 11. März 1842, Z.
2679. Regierungs-Decret für Oberösterreich vom 3. Jänner
1843, Z. 485.)

V. Hauptstück.
Taubstummen- und Blinden-Institute.

---

§. 76.

Da der Unterricht der Taubstummen ungewöhnliche Kenntnisse voraussetzt, so hat die Staatsverwaltung durch eine besondere Anstalt dafür gesorgt, solche Unglückliche zu nützlichen Bürgern zu bilden, und durch die Erleichterung der Mittel zur Mittheilung ihre traurige Lage zu verbessern. Joseph **II.** hatte den **Abeé Stork** nach Paris geschickt, um die Methode des **Abbé de l'Epée** bei dem Unterrichte der Taubstummen nach Wien zu verpflanzen. Maria Theresia hatte bereits im Jahre 1779 zu diesem Unterrichte ein Zimmer im Bürgerspital angewiesen, und einen eigenen Lehrer aufgestellt. Im Beginne dieser Anstalt war die Aufnahme bloß auf 12 Zöglinge beschränkt, daraus entwickelte sich bald eine größere für 30, und im Jahre 1784 erweiterte sie Joseph **II.** unter dem Namen des Taubstummen-Institutes auf 45 Zöglinge. Die Kinder werden zwischen dem 7. und 14. Jahre aufgenommen, die gestifteten 45 Zöglinge genießen die unentgeldliche Versorgung vom Institute durch 6—8 Jahre; über das 20ste soll keiner ohne wichtige Gründe in der Anstalt behalten werden. Die Aufzunehmenden dürfen nicht blödsinnig, oder mit einer Krankheit behaftet sein, worüber der Director und der Arzt des Institutes zu wachen haben. Nebst dem Director und einem Rechnungsführer sind die nöthigen Lehrer und ein Katechet zum Unterrichte der Kinder im Sprechen, Lesen, Schreiben, Rechnen, Zeichnen, im Style, in der Religion angestellt. Wenn die Kinder hinreichend vorbereitet und herangewachsen sind, werden sie zur Erlernung eines Handwerks oder einer Kunst bei rechtschaffenen Meistern auf Kosten der Anstalt aufgedungen, während welcher Zeit sie immer noch vom Institute Kost, Wohnung und Kleidung erhalten, und täglich 2 Stunden unterrichtet werden. Nach vollendeter Lehrzeit werden sie auf Kosten des Institutes freigesprochen und entlassen. Die Justiz- und politische Hofstelle und der Hofkriegs-

rath sind angewiesen, auf die Zöglinge des Taubstummen - Institutes vorzüglich Bedacht zu nehmen, wenn sie Abschreiber
nöthig haben. Die weiblichen Taubstummen erhalten nebst dem
Schulunterrichte auch Anweisung im Nähen, Stricken, Spinnen, Merken, Kochen u. s. w. Nebst den gestifteten Zöglingen
befinden sich auch andere im Institute, welche gegen ein mäßi-
ges Kostgeld aufgenommen, und wie die übrigen gehalten werden; vermögliche Aeltern können von der Direction auch besondere Bedingungen erhalten. Selbst ausländische Taubstumme
katholischer Religion dürfen gegen einen jährlichen Unterhalts-
betrag von 150 Gulden in das Institut aufgenommen werden.

Eine ähnliche Anstalt erstand im Jahre 1789 auch in der
durch so manche humane Privat - Stiftung ausgezeichneten
Hauptstadt Böhmens, wo ebenfalls die Zöglinge nach den Kräften der menschenfreundlichen Stifter entweder unentgeldlich, oder
gegen eine mäßige Bezahlung aufgenommen, zu bürgerlichen
Gewerben vorbereitet, und in denselben untergebracht werden.
(Verordnung vom 4. April 1794, 13. April 1803, 21. October 1768 und 20. Juli 1772.)

§. 77.

Gleichwie in den übrigen Provinzial - Hauptstädten besteht
auch in Linz ein Taubstummen-Institut, aber leider gegenüber
dem Bedürfnisse nur wenige gestiftete Plätze. Es werden alljährlich nur 2 bis höchstens 4 Stiftplätze erlediget, wo die Taubstummen nebst der Verpflegung auch den Unterricht genießen.
Die Aufnahme taubstummer Zöglinge ohne Verpflegung, bloß
zum Unterrichte, unterliegt, wenn sie anders unterrichtsfähig
sind, von Seite der Anstalt gar keinem Anstande, ist unentgeldlich, und der Zögling bekommt nicht nur den Unterricht, sondern auch sämmtliche Schulrequisiten, als: Papier, Federn,
Tinte x., ganz gratis.

Die Zöglinge, welche keine Stiftungsplätze erhalten, wohnen nicht im Institutsgebäude, sondern müssen bei Privaten
in Wohnung und Kost untergebracht werden, und es steht den
Aeltern frei, bei wem und um welchen Verpflegsbetrag sie
ihre taubstummen Kinder unterbringen wollen.

Auf Verlangen besorgt die Direction einen solchen Wohn-
und Kostort, und zahlt in diesem Falle an die Partei täglich
8 kr. CM., was, die langen Ferien abgerechnet, jährlich etwas über 40 fl. CM. WW. beträgt. Dieser Betrag wäre halbjährig an die Direction einzusenden, und der sich hierzu verpflichtende Fond hätte hierüber einen Revers auszustellen.

In den obigen Betrag ist die Kleidung nicht eingerechnet, sondern diese wäre besonders nachzuschaffen. Auf Verlangen wird sie dem Zöglinge von Seite der Direction angeschafft, gegen nachherige Vergütung von Seite der Aeltern oder des betreffenden Fondes.

Der aufzunehmende Zögling darf nicht unter 6 und nicht über 12 Jahre alt sein, und außer der Taubheit kein anderes körperliches Gebrechen haben.

Die Aufnahme hat am 1. October Statt, die Unterrichtsdauer beträgt in der Regel 5 Jahre. Solche Zöglinge, die sich als blödsinnig erweisen, werden sogleich wieder entlassen, und sind auf Kosten der Parteien oder Gemeinden abzuholen.

§. 78.

Die blödsinnigen, besonders wenn sie zugleich taubstumm sind, müssen durch die Gemeinde-Vorsteher ihres Domizilortes in steter Evidenz gehalten werden, und ihre Entfernung aus dem gewöhnlichen Amtsbezirke ist hintanzuhalten, weil sonst solche Menschen andern zur Last fallen, und wenn sie an dritten Orten aufgegriffen werden, ihr Domizil nicht wohl ausgeforscht werden kann. (Hofkanzlei-Decret vom 19. November 1829 an die Länderstellen in Illyrien, Steyermark, Oesterreich ob der Enns, Mailand und Venedig.)

Die Unterbringung und Verpflegung taubstummer Personen, deren Geburtsort nicht ausgemittelt werden kann, gehört eben so, wie bei den Blinden, in das Gebiet der Local-Polizei.

§. 79.

Für die Blinden wird mit gleicher Sorgfalt in allen Provinzial-Hauptstädten vorgesehen. Sie erhalten ebenfalls größtentheils unentgeldlich Wohnung, Kost und einen angemessenen Unterricht, vorzüglich in der Musik. In das Wiener Blinden-Institut, welches seit 11. September 1818 als eine Staatsanstalt erklärt wurde, werden nur Einheimische aufgenommen, und es können in keinem Falle jene auf Rechnung des Local-Armen- oder Landbruderschafts-Fondes, aufgenommen werden, welche in anderen Provinzen geboren und nicht bereits durch den zehnjährigen Aufenthalt das Eingeburtsrecht erhalten haben. (Hofkanzlei-Decret vom 17. Mai 1821 für Nieder-Oesterreich.)

VI. Hauptstück.

Versorgung der Soldaten, ihrer Weiber und Kinder.

§. 80.

Die zum Dienste untauglich gewordenen Soldaten und Landwehrmänner vom Unterofficier abwärts, welche in der militärischen Untersuchung (Superarbitrirung) als gänzliche Invaliden
(Real-Invaliden), nämlich zu allen Diensten und auch zum Nah-
rungserwerbe unfähig, erklärt worden sind, erhalten entweder die
Versorgung in oder außer den Invalidenhäusern, oder, wenn sie
auf diese verzichten, die gänzliche Abfertigung oder auch das nöthige Reisegeld (viaticum). (Verordnung vom 10. März 1810,
§. 4.)

Invalidenhäuser bestehen zu Wien, Prag, Pettau, Tyrnau
und Padua. In die Locoverpflegung dieser Häuser werden die
vor dem Feinde verwundeten, mit besonderen Gebrechen behafteten oder sonst sehr hinfälligen Invaliden aufgenommen. Vermöge
des Invaliden-Systems vom Jahre 1750 sind von der Invaliden-Versorgung bloß diejenigen ausgeschlossen, welche die Dienste
freiwillig verlassen, oder wegen anderer, nicht in ihrer Untauglichkeit zum Dienste gegründeten Ursachen entlassen werden, oder
welche endlich sonst versorgt oder bemittelt sind. In den Invalidenhäusern erhält jeder Invalide nebst seiner bemessenen Geld-
löhnung auch Brot, Service, Montur, Gewehr und Arzneien;
zur Seelsorge, zum Gottesdienste und zur Erziehung der Jugend
befinden sich in den Häusern Geistliche und Schullehrer, und zur
ärztlichen Pflege sind Aerzte, Wundärzte und Apotheker aufgestellt. (General-Invaliden-System vom 28. März 1750, §. 1,
2, 8, 13.)

Die Invaliden, welche ihren Invalidengehalt außer den Invalidenhäusern beziehen, heißen in der Geschäftssprache Patental-Invaliden. Sie werden mit einer Urkunde (Patent) von der
Invaliden-Behörde versehen, vermöge welcher sie die Löhnung
außerhalb den Invalidenhäusern beziehen; allein auf die übri-

gen mit der Versorgung im Invalidenhause verbundenen Vortheile, als: Brot, Service und Montur, haben sie keinen Anspruch; sie können von dem Lande oder Orte, wo sie sich niederlassen, bloß die unentgeldliche Wohnung, Feuerung und Licht fordern. Die Ortsobrigkeiten haben über die in ihrem Bezirke befindlichen Patental-Invaliden die Aufsicht; sie haben ihnen nicht nur ihren Gehalt vorzustrecken, sondern auch die müßigen, unordentlichen oder im Betteln betretenen Invaliden an das nächste Invalidenhaus zurückzuschicken. (Hofdecrete vom 4. April 1754, 26. August 1757, 6. Jänner 1759, 23. März, 4. October 1783, 18. April 1786.)

Die Löhnung soll aber die Obrigkeiten vierteljährig, doch niemals im Voraus abreichen; diese vorgeschossenen Verpflegsgelder werden sodann bei der Steuerabfuhr bei den Kreiscassen in Abrechnung gebracht. (Verordnung in Böhmen vom 7. Jänner 1808 und 15. Februar 1791.)

Um die Dominien in den Stand zu setzen, über die Patental-Invaliden die vorgeschriebene Aufsicht halten zu können, soll ihnen jede Entlassung eines Patental-Invaliden in ihren Bezirk mittelst der Kreisämter bekannt gegeben werden. Wenn der Invalide 14 Tage nach erhaltener Ankündigung nicht erscheint, so haben die Dominien solches dem Kreisamte zu melden. Die Patente der Invaliden müssen bei der Obrigkeit aufbewahrt, darüber eine verläßliche Consignation verfaßt, und dem Kreisamte zum weiteren Gebrauche des Conscriptions-Revisors eingesendet werden. (Hofdecret vom 2. October 1806.)

Die Invaliden-Hauscommissionen sind angewiesen, in den Patenten den Ort, die Pfarre, das Dominium und den Kreis, wo der Invalide geboren, dessen Alter, und wohin er nun angewiesen ist, nebst dem Tauf- und Geschlechtsnamen auf das genaueste zu verzeichnen. (Hofdecret vom 22. Nov. 1806.)

Bei der jährlichen Conscriptions-Revision müssen die Obrigkeiten die bei ihnen angewiesenen Patental-Invaliden dem conscribirenden Officiere anzeigen. Letzterer hat die Umstände dieser Leute zu untersuchen und zu erforschen: ob dieselben nicht in einer Versorgung stehen, in welcher sie ihren Invaliden-Gehalt entbehren können; ob sie vielleicht gegründete Beschwerden anzubringen haben u. s. w. Ueber die Patental-Invaliden werden bei der Conscription besondere Verzeichnisse verfaßt, und den Invaliden-Aemtern eingesendet, welche darin nachzusehen haben, ob keiner ausgeblieben sei, um seine Existenz bei der nächsten Conscriptions-Revision zu erforschen. (Conscriptions-System vom 25. October 1804, §. 36.)

Wenn ein Invalide sich aus dem ihm zugewiesenen Aufenthaltsorte ohne Meldung entfernt, und während eines Jahres seine Löhnung nicht erhebt, so wird er derselben verlustig, und kann solche nur durch Beibringung von Zeugnissen, daß er die Löhnung noch verdiene, vom General-Commando wieder erhalten. (Hofkriegsräthliche Verordnung vom 23. October 1811.)

Die Todesfälle der Invaliden hat die Obrigkeit unter Beibringung der hinterlassenen Urkunde dem Kreisamte anzuzeigen, und das Kreisamt diese mittelst des Werbbezirks = Commando an das General = Commando zu befördern. (Verordnung vom 5. Juli 1755, 21. Februar 1772, 8. November 1782 und 14. Mai 1804.)

§. 81.

Die Abfertigung (Dienst = Gratiale) wird den im Inlande gebornen, oder auch den ausländischen, aber im Inlande verbleibenden Invaliden ertheilt, welche Zeugnisse beibringen, daß sie eine andere Versorgung im Inlande gefunden haben. Zur Beibringung solcher Zeugnisse sind auch die Ausländer verpflichtet, welche bereits in der hierländigen Invaliden-Versorgung gestanden sind, und in ihr Vaterland zurückkehren wollen, damit der Fall niemals eintreten könne, daß dieselben, nach ihrer Verzichtung auf die Invaliden-Versorgung, nirgends einen Unterhalt finden. (Hofkriegsräthliche Verordnung vom 26. April und 3. Juni 1812.)

Derjenige Militär-Beamte, welcher die Abfertigung eines Invaliden ohne solche Zeugnisse bewilligt, hat nicht nur den Betrag des Gratiale an das Aerarium zu ersetzen, sondern soll auch nach Umständen noch schärfer bestraft werden. (Hofkriegsräthliche Verordnung vom 8. Februar 1812.)

Daher hat auch die Abfertigung stets im Einverständnisse mit der Ortsobrigkeit zu geschehen, unter welche sich der Invalide begeben will, indem dieselbe für die abgefertigten Invaliden, im Falle ihrer Unvermögenheit, so wie für ihre übrigen Unterthanen zu sorgen hat. (Invaliden-System vom 28. März 1750, §. 9.)

Wenn die inländischen Invaliden sogleich bei ihrer Ausmusterung, oder doch binnen eines Jahres nach derselben, auf die Invaliden-Versorgung Verzicht leisten, so erhalten sie eine nach der Anzahl ihrer Dienstjahre bemessene Abfertigung. (Verordnung vom 11. Mai 1802, §. 5.)

Diejenigen aber, welche erst nach Verlauf eines Jahres nach der Ausmusterung der Invaliden-Versorgung entsagen, werden ohne Unterschied bloß mit dem Betrage von 36 Gulden abgefertiget. Ausländische Capitulanten haben zwar Anspruch auf die Invaliden-Versorgung, aber nicht auf das Dienst-Gratiale. Wenn sie daher der ersteren entsagen, so wird ihnen bloß ein Reisegeld (viaticum) von 4 Gulden verabfolgt. Um zu verhüten, daß sie dem Lande nicht als Bettler oder Landstreicher zur Last fallen, wird in ihren Abschieden die Route vorgezeichnet, welche sie bis an die Gränze zu nehmen haben, und die Abschaffung derselben den politischen Behörden überlassen. (Invaliden-Normale vom 29. März 1772, §. 7.)

Soldaten, die ihren Abschied selbst nehmen, haben auf das Dienst-Gratiale keinen Anspruch. (Verordnung vom 11. Mai 1802, §. 5.)

§. 82.

Die Soldaten vom Unterofficier abwärts, welche in Folge der vorgenommenen Untersuchung zum Felddienste untauglich befunden, aber doch noch zu leichteren Dienstleistungen fähig erkannt worden sind, werden als Halb-Invaliden zu den Garnisons-Bataillons, zur Montur-Commission, zum Militär-Fuhrwesen, zur Trabanten-Leibgarde, zur Hofburgwache, zum Beschäl-Departement u. s. w. übersetzt. Ueberdieß sind die Civilbehörden angewiesen, solche als Gerichtsdiener, Thürhüter, Heitzer, Gefangenwärter, Kreis-Dragoner, Polizeiwächter und zu anderen minderen Bedienstungen zu gebrauchen, und vom General-Commando zu verlangen, welches dieselben sogleich vom Militär zu entlassen hat. (Hofdecret vom 19. Mai 1785, 24. Februar 1786, 23. Mai und 10. Juni 1788, 28. April 1791, 5. Juli 1798, 4. December 1801 und 23. Juli 1803.)

Auch soll bei der Verleihung der Stellen von Tabak-Unterverlegern, wenn keine Civil- oder Militär-Pensionisten vorhanden sind, auf cautionsfähige Invaliden Rücksicht genommen werden. (Verordnung vom 28. Februar 1804.)

Alle bei den Civilbehörden untergebrachten Invaliden haben auf eine Civil-Pension oder Provision erst nach einer zehnjährigen Dienstleistung Anspruch. (Verordnung vom 19. April 1803.)

Wenn sie daher vor dieser Zeit zu ihrem Dienste untauglich werden, so ist ihnen gestattet, in die Invaliden-Versorgung zurückzutreten, welche ihnen auch in dem Falle vorbe-

halten bleibt, wenn mit ihrer Civilbedienstung gar keine Pen=
sion oder Provision verbunden sein sollte. (Verordnung vom
3. Februar 1798, 26. October 1786 und 1. Sept. 1789.)

Den Polizei = Soldaten, welche in den Invaliden = Stand
treten, wird vom Invaliden=Fonde nur derjenige Betrag ab=
gereicht, der ihnen nach der im Regimente gehabten Charge
zukommt; was aber denselben wegen der im Polizeidienste er=
haltenen Beförderung über jenen Betrag gebührt, soll vom
Polizeifonde entrichtet werden. (Hofdecret vom 7. Feb. 1811.)

Wenn ein Invalide, mit dem Genusse seines Invaliden=
Gehaltes, bei einem minderen Civildienste angestellt ist, und
diesen wegen schlechter Aufführung und pflichtwidriger Hand=
lung verliert, so wird er nach vorhergegangener Untersuchung
auch seines Invaliden=Gehaltes verlustig. (Hofdecret vom 6.
August 1800.)

Die Entlassung eines Invaliden muß von den Civil=Be=
hörden in solchen Fällen sogleich der Militär=Behörde ange=
zeigt werden, und erstere haben, im Falle der Unterlassung
dieser Anzeige, dem Invaliden=Fonde für allen daraus entste=
henden Schaden zu haften. (Verordnung vom 20. November
1800.)

§. 83.

Um zur Erleichterung des Invaliden = Fondes die Invali=
den auch in Privatdienste unterzubringen, wurden alle geistli=
chen Stifte, Klöster, weltliche Gemeinden, Güterbesitzer und
andere Familien und Privatleute aufgefordert, dieselben in ihre
Dienste zu nehmen, und sich deßwegen an ihr Kreisamt, oder
unmittelbar an das General=Commando zu wenden. (Verord=
nung vom 19. Oct. 1803.)

Es steht jedem Dienstherrn frei, solche Invaliden wegen
ihrer Untauglichkeit zum zugewiesenen Dienste, wegen anderer
Vergehen oder eingetretener Umstände in die Invaliden=Ver=
sorgung zurückzuschicken. Bei der Verabschiedung hat daher
der Dienstherr dem Entlassenen ein Zeugniß über seine Auf=
führung auszustellen, und wenn sich ein solcher Invalide ei=
nes Verbrechens schuldig gemacht hätte, so wird er der Civil=
Behörde zur Untersuchung übergeben, und nach erfolgter Ver=
urtheilung auch der Invaliden=Versorgung verlustig.

So lange sich ein Invalide in Privatdiensten befindet, un=
terliegt er der Civil = Gerichtsbarkeit, nur die Erlaubniß zur
Verehelichung darf ihm nicht ohne Vorwissen der Invaliden=

Behörde ertheilt werden; wenn aber die Obrigkeit ihm solche nach vorheriger Anzeige an das General-Commando ertheilen wollte, so müßte sie zugleich die Versorgung des Invaliden übernehmen, indem derselbe hierdurch seinen Anspruch auf die Militär-Versorgung verliert. (Verordnung vom 19. October 1803.)

Vermöge älterer Verordnungen können die Invaliden bei Handwerkern und Gewerkschaften als Gesellen oder Knechte angenommen werden; sie sind endlich überall, wenn sie keine robotpflichtigen Realitäten besitzen, von aller Robots-Schuldigkeit befreit. (Verordnung vom 5. August 1750; Hofdecret vom 8. Mai 1779; Robot-Patente für Böhmen vom 13. August 1775, IV. Art. §. 9, und für Gallizien vom 16. Juni 1786, §. 13.)

Den Invaliden, die in öffentliche Civil- oder in Privatdienste übertreten, oder welche durch Erbschaft, Ankauf, Heirathen u. dgl. zum Besitze von Wirthschaften oder Grundstücken gelangen, wodurch sie ihren Invaliden-Gehalt entbehren können, wird letzterer eingezogen, bis sie entweder durch Unglücksfälle um ihr Eigenthum, oder wegen Alter um ihre Bedienstung kommen, wo sie sodann in die vorher genossene Invaliden-Verpflegung wieder eintreten können. (Verordnung vom 3. April 1803.)

Die Dominien, Gemeinde und Private haben sich mit den in Versorgung übernommenen Invaliden in keine Abfertigung einzulassen, sondern, wenn die ausgemittelte Versorgung einem oder dem andern nicht ansteht, die übernommenen Invaliden mit der Anzeige, warum diese Verbindlichkeit aufgelöst wurde, an das Kreisamt abzuschicken, welches dieselben sodann an das Sammelhaus abzugeben, und zugleich auch zur weiteren Verfügung h. Ortes die Anzeige zu erstatten hat. (Oberösterr. Regierungs-Decret vom 29. Jänner 1819.)

§. 84.

Nach einer von dem k. k. Hofkriegsrathe an die k. k. vereinte Hofkanzlei gemachten Eröffnung vom 21. November 1829, Z. 5876, haben Se. Majestät gedachter Hofstelle den Auftrag zur Umarbeitung der wegen der Invaliden-Versorgung bestehenden Vorschriften, und zur Vorlegung eines neuen alle Beziehungen umfassenden dießfälligen Gesetz-Entwurfes zu ertheilen geruhet.

Sowohl das Invaliden-System vom Jahre 1772, als die Norm über Real-Invaliden vom Jahre 1779 berufen die Capitalanten nur in so ferne zur Invaliden-Versorgung, als sie wegen ihren im Dienste, ohne ihr eigenes Verschulden, überkommenden Gebrechlichkeiten zu allen Diensten und zum Nahrungs-Erwerbe unfähig sind.

Dieser unbestimmte Ausdruck „im Dienste" wurde jedoch von den Regimentern sowohl, als von den General-Commanden häufig gleich bedeutend, „während dem Dienste oder der Dienstzeit" genommen, und auf Leute angewendet, die oft nach einer kurzen Dienstperiode von wenig Jahren wegen zufällig ihnen zugestoßenen Krankheiten oder Gebrechlichkeiten dienstunfähig wurden, wodurch es denn geschah, daß sich viele tausend-Individuen zum empfindlichsten Drucke für den Staatsschatz in der ärarischen Invaliden-Versorgung befinden, die nach dem Sinne obiger Vorschriften auf diese Wohlthat ganz und gar keinen Anspruch haben. Um nun dieser unrichtigen Auslegung der vorerwähnten Vorschriften von nun an und für die Zukunft ein Ziel zu setzen, hat der k. k. Hofkriegsrath sämmtlichen General-Commanden in Gemäßheit der dießfalls allerh. ausgesprochenen Willensmeinung einstweilen, bis das neu zu verfassende Invaliden-System die Sanction Sr. Majestät erhalten haben wird, zur strengsten Darnachachtung bekannt gegeben, daß künftig nur denjenigen Real-Invaliden vom Feldwebel und Wachtmeister abwärts der Anspruch auf die Real-Invaliden-Versorgung zugestanden werden dürfe, deren gänzliche Dienstunfähigkeit durch solche Verwundungen, Verletzungen und Gebrechlichkeiten entstanden ist, die sie entweder vor dem Feinde oder sonst durch und wegen dem Dienste erhalten haben, vorausgesetzt überdieß, daß sie kein eigenes Einkommen besitzen, welches ihren Unterhalt wenigstens mit dem dreifachen Betrage der Invaliden-Gebühr sichert. Weiters hat der k. k. Hofkriegsrath den General-Commanden bedeutet, daß insbesondere Defecte, auf dem Urlaube überkommen, auf das Invaliden-Beneficium durchaus keinen Anspruch geben, daß jedoch hohes, im wirklichen Dienste erreichtes und mit Erwerbsunfähigkeit verbundenes Alter ebenfalls für den Genuß der Invaliden-Versorgung eigne.

Hinsichtlich jener der Invaliden-Versorgung wirklich würdig erkannten, dienstuntauglichen Leute, denen künftig insbesondere die Loco-Verpflegung in den Invaliden-Häusern selbst gestattet werden soll, hat der k. k. Hofkriegsrath den General-Commanden in Gemäßheit der allerh. Anordnung die Weisung ertheilt, daß nur solche Individuen in diese Anstalten zuzulassen seien, die

a) vor dem Feinde zu Krüppeln geschossen wurden;

b) die sonst schwere Verwundungen im Dienste erhielten, und ohne besondere Pflege und hilfreiche Handleistung ihre Existenz nicht fristen können, nebstbei aber vermögenslos sind;

c) die in der Dienstleistung oder wegen des Dienstes Erblindeten oder gehörlos Gewordenen, Krüppelhaften, sehr alten, mit Irrsinn Befallenen, oder mit der Fallsucht Behafteten; und daß allen übrigen, in so ferne sie für den Genuß der Invaliden-Wohlthat geeignet erkannt werden, die Patental-Gebühr anzuweisen sei. Jedoch fand der k. k. Hofkriegsrath beizufügen, daß diese allerh. Anordnung auf diejenigen, welche sich bereits in der Loco-Verpflegung der Invalidenhäuser befinden, nicht zurückzuwirken habe, sondern nur auf die von nun an Zuwachsenden Anwendung finde.

Um ferner die zur Vermeidung der dermalen in einer großen Ueberzahl vorhandenen der Invaliden-Versorgung theilhaften Real-Invaliden alle drei Jahre bei Gelegenheit der Conscriptions-Revision a. h. angeordnete Revision aller Invaliden, welche wegen bereits für dieses Jahr eingetretener Conscriptions-Revision im Allgemeinen bis zum Wiedereintritte derselben verschoben werden muß, wenigstens theilweise zur Erzielung einiger Vortheile für das Aerar in Wirksamkeit zu bringen, wurde diese Maßregel einstweilen rücksichtlich der in Loco-Verpflegung befindlichen, dann der sich daselbst, nämlich in den Invalidenhäusern, mit ihren Reservationskarten zum Wiedereintritte in das Invaliden-Beneficium meldenden, so wie derjenigen Patental-Invaliden, welche ihren Patental-Gehalt in den Invalidenhäusern selbst abholen, in Anwendung zu bringen anbefohlen.

Da es sich hierbei um eine gründliche und gewissenhafte Untersuchung handelt,

a) welche von den genannten Invaliden von ihren Gebrechen dergestalt hergestellt sind, daß sie entweder zum activen Dienste in der Armee, oder doch zu leichteren Friedensdiensten bei Garnisons-Bataillons, Monturs-Oekonomie-Commissionen, beim Fuhrwesen, Spitaldienste u. dgl. verwendet werden können, dann

b) welche von ihnen so viel eigenes Vermögen oder Verdienstfähigkeit erlangt haben, daß sie sich den Betrag des Dreifachen der Invaliden-Löhnung zu verschaffen im Stande sind, mithin eine Beihilfe des Staates länger nicht bedürfen, so wurden zur Erreichung des ersten Zweckes eigene Arbitrirungs-Commissionen in den Invalidenhäusern angeordnet, und um sich

von dem zweiten die Ueberzeugung zu verschaffen, die Invalidenhaus=Commissionen angewiesen, die sich meldenden Patental und Reservations=Invaliden zur Beibringung legaler obrigkeitlicher Zeugnisse über ihr Besitzthum oder ihre Verdienstfähigkeit zu verhalten.

Dabei wurde angeordnet, daß diejenigen, welche entweder zum activen Feld= oder sonstigen Friedensdienste noch anwendbar befunden werden, nach ihrer Qualification entweder bei ihren Werbbezirks=Regimentern, oder sonst zur Dienstleistung eingebracht werden; so wie dagegen diejenigen, welche, obgleich Realinvalide, so viel eigenes Besitzthum haben, daß der Ertrag davon das Dreifache der Invaliden=Löhnung erreicht, wenn sie nicht anders durch den Dienst verkrüppelt, oder sonst mit unheilbaren, durch den Dienst erlangten schweren Defecten behaftet sind, mit Abschied, diejenigen aber, die sich diesen Betrag nur durch ihrer Hände Arbeit zu erwerben im Stande sind, mit Reservations=Urkunden entlassen werden. (Hofkanzlei=Decret vom 3. December 1829, Z. 28,168; Regierungs=Decret für Oberösterreich vom 29. December 1829, Z. 96,634.)

Real=Invaliden, wenn sie in Civildienste kommen, und bei eintretender Dienstunfähigkeit nicht pensionsfähig sind, treten in den Invalidenstand zurück. Halb=Invaliden können auf Civil=Anstellungen beurlaubt, und wenn sie ohne Schuld unversorgt entlassen werden, in die Truppenkörper zurückgenommen und superarbitrirt werden. (Allerh. Entschließung vom 14. Juni 1844; Hofkammer=Decret vom 6. December 1844, Z. 47,973.)

§. 85.

Zur Betheilung aus dem Wiener Großhandlungs = Gremiums = Belohnungs= und Unterstützungs=Fonde für verdienstvolle Krieger der k. k. österr. Armee, deren Wittwen und Waisen sind, nach den Bestimmungen des von Sr. k. k. Majestät allerh. sanctionirten Stiftsbriefes zu Folge, zunächst vorzugsweise ausgezeichnete hilfsbedürftige Krieger, welche in den Feldzügen 1813 und 1814 die Waffen führten, und zwar sowohl Oberofficiere, ohne Unterschied der Charge, als auch Unterofficiere und Gemeine, sie mögen noch in der Dienstleistung stehen, oder zum Stande der Invaliden gehören; dann die von solchen Kriegern hinterlassenen Wittwen oder minderjährigen Waisen berufen, welche der Unterstützung in besonderem Grade bedürftig sind. Nebst diesen Individuen, und in so ferne durch die Betheilung derselben das gesammte jährliche Fonds=Erträgniß von 5109 fl. CM. nicht erschöpft wird, sind während der dermaligen Friedenzeit verdiente Krieger, gleichfalls ohne Unterschied des militärischen Ranges, welche erst nach der glorreichen Epoche des Jahres 1813 oder 1814 in die Armee eintraten, wenn sie unverschuldeter Noth Preis gegeben sind, und ihre in ähnlicher Lage sich befindenden Wittwen und Waisen zum Genuße der aus dieser Stiftung zu ertheilenden Unterstützungen zuzulassen.

Jene Krieger aber, welche, wenn sie gleich in den Feldzügen von 1813 und 1814 die Waffen führten, seitdem aus dem Militärdienste und dem Armeeverbande getreten sind, haben keinen Anspruch. (Hofkanzleidecret vom 2. Februar 1839, Z. 82544, und 24. Juni 1840, Z. 15864. Regierungs-Decrete für Oberösterreich vom 28. Februar 1839, Z. 5635, und 1. August 1840, Z. 20049.)

§. 86.

Die Versorgung der Soldaten-Weiber und Kinder unterscheidet sich nach der Art der Ehe, aus welcher dieselben zurückgeblieben sind. Vom Feldwebel oder Wachtmeister abwärts dürfen bei der Infanterie unter 100 Mann nur 6, bei der Cavallerie nur 4 heirathen. Diese Ehen heißen, Ehen der ersten Classe; die Weiber derselben stehen unter der Militär-Gerichtsbarkeit, sie können sich bei ihren Männern in den Quartiers-Stationen aufhalten, und mit denselben die unentgeldliche Unterkunft theilen; sie erhalten in Krankheitsfällen die unentgeldliche Pflege im Militär-Spitale, und werden, wenn ihre Männer vom Regimente in die Invalidenhäuser versetzt werden, mit ihren Kindern ebenfalls dahin aufgenommen. Nach dem Tode ihrer Männer erhalten sie eine Abfertigung von 20, wenn sie aber mit der Sorge für Kinder belastet sind, welche das für Provisionisten festgesetzte Normalalter noch nicht erreicht haben, von 80 Gulden. (Verordnung vom 1. September 1812, hofkriegsräthliche Verordnung vom 10. August 1812, §. 33.)

Krüppelhafte, sieche, oder mit eckelhaften Krankheiten behaftete Weiber und Kinder dieser Classe werden entweder in die für sie gestifteten Spital-Pfründen, oder gegen Bezahlung in die Civil-Siechenhäuser vom Invaliden-Amte untergebracht. Die Ehen der zweiten Classe sind diejenigen, welche die bis zur Einberufung beurlaubten Soldaten mit Bewilligung der Militärbehörde, oder der Reserve- und Landwehrmänner mit Erlaubniß ihrer Dominien schließen. Auch gehören hierher diejenigen Ehen, welche geschlossen waren, ehe der Mann von der Ob-

7 *

rigkeit zum Militär gestellt worden ist. (Verordnung vom 9. September 1812.)

Solche Ehen werden nur gegen Beibringung eines obrig= keitlichen Certificates gestattet, durch welches bestätigt wird, daß sich das Weib durch ihren eigenen Erwerb fortzubringen im Stande sei. Die Heirathsgesuche der Beurlaubten, welche von den Dominien an die Militärbehörde befördert werden, müs= sen demnach mit dem Vermögens = Zeugnisse der Braut, mit ih= rem Taufscheine, Sitten = Zeugnisse und mit der Verzichts = Ur= kunde auf alle Militär = Wohlthaten belegt sein. (Verordnung vom 4. October 1810.)

Die Weiber aus den Ehen der zweiten Classe dürfen sich niemals bei den Regimentern aufhalten, sie bleiben unter der Civil=Gerichtsbarkeit, haben auf die Militär=Versorgung keinen Anspruch, und müssen, wenn der Mann in das Feld rückt, oder das Standquartier wechselt, in ihrem Aufenthaltsorte zurück= bleiben, wenn sie nicht durch Zeugnisse darthun können, daß sie auch im neuen Standquartiere ihren Unterhalt zu erwerben vermögen. Die Weiber endlich, welche sich mit Invaliden ver= heirathen, wenn auch ihre Verehelichung mit Erlaubniß der Be= hörde Statt gefunden hat, haben in keinem Falle auf eine Militär = Wohlthat oder auf eine Abfertigung Anspruch. (Hof= kriegsräthliche Verordnung vom 10. August 1812.)

§. 87.

Die armen Soldaten = Kinder, besonders, wenn sie gänz= lich verwaiset sind, werden durch die ihnen bestimmten und vor= behaltenen oder anderer Waisenstiftungen, über welche der In= validenhaus = Direction halbjährige Ausweise erstattet werden müssen, und ferner bei dem Armen = Institute versorgt. Die Militärkinder, deren Väter vor dem Feinde stehen, sind als Waisen zu betrachten, und erledigte Pfründen für Soldaten= waisen sind an das niederösterreichische General=Commando an= zuzeigen. (Verordnung in Nieder = Oesterreich vom 28. Februar 1804 und 5. April 1788, Hofdecret vom 18. October 1788.)

Diese Kinder dürfen die deutschen Schulen unentgeldlich be= suchen, und erhalten auch die nöthigen Bücher aus dem Bücher= verlage der Normal = Hauptschule. (Verordnung vom 29. Mai 1781.)

Bei den Regimentern werden die Soldatenkinder von den Feldcaplänen unterrichtet, für die Knaben sowohl der dienenden Mannschaft, als auch der Invaliden bestehen überdieß auch die Regiments=Knaben=Erziehungshäuser. Die für diese Erzie=

hungshäuser untauglichen und beider Aeltern verwaisten Knaben werden entweder bei Bauern, oder auf Kosten des Aerariums bei Handwerkern untergebracht, aufgenommen und freigesprochen. (Verordnung vom 14. Juni 1760, 10. Juni 1769,
27. Juli 1782, 17. November 1793.)

Die Soldatenmädchen werden entweder im Waisenhause in
Wien, oder in das durch die Huld Ihrer Majestät der Kaiserinn Mutter in der Vorstadt Landstraße gegründete Erziehungs = Institut, oder in jenes, welches von dem apostolischen
Feldvicar, dem Bischofe Leonhardt zu Szatmar, gestiftet wurde,
oder in das Kinderhaus der Pottendorfer Spinnfabrik, oder
sonst in einen Dienst untergebracht. Die in einer Civil-Ver-
sorgung befindlichen Militär = Waisen und Kinder werden bei
jeder Conscriptions=Revision erhoben. Die Wittwen und Waisen der während des Krieges in der Felddienstleistung verstorbenen Landwehrmänner sind in Ansehung der militärischen Versorgungs = Anstalten der Familie der Soldaten von der activen
Armee gleichgehalten. (Verordnung vom 24. Februar 1810.)

VII. Hauptstück.

Verein der Gesellschaft adeliger Frauen zur Beförderung des Guten und Nützlichen, dann die Kinderbewahr-Anstalten.

---

§. 88.

Se. Majestät haben für die Frauen-Vereine folgende zu beobachtende Grundsätze festgesetzt:

1) Es ist zu gestatten, daß sowohl in Haupt- als Handelsstädten und Märkten sich Frauen-Vereine zur Beförderung des Guten und Nützlichen freiwillig bilden.

2) Diese Verbindungen sind und bleiben stets zeitlich und Privat-Vereine, können sich daher zu allen Zeiten wieder nach Belieben auflösen.

3) Jeder dieser Vereine ist für sich bestehend; es kann daher zwischen den verschiedenen Vereinen keine Abhängigkeit, Verbindung, Correspondenz Statt finden, und es wird weiters keine Filiale geben.

4) Die Seelsorger können für die Geschäfte der Vereine nicht in Anspruch genommen werden; jedoch bleibt es ihnen unbenommen, dabei mitzuwirken.

5) Die Landesstellen haben darüber zu wachen, damit die Vereine auf die bestehenden Armen- und Versorgungs-Anstalten nicht nachtheilig einwirken, und dem Gedeihen derselben nicht hinderlich werden.

6) Anstellungen mit Besoldungen oder Remunerationen haben bei diesem Vereine nicht Statt zu finden. (Hofkanzlei-Decret vom 26. September 1816.)

§. 89.

Die Verfassung der Gesellschaft adeliger Frauen zur Beförderung des Guten und Nützlichen:

1) Die Kräfte des Staates sind durch die vieljährigen außerordentlichen Auslagen geschwächt worden; unterdessen bedarf so manche nützliche Anstalt der Unterstützung, manche neue wäre zum großen Vortheile des Staates zu errichten; die inländische Industrie im weitesten Verstande erwartet Ermunterung, der Kunstfleiß im Fabriks- und Gewerbswesen, wie im Landbaue ist zu beleben, nützliche Erfindungen aller Art sind aufzumuntern, Wissenschaften und Künsten ist hilfreiche Hand zu bieten. Es ist ein hohes Verdienst um das Vaterland, wenn Private wenigstens zum Theile und allmählig leisten, was der Staat jetzt zu leisten nicht vermag.

2) Zur Erreichung dieses schönen Endzweckes durch freiwillige, eigene und gesammelte Beiträge mitzuwirken, ist für das weibliche Geschlecht ein ehrenvolles schönes Geschäft. In dieser Absicht wurde der Vorschlag zur Errichtung der Gesellschaft adeliger Frauen zur Beförderung des Guten und Nützlichen gemacht, welchem Se. Majestät mit den allergnädigsten Ausdrücken Ihren Beifall zu schenken, und zugleich huldvoll zu äußern geruht haben: daß jene Frauen, welche einer so gemeinnützigen Verbindung beitreten werden, auf Höchst Ihr Wohlgefallen und Erkenntlichkeit mit Zuversicht rechnen können. Eine beträchtliche Anzahl Damen vom ersten Range hat sich schon vor erfolgter Genehmigung Sr. Majestät erklärt, daß sie beitreten würde, und die Gesellschaft kann sich bereits auf alle Stände verbreiten.

3) Die Gesellschaft besteht aus beitragenden und wirkenden Mitgliedern, einem Ausschusse, der aus 12 Damen besteht, und einem Oberhaupte. Die Stadt und die Vorstädte werden in 12 Theile oder Bezirke getheilt, und jeder der 12 Damen des Ausschusses wird einer dieser Bezirke bestimmt. Jede derselben sucht eine beträchtliche Anzahl Frauen, die in ihrem Bezirke wohnen, als wirkende Mitglieder mit der Gesellschaft zu verbinden, und diesen wirkenden Mitgliedern werden kleine Bezirke angewiesen, in welchen sie ebenfalls für die Ausbreitung der Gesellschaft zu sorgen, und beitragende Mitglieder aus allen Ständen mit derselben zu verbinden suchen. In dieser Absicht wird jedem wirkenden Mitgliede ein Verzeichniß der in seinem Bezirke wohnenden Personen, und eine hinlängliche Anzahl des Planes mitgetheilt werden; übrigens bleibt es aber dem Edelmuthe und der Betriebsamkeit jener Damen überlassen, wie sie die Verbreitung der Gesellschaft in ihren Bezirken zu Stande bringen wollen; das Interesse, das sie an der guten Sache nehmen, bürgt für die Betriebsamkeit. Um die Ver-

breitung rafcher zu bewirfen, wird auch eine beträchtliche Anzahl Abbrücke des Planes und der Bezirks-Abtheilung an die
verschiedenen Gremien, an die Vorsteher von Communitäten,
an die Eigenthümer großer Wohngebäude geschickt, und sie werden um die Vertheilung derselben ersucht werden.

4) Jedes zur Gesellschaft tretende Mitglied erklärt sich zu
einem jährlichen bestimmten Beitrage. Diesen freiwilligen Beiträgen werden keine Gränzen gesetzt, sondern sie sind ganz dem
Edelmuthe zur Erzielung des Guten überlassen. Nur ist es nothwendig, daß jedes Mitglied bei dem Eintritte in die Gesellschaft
erkläre, welchen Beitrag es leisten werde, um in Rücksicht der
Verwendung der gesammten Beiträge im Vorhinein einen An-
schlag entwerfen zu können. Dieser jährliche Beitrag wird in dem
Monate März entrichtet.

Die Zeit, wann der erste Beitrag nach Entstehung der Gesellschaft zu entrichten ist, wird bekannt gemacht werden.

5) Nebst diesem jährlichen Beitrage nimmt jedes Mitglied
die Mühe auf sich, einmal des Jahres, und zwar im Monate
December, in dem Kreise seiner männlichen Bekannten eine Collecte zu machen.

6) Da diese Collecte nicht beschwerlich sein darf und sich daher nur auf Gemahl, Aeltern, Geschwister, Verwandte oder sonst
die nächsten Umgebungen jedes Mitglieds beschränken muß, werden alle jene Männer, welche durch freiwillige Beiträge, jeder
durch andere Gaben, diese Gesellschaft zu unterstützen geneigt
sind, und in weniger gesellschaftlichen Verhältnissen leben oder
keine Angehörigen haben, eingeladen, sich in dieser Rücksicht an
die Dame des Bezirkes, in welchem sie wohnen, zu wenden, und
es wird ein eigenes Denkbuch eröffnet werden, welches die Namen
dieser Unterstützer enthalten soll.

7) Sollte das eine oder andere Mitglied ungenannt zu bleiben wünschen, so kann dieser Wunsch zwar erfüllt werden, aber
der Gang des Geschäftes wird dadurch viel beschwerlicher gemacht, und für jeden Fall müßte dieses Mitglied bei dem Eintritte in die Gesellschaft und bei Uebersendung der Beiträge die
Nummer des Hauses, in welchem es wohnet, anzeigen; dagegen
können freiwillige Beiträge, außer den bestimmten jährlichen, ohne
Namen der gebenden Person eingeschickt werden, ohne daß hierdurch die Leichtigkeit des Geschäftsganges litte.

8) Die Einhebung der jährlichen bestimmten Beiträge sowohl, als der Collectbeiträge geschieht auf folgende Art. Da jedem wirkenden Mitgliede nur ein kleiner Bezirk, nämlich: eine

geringe Zahl von Häusern zugetheilt werden wird, wählt sie irgend eine, ihr als redlich bewährte Person, welche zwei Mal des Jahres in diesem Bezirke die Beiträge der Mitglieder einhebt und dafür die Empfangscheine ausstellt. Jede Dame wird in dieser Absicht mit der nöthigen Anzahl von Empfangscheinen versehen, und die Tage der Einhebung werden jedesmal vorläufig durch öffentliche Bekanntmachung, wo möglich durch besondere Anmeldung angezeigt werden. Dieselben Personen, welche die Einhebung besorgen, merken auch, nebst Ausstellung der Empfangscheine, in den Verzeichnissen der Mitglieder, die sie in Händen haben werden, die Beiträge an. Jede dieser Personen wird bei der Einhebung eine Beglaubigung erhalten, welche mit dem Siegel der Bezirks = Dame versehen ist, um sich damit bei den Mitgliedern, welche die Beiträge entrichten, legitimiren zu können.

9) Sämmtliche wirkende Mitglieder überschicken die eingehobenen Beträge nebst den Verzeichnissen der Namen an die Damen des Ausschusses, in deren Bezirke sie wohnen, und erhalten Empfangscheine über die Totalsumme der Beträge. Auch diese Einsendung geschieht in bestimmten Tagen, welche vorläufig werden bekannt gemacht werden. Die Damen des Ausschusses erlegen die eingehobenen Beträge nebst ihren eigenen an das Oberhaupt der Gesellschaft, von welchem weiter unten gesprochen werden wird.

Bei dieser Verfassung wird die Bemühung und Unbequemlichkeit jedes Mitgliedes sehr gering sein, und man kann nicht besorgen, daß der Edelmuth der Theilnehmerinnen darüber ermüden sollte.

10) Die Abtheilungen der Vorstädte sind unmittelbar den zwölf Damen des Ausschusses zugetheilt, und auch dort wird eine Anzahl von Honoratioren ersucht werden, die Gesellschaft zu verbreiten. Dieselbe Ordnung, die in Rücksicht der Stadtbezirke eingeführt wird, soll auch in den Vorstädten beobachtet werden.

11) Sämmtliche Beiträge werden, in so ferne sie nicht sogleich verwendet werden, in einem der angesehensten Handelshäuser hinterlegt, und so lange sie dort liegen, verzinslich benützt. Zwei bekannte rechtschaffene Männer werden von den Damen des Ausschusses durch Stimmenmehrheit gewählt und ersucht werden, das sehr einfache und nicht beschwerliche Geschäft eines Rechnungsführers und Controllors zu übernehmen.

12) Die 12 Damen des Ausschusses werden gegenwärtig

bei Errichtung dieser Gesellschaft von jenen Damen, welche sich noch vor der höchsten Genehmigung der Gesellschaft zum Beitritte erklärt haben, künftig aber aus allen mitwirkenden Mitgliedern durch Stimmen-Mehrheit auf 3 Jahre gewählt. Die zwölf Ausschüsse wählen dann jährlich aus ihrem Kreise ein Oberhaupt. Bei dieser Dame fließen die Beiträge zusammen, von ihr werden sie an das Handelshaus gegeben, ohne ihre Anweisung läßt letzteres keine Beträge erfolgen, sie unterzeichnet die Gesuche an Seine Majestät und die Correspondenz der Gesellschaft. In den Händen des Oberhauptes wird sich auch immer eine mäßige Handcasse zur Bestreitung der kleineren Auslagen befinden.

13) Ueber die Verwendung der eingegangenen Beiträge entscheidet der Ausschuß. Jeder Dame des Ausschusses steht es frei, wenn sie will, einen in Rücksicht seiner Kenntnisse und seiner patriotischen Gesinnungen rühmlich bekannten Mann als Rathgeber auszuwählen, und ihm ihre Stimme über die Vorschläge, welche der Gesellschaft gemacht werden, zu übertragen. Die Stimmenmehrheit entscheidet; bei gleichen Stimmen entscheidet die Stimme des Oberhauptes der Gesellschaft oder des Mannes, auf den diese Dame ihre Stimme übertragen haben dürfte.

14) Die Gesellschaft hat außer den laufenden Kosten der Correspondenz keine bestimmte Auslage, als den Gehalt eines Expedienten und eines Gallopins. Beide wählt das Oberhaupt der Gesellschaft.

15) Unmittelbar mit dem Oberhaupte der Gesellschaft arbeitet auch der perpetuirliche Secretär derselben, welcher den Plan zur Gesellschaft zuerst entworfen hat und sich diese Ehre vorbehielt. Er widmet seine Bemühungen unentgeltlich. Er hat das Recht, über die verschiedenen Mittel, das Gute und Nützliche zu befördern, Vorschläge zu machen. Sie werden durch das Oberhaupt der Gesellschaft den Damen des Ausschusses oder den Männern, an welche sie ihre Stimme übertragen haben, mittelst eines Umlaufschreibens zur Prüfung mitgetheilt, und von der Entscheidung derselben hängt die Annahme oder Modificirung der Vorschläge ab, der perpetuirliche Secretär wird die Beschlüsse in Ausführung bringen.

16) Er nimmt ferner die Verpflichtung auf sich, mit Beihülfe des Expedienten die Ordnung im Gange des Geschäftes zu handhaben, die Richtigkeit der Verzeichnisse, ungeachtet der durch neuen Eintritt oder Austritt der Mitglieder, oder durch Wohnungswechsel sich ergebenden Veränderungen zu erhalten. Fer-

ner wird er alle Vorarbeiten besorgen, die Meinungen der Sachverständigen, wo es nothwendig ist, einholen, und der Gesellschaft vorlegen. Derselbe bewahrt auch die Schriften der Gesellschaft. Eigentliche Documente aber sind bei dem Oberhaupte der
Gesellschaft hinterlegt, und der Secretär verwahret davon nur
ein Verzeichniß. Obschon derselbe übrigens perpetuirlicher Secretär genannt wird, bleibt der Gesellschaft dennoch vorbehalten,
wenn sie einem andern Manne zu diesem Geschäfte in der Folge
mehr Vertrauen schenken sollte, denselben Seiner Majestät der
Stimmenmehrheit gemäß vorzuschlagen und der Entwerfer des
Planes wird dann zurücktreten.

17) Obschon der perpetuirliche Secretär das Recht, Vorschläge zu machen, sich vorbehalten hat, kann doch Jedermann,
der einen zum Besten des Staates dienlichen und mit dem
Zwecke der Gesellschaft zusammenhängenden Vorschlag machen
zu können glaubt, denselben an das Oberhaupt der Gesellschaft
überschicken und die Gesellschaft wird selbst sowohl Behörden als
einzelne sachverständige Männer um die Mittheilung ihrer Ge-
danken und Wünsche ersuchen.

18) Alle Gegenstände, welche der Bewilligung einer Behörde bedürfen, werden derselben in dieser Absicht überreicht werden, und der perpetuirliche Secretär besorgt die in dieser Rücksicht vorkommenden Geschäfte.

19) Wenn derselbe wegen Abwesenheit oder Unpäßlichkeit
oder zu seiner Erleichterung einen Stellvertreter oder Gehilfen
nöthig finden sollte, ist er verpflichtet, denselben den Damen
des Ausschusses bekannt zu machen, und ihre Genehmhaltung
der Person abzuwarten.

20) Jede Dame des Ausschusses und jedes wirkende Mitglied kann sich eine Stellvertreterin in dem Falle der Abwesenheit und Unpäßlichkeit oder einer andern Verhinderung wählen;
zur Erhaltung der Ordnung ist es aber nothwendig, daß dem
Oberhaupte der Gesellschaft davon Nachricht gegeben werde, so-
wie auch die Stellvertreterin der Letzteren selbst den übrigen
Damen des Ausschusses bekannt

21) Jedes Mitglied, das austreten will, so wie jedes, das
seine Wohnung oder seinen Namen verändert, wird ersucht, der
Dame seines Bezirkes davon Nachricht zu geben. Sollte ein
Mitglied mit Tode abgehen, so erwartet man von den Angehörigen derselben eine Anzeige. Wenn ein wirkendes Mitglied
austritt, so wird sich die Dame des Ausschusses, in deren Bezirke dieses Mitglied wohnte, bemühen, ihre Stelle sobald als

möglich durch ein neues Mitglied zu ersetzen. Wenn eine Dame des Ausschusses austritt, wird eine andere Dame durch Wahl ersucht werden, diesen Platz einzunehmen.

22) Da die Absicht der Gesellschaft ist, das Gute und Nützliche zu befördern, und daher die bereits bestehenden Anstalten oder die neu zu errichtenden dauerhaft zu unterstützen, wird sie, so weit es ihre Kräfte zulassen, immer bemüht sein, diese Anstalten durch ein Capital zu gründen, dessen Zinsen zur Erreichung des Endzweckes hinreichen.

23) Sie wird auch keinen Fond bilden, und kann kein unbewegliches Vermögen durch längere Zeit besitzen, da die Verwaltung desselben eine ausgebreitete Regie nothwendig machen würde. Sollten sich jedoch die eingehenden Beiträge zu einer sehr beträchtlichen Summe erheben, so wird ein Theil derselben, aber nie mehr als ⅕ für das nächste Jahr aufbewahrt werden, in welchem vielleicht ein größerer Geldvorrath zur Ausführung einer nützlichen Absicht willkommen sein dürfte.

24) Es wurde zwar erklärt, daß die Gesellschaft keineswegs die Vertheilung eines Almosens zum Zwecke habe und durchaus nicht in den Wirkungskreis der für die Armuth bestehenden Anstalten eingreife; allein, doch wurde gleich im ersten Jahre des Entstehens zur Unterstützung des Taubstummen-Institutes, des Blinden-Institutes u. dgl. geschritten.

25) Das Verzeichniß der Mitglieder, dann die detaillirte Uebersicht der Einnahmen und Leistungen ist Seiner Majestät vorzulegen.

26) Da der Nutzen, welchen diese Gesellschaft stiften soll und wird, ausgebreitet und dauerhaft ist, und mäßige, keineswegs lästige Beiträge vieler Mitglieder zur Erreichung des Zweckes hinreichen, so läßt sich bei dem bekannten Edelmuthe der Bewohner dieser Stadt eine schnelle Verbreitung dieser Gesellschaft hoffen. Wer sollte nicht gerne etwas beitragen, um viel zu nutzen.

27) Wenn dieses Institut in Wien organisirt ist, wird man es auch auf dem flachen Lande mittelst der Kreisämter zu verbreiten suchen; und ist die Gesellschaft so glücklich, daß auch andere Provinzen der österreichischen Monarchie ihrem Beispiele folgen, so werden die ersten Mitglieder derselben den erfreuenden Lohn haben, die Gründer einer Anstalt zu sein, deren Nutzen für den Staat nicht zu berechnen ist.

§. 90.

Die besonders wichtigen aber leider nur auf wenige Provin-

zial=Hauptstädte und die Residenzstadt Wien, wo 7 solche Insti=
tute sind, ausgedehnten, aus der Privatwohlthätigkeit hervor=
gegangenen Kleinkinder=Bewahranstalten haben zum löblichen
Zwecke, die noch nicht schulfähigen Kinder armer Aeltern in
der Zwischenzeit, wo die letzteren ihrem Erwerbe nachgehen,
vor Schaden zu bewahren und in allem Guten der Fassungs=
kraft dieser Kinder zur Zeit Angemessenen zu unterrichten.

Und wahrlich tief und weise ist diese Anstalt berechnet. Der
Tagwerker, welcher für 3 oder 4 Kinder zu sorgen hat, kann
eine Familie ohne ein Almosen, ohne Unterstützung aus eigenem
Verdienste nicht erhalten und sein Weib muß ohne diese Anstalt
zur nöthigen Pflege der Kinder zu Hause bleiben. Sind diese be=
sorgt, so kann auch sie zum gemeinschaftlichen Erwerbe beitra=
gen, und die Familie erhaltet sich selbst ohne Unterstützung.

Se. k. k. Majestät haben mit allerhöchster Entschließung
vom 21. v. M. die Einführung von Kleinkinder=Bewahranstal=
ten und das Fortbestehen der Vereine, welche sich zum Behufe
derselben gebildet haben, gegen dem zu genehmigen geruht, daß
selbe zunächst unter der Aufsicht der Consistorien zu stehen, keine
Kinder über fünf Jahre aufzunehmen, sich nur durch freiwillige
Beiträge zu erhalten, und unter keinem wie immer gearteten
Vorwande einen Beitrag oder eine Unterstützung aus dem Nor=
malschul= oder einem andern Fonde anzusprechen, mithin im
strengsten Sinne nur als Privat=Vereine und Anstalten, nicht
als Schulen zu bestehen haben. (Studienhofcommissions=Decret
vom 26. Februar 1832, Z. 857. Regierungs=Decret für Ober=
österreich vom 29. März 1832, Z. 6975.)

VIII. Hauptstück.

Vereine zum Wohle entlassener Züchtlinge, Beschäftigungs- und Arbeits-Anstalten.

---

§. 91.

Die Nothwendigkeit, und besonders der Nacheiferung höchst empfehlungswürdige Wichtigkeit des in Böhmen reif gewordenen, kürzlich in Wien begründeten Vereines zum Wohle entlassener Züchtlinge ist aus nachfolgender Darstellung zu entnehmen.

I. Natürliche Gründe des Entstehens dieser Vereine.

Schon die Art, wie beinahe jeder Sträfling seine wieder erlangte Freiheit benützt, zeigt uns leider nur zu oft, wie moralisch schwach die Bande des Zwanges sind, denn sobald er aus der Strafanstalt entlassen ist, sucht er nicht seine Angehörigen auf, von deren Umgang ihn Scham zurückhält, nein, er eilt hin zu den bekannten Schlupfwinkeln seiner ehemaligen Schicksalsgenossen, und vergeudet mit ihnen den mühsam im Strafhause erworbenen Sparpfenning, in vollen Zügen schöpft er nun die Genüsse der längst sehnlichst entbehrten Freiheit, und überschreitet darin wie ganz natürlich das rechte Maß, bald meldet sich der angeborne süße Hang zum Herumstreichen, diese Lebensart ist aber so reizend, daß die im Zuchthause bei ihm angeregten guten Vorsätze aus seinem Gedächtnisse verschwinden; da er also nichts verdient, so irrt er vermögenslos, ohne Obdach und nur mit den allerunentbehrlichsten Kleidungsstücken versehen herum, und begegnet bei jedem Schritte Mißtrauen, denn in seinem verwahrloseten Anzuge ihn aufzunehmen weigert sich mit Recht jeder um die Ruhe seiner Familie besorgte Hausvater.

Wie groß auch seine Geschicklichkeit, wie redlich auch seine Arbeitslust sein mag, vor ihm verschließt sich jede Thüre, aus jeder Werkstätte wird er verstoßen, sobald sich der Ruf von seinem abgebüßten Vergehen dahin verbreitet hat. Um also nicht

zu verhungern, bettelt er und benützt hierbei die von den ehe=
maligen raffinirten Strafcollegen erlernten Pfiffe zu kleinen
Mausereien, Betrügereien, Diebstählen, wird endlich durch seine
Sorglosigkeit entdeckt, oder durch seine Mithelfer verrathen, und
verfällt so neuerdings der Strafanstalt, die ihn nun strenger als
früher züchtigt; so sinkt allmählig sein Muth zu allen guten
Vorsätzen, und er resignirt endlich auf die Möglichkeit, einen
unbescholtenen Lebenswandel führen zu können.

Aber dennoch täuscht man sich sehr, wenn man glaubt, daß
dergleichen Verirrte Abscheu haben vor einem ordentlichen, gere=
gelten, ehrlichen, arbeitsamen Beruf. Nur die Kraft fehlt ihnen,
den verführerischen Lockungen zu widerstehen, und mit Beharr=
lichkeit den rechten Weg zu verfolgen, deßhalb bedürfen sie der
freundschaftlichen, gutmeinenden Leitung.

Aus diesem allen erhellet nun auch, wie allein es noch mög=
lich ist, solche Verirrte auf die rechte Bahn zu bringen und sie
der Menschheit zurück zu geben, alles kömmt nur darauf an,
diese moralisch Kranken, sobald sie aus der Strafanstalt entlas=
sen sind, nicht neuerdings sinken zu lassen, und ihnen von nun
an, jahrelang brüderlich mit Rath und That unermüdet zur
Seite zu sein, um ihnen Vertrauen zu sich selbst, und Muth
und Ausdauer bei der Arbeit erwecken zu helfen.

Diesen heiligen Zweck vor Augen, bildete sich im Jahre 1838
obiger Verein in Prag und im Jahre 1844 in Wien, dessen
Mitglieder es sich zur Pflicht machen, dahin zu wirken, daß
Personen, welche aus den Straf= und Arbeitsanstalten entlassen
werden, denselben nicht anheim fallen, sondern ein ehrbares, ar=
beitsames Leben führen.

II. Statutenmäßiges Wirken und weitere Fortschritte dieses Vereines.

Dieser Verein begnügte sich, die Sträflinge schon in der
Strafanstalt von seiner väterlichen Wirkungsweise in Kenntniß
zu setzen, und hüthet sich sehr, dieselben zum Beitritte zu bereden,
weil die Erfahrung gelehrt hat, daß ohne freiwilliges, ver=
trauensvolles Entgegenkommen nicht auf ihre Ausdauer gerech=
net werden kann, ja um die Kräfte des Vereines nicht unnützer=
weise zu verzersplittern, weiset derselbe sogar alle jene Sträflinge
zurück, deren häufige Rückfälle keinen guten Erfolg seiner Be=
mühungen versprechen.

Einige Monate vor seiner Entlassung aus der Strafanstalt

meldet sich der Züchtling zur Aufnahme beim Vereine in einem Bittgesuche, worin er nebst dem aufrichtigen Geständnisse
seines früheren Lebenswandels zugleich das Gewerbe bestimmt,
welches er vorzugsweise betreiben möchte, doch muß er sich in
dieser Schrift verpflichten, auf eine Zeit den Statuten des
Vereines sich zu unterwerfen, widrigen Falls er dazu von den
Behörden angehalten würde.

Ueber solche Bittgesuche wird nun in den wöchentlichen Si-
tzungen durch Stimmenmehrheit der anwesenden Vereinsmit-
glieder entschieden, wobei man die Vorsicht hat, den neuen
Pflegling an einen Ort zu versetzen, der von seinem früheren Aufenthalte entfernt ist, und ihn zu keiner Beschäftigung
zuläßt, wodurch seine Redlichkeit zu sehr in Versuchung geführt werde; so z. B. läßt man junge Bursche, die schon öfter
eingebrochen haben, nicht zum Schlosserhandwerk, solche, die
gerne naschen, mausen, stehlen nicht in Specereihandlungen
eintreten u. s. f. Einer der anwesenden Mitglieder übernimmt
nun die väterliche Obsorge des aufgenommenen Pfleglings und
dessen Unterbringung bei einem Meister, oder einem andern
Brotherrn, dem er zugleich dessen frühern Lebenswandel mit-
theilt, und placirt denselben wo möglich zur leichteren Beach-
tung in der Nähe seiner Wohnung. Alles, was den neuen
Pflegling betrifft, seine Lebensart, Wünsche und Bedürfnisse
theilt sein Obsorger in den wöchentlichen Vereinssitzungen mit.
Durch den ausgebreiteten Wirkungskreis und den großen Ein-
fluß der verschiedenartig beschäftigten Mitglieder öffnen sich oft
dem Bittsteller die schönsten Wege und herrlichsten Aussichten.

Da in diesen wesentlichen Vereinssitzungen Alles gleich
protokollirt wird, so ist der Geschäftsgang erleichtert.

Außer der Unterbringung der Pfleglinge bei Gewerben, land-
wirthschaftlichen und häuslichen Diensten, außer der persönlichen Ueberwachung und Leitung jedes Einzelnen und der Darreichung der nöthigen Unterstützung von Geld, Kleidungsstücken und Werkzeugen, bemüht sich der Verein auch durch Un-
terweisung in der Religion, andern Kenntnissen und den nöthigen Fertigkeiten, besonders auf den noch bildsamen Geist
und das Herz der jüngeren Pfleglinge zu wirken, bei welchen
er seine Mühe am sichersten gelohnt zu sehen hofft; die Wichtigkeit dieses Punctes erkennend, gründete der Verein im Jahre
1842 eine Erziehungs-Anstalt für jugendliche Züchtlinge unter 14 Jahren, welche seitdem die erfreulichsten Resultate, und
somit die besten Hoffnungen für die Zukunft geliefert hat, ja
diese Erziehungs-Anstalt erhielt im verflossenen Jahre durch

Concerte und dramatische Vorstellungen solche Zuschüsse Behufs
ihrer Erweiterung, wodurch es nun möglich geworden ist, in den
Arresten diejenigen Kinder aufzusuchen, die vorzüglich der Hilfe
des Vereines bedürfen.

Da der Zweck dieser Zeilen ist, bloß das wohlthätige Wirken dieses Vereines mitzutheilen, so würde es zu weit führen,
auch die innere Organisation dieses Vereines zu detailliren, und
somit sich über die Verfassung, über die Pflichten und Befug-
nisse, so wie über die Verwaltungsart desselben genau einzulassen.

Wenn aber trotz aller erfreulichen Resultate sich dennoch
Stimmen der Mißbilligung hören lassen, daß so viel Mühe und
Geld an unverbesserliche Missethäter verschwendet werden, so
kann man wohl nicht in Abrede stellen, daß die moralische
Ausbeute im Verhältnisse zu den großen Mühen noch gering
ist; aber soll man deßhalb keine Alleen pflanzen, weil wir in
den ersten Jahren uns in den Schatten derselben noch nicht
lagern können? sollen wir, die wir gegen den Sclavenhandel
mit Feuer und Schwert wüthen, ruhig zusehen, wie durch
unser Nichtsthun und zu unserem eigenen Schaden moralische
Menschen=Opfer gebracht werden, die ärger sind, als die phy-
sischen? während durch rechte Hilfe zur rechten Zeit die Zahl
der Unglücklichen bedeutend vermindert werden kann? — Nein,
das Anwachsen der Verbrechen, worüber wir klagen, haben
wir uns selbst beizumessen, das Erblichwerden des Diebstahls
und der Bettelei ist unsere eigene Schuld, weil wir nichts
dagegen thun, und es Jahr für Jahr zulassen, daß viele Menschen aufwachsen in völliger Unkenntniß ihrer Pflichten, ihres
Schöpfers, ihres Verhältnisses zur bürgerlichen Gesellschaft, in
einem Luftkreise von Gottlosigkeit und Verruchtheit, in fort-
gesetzter Uebung von Lug und Trug. Daß Vereine, wie der
besprochene, eines der nothwendigsten Mittel, diesem Uebel-
stande abzuhelfen, bilden, findet in der ganzen gesitteten Welt
immer allgemeine Anerkennung. In allen Ländern dießseits
und jenseits des Oceans ist die sittliche Reform der Straf-
rechtsanstalten eine Frage der Tagesordnung, und wo immer
sie verhandelt wird, bilden sich Vereine, wie dieser. Alle
Stimmen, die mit Ernst und Sachkenntniß den Gegenstand
besprechen, sind darüber einig, daß alles, was sonst geschehen
mag, für Jenen vergeblich bleiben muß, den nach überstan-
dener Strafe nicht eine freundliche Hand in die bürgerliche Gesellschaft zurückführt.

Wo solche Anstalten, wie in Prag und Wien, nicht er-

zweckt werden können, sollte doch auf die entlassenen Sträf=
linge mehr Rücksicht genommen, dieselben wenigstens in der
ersten Zeit ihres Austrittes wegen ihrem Erwerb, Thun und
Lassen mehr berücksichtiget werden, woselbst die Gemeinden lie=
ber auf diese, als auf die unangenehme andere Art des Bet=
tels und Diebstahls Opfer bringen könnten.

§. 92.

Wurde einerseits für die Erwerbunfähigen gesorgt, so wurde
andererseits auch auf die Erwerbsfähigen, welche keine Arbeit
finden oder sie nicht finden wollen, Rücksicht genommen; und
so entstanden freiwillige und Zwangs=Arbeitsanstalten.

§. 93.

In Wien wurde bei der Einführung des Armeninstitutes
im Jahre 1783 unter dem Namen eines Rettungshauses zu=
gleich eine freiwillige Arbeitsanstalt errichtet, und in derselben
die Spinnerei als wesentliche Beschäftigung aufgenommen. Im
Jahre 1788 erlitt jedoch diese freiwillige Spinnanstalt eine
gänzliche, der Armenversorgung in höherem Grade entspre=
chende Einrichtung. Sie wurde in die Vorstädte versetzt, von
zahlreichen Fabriks= und Gewerbsherren reichlich mit Arbeit
verlegt, und auf solche Art den Armen sowohl eine größere
Mannigfaltigkeit der Beschäftigung, als auch ein reichlicheres
Auskommen zugewendet, welches die höchste Almosenportion
des Armeninstitutes wesentlich überstieg. Außerdem sollen die
Armen von der Militär=Oekonomie mit Arbeit verlegt, und
von den Grundrichtern die Einleitung getroffen werden, die
unbeschäftigten Armen auch den Gewerbsleuten als Arbeiter
und Handlanger zuzuweisen. Die nahrungslosen Personen konn=
ten nunmehr sich selbst bei einzelnen Verlegern, die ihnen am
nächsten waren, um Beschäftigung melden, und sich bei den=
selben auf längere Zeit einbingen. Die Anstalt suchte übri=
gens durch die unentgeldliche Vertheilung von Spinngeräth=
schaften das Gedeihen dieser wohlthätigen Einrichtungen zu un=
terstützen. Auf diese Weise konnte nun allerdings jede Classe
von Armen, selbst Kinder und schwächliche Personen, mit ei=
ner ihren Kräften und Kenntnissen angemessenen Beschäftigung
betheilt werden. Die Grundgerichte wurden angewiesen, den
zwischen den Armen und ihren Arbeitsherren vorkommenden
Beschwerden und Klagen ohne allen Aufschub abzuhelfen, und
monatlich das Verzeichniß der in Beschäftigung gesetzten Ar=
men an den Magistrat zu überreichen. (Oeffentliche Nachricht
in Wien vom 24. December 1788.)

Neuere Verbesserungen erhielten diese Anstalten von Sr. Majestät Kaiser Franz I. im Jahre 1793; die Grundobrigkeiten, Grundgerichte und Pfarrbezirke, welche zu dem Armeninstitute von Wien gehören, sind beauftragt, alle arbeitsfähigen Armen, Müssiggänger und die unbeschäftigte Jugend dahin anzuweisen und darüber zu wachen, daß sie solche auch wirklich benützen. (Verordnung der niederösterr. Regierung vom 21. Februar 1793.)

Die Anzahl der beschäftigten Personen und der Betrag ihres Arbeitslohnes wurde durch die öffentlichen Blätter kund gemacht. Seit dem Jahre 1816 stehen diese Anstalten unter der Leitung der Stadthauptmannschaft. (Hofdecret vom 9. Jänner 1816.)

Die erfreulichen Beweise von dem guten Fortgange dieser Anstalten in Wien berechtigen zu der Erwartung, daß solche auch in den Hauptstädten der einzelnen Provinzen nachgeahmt werden, und eine den örtlichen Nahrungsverhältnissen angemessene Einrichtung erhalten dürften. Vermög der Grundsätze des Armeninstitutes ist übrigens die Sorgfalt für die Beschäftigung der arbeitsfähigen Armen den polizeilichen Behörden zugewiesen. (Kundmachung in Böhmen vom 26. November 1784 Unterricht für die Pfarrer vom 24. Februar 1784.)

§. 94.

In der Reihe der seit der Regierung Joseph II. gegründeten Anstalten zur Versorgung der Armen wurde bis auf die neuesten Zeiten eine besondere Vorkehrung für diejenige Classe von Armen vermißt, welche, bei gesunden Kräften, alle angebotene Arbeit verabscheuen, und als muthwillige Bettler in den Häusern und auf den Straßen unverschämt dem Almosen nachgehen. Um so wichtiger war daher die im Jahre 1804 erfolgte Gründung eines Zwangsarbeitshauses in Wien, welches seiner Einrichtung nach zur Besserung der bezeichneten Classe von müssigen und arbeitsscheuen Bettlern gewidmet ist. (Kundmachung in Wien vom 20. September 1804.)

§. 95.

Zur Abgabe in das Zwangsarbeits- und Besserungshaus sind demnach Müssiggänger und arbeitsscheue Menschen, besonders solche bestimmt, welche ungeachtet der geschehenen Anweisung auf Arbeit im Müssiggange betreten werden, oder Bettler, in so ferne dieselben wegen erschwerenden Umständen nicht einer schweren Polizei-Uebertretung schuldig sind. Eben

8 *

so sind Leute, die keinen ehrlichen Erwerb nachweisen können, oder denselben bloß vorspiegeln, muthwillig und aus eigenem Verschulden herrenlose Dienstleute zur Abgabe an diese Anstalt geeignet. Kinder unter 12 Jahren, Sinnlose und Wahnsinnige, Mütter von säugenden Kindern sind nicht zur Aufnahme geeignet; Leute, die mit ansteckenden Uebeln oder Krankheiten behaftet sind, müssen vorläufig an das Krankenhaus zur Heilung abgegeben werden.

Personen, die auch zu leichteren Arbeiten nicht verwendet werden können, sind nicht für diese Arbeitsanstalt, sondern zur Unterbringung in ein Versorgungshaus mit Verwehrung des Ausganges geeignet. Diejenigen, welche bei den freiwilligen Arbeitsanstalten keine angemessene Beschäftigung finden, und die Aufnahme in das Arbeitshaus selbst verlangen, können aufgenommen werden; sie müssen sich aber der im Hause eingeführten Ordnung unterwerfen. Personen, die sich eines Verbrechens oder einer schweren Polizei-Uebertretung schuldig gemacht haben, gehören als Sträflinge in das Zucht- und Polizei-Strafhaus.

Endlich dürfen in das Zwangsarbeitshaus zu Wien nur die dort oder in Niederösterreich gebürtigen Müssiggänger und Bettler abgegeben; die aus anderen Provinzen oder aus fremden Staaten gebürtigen sollen hingegen ohne Nachsicht in ihre Heimath abgeschoben werden. (Hofdecret für Niederösterreich vom 14. Februar 1805.)

In Wien wird die Notion, daß eine Person in das Zwangsarbeitshaus abzugeben sei, von der polizeilichen Behörde geschöpft, indem dieser die Aufsicht über Müssiggänger und muthwillige Bettler zusteht. Wenn die Polizeibehörde die von ihr eingezogenen und verhörten Personen an das Arbeitshaus abliefert, so hat sie der Direction des Hauses zugleich alle Actenstücke und Verhörs-Protokolle über die dahin gewiesenen Personen zu übergeben, nach welchen sodann von der Behörde das polizeiliche Erkenntniß bestätiget oder abgewiesen, oder die Erhebung abgängiger Behelfe veranlaßt wird. Wenn es sich um die Abgabe von Minderjährigen handelt, so wird vorher noch der väterliche oder vormundschaftliche Consens eingeholt. Auf dem Lande in Niederösterreich haben die Kreisämter über die daselbst eingezogenen Müssiggänger und arbeitsscheuen Menschen das Erkenntniß zur Abgabe in das Arbeitshaus zu schöpfen, und sich hierbei an die ihnen von der Wohlthätigkeits-Commission ertheilten Directiv-Regeln zu halten;

die Revision der kreisämtlichen Notionen steht der niederösterr. Regierung zu. (Hofdecret vom 15. Juni 1811.)

§. 96.

Der Zweck der Zwangarbeits= und Besserungsanstalt soll durch Beschäftigung der dahin zugewiesenen Personen und durch moralische Besserung derselben mittelst eines zweckmäßigen Unterrichtes erreicht werden. Dieser Bestimmung entspricht daher auch die innere Einrichtung der Anstalt. Die unmittelbare Leitung derselben ist dem Director, die Oberaufsicht nunmehr der Stadthauptmannschaft anvertraut, von welcher der weitere Geschäftszug an die Landesstelle und an die politische Hofkanzlei eingeleitet ist. Unter dem Director sind zur ökonomischen Leitung ein Verwalter, Controlleur und mehrere Amtsschreiber angestellt. Zum Unterrichte in der Arbeit, zur Aufsicht über den Fleiß der Arbeiter sind Werkmeister und Werkmeisterinnen und mehrere männliche und weibliche Aufseher bestimmt. Zum Gottesdienst, dem Religions= und moralischen Unterrichte ist ein eigener Seelsorger unter der Aufsicht des Bezirks = Pfarrers angestellt. Die Kinder werden von einem eigenen Lehrer unterrichtet, an welchem Unterrichte auch die Erwachsenen Antheil nehmen können.

Bei der Gründung der Anstalt wurde die Verarbeitung des Flachses durch Hecheln, Spinnen und Weben, die Seiden-Kämmerei und Spinnerei, die Verfertigung wollener Decken und Wollenspinnerei, das Putzen und Klopfen, Spinnen der Baumwolle, und für weibliche Arbeiter auch noch das Nähen und Stricken eingeführt.

Wer eine eigene Profession erlernt hat, darf solche auch im Hause ausüben, wenn sie nicht zu lärmend ist, zu vielen Raum erfordert, und wenn damit eben so viel verdient wird, als mit den im Hause bereits eingeführten Arbeiten. Im J. 1814 wurde eine Aufforderung erlassen, die Anstalt mit solchen Arbeiten zu verlegen, welche keinen kunstmäßigen Unterricht erheischen, aber doch einen angemessenen Verdienst gewähren, und wozu Arbeiter männlichen und weiblichen Geschlechtes verwendet werden können. (Hofdecret vom 9. Jänner 1816. Kundmachung in Wien vom 23. Dec. 1814.)

Im Jahre 1815 setzten zwei ungenannte Wohlthäter einen Preis von 2000 Gulden für Denjenigen aus, welcher für die Anstalt die zweckmäßigste Arbeit in Vorschlag bringen, und durch einen wirklichen Versuch der Forderung entsprechen würde; daß die vorgeschlagene Arbeit von beiden Geschlechtern geübt,

in kurzer Zeit erlernt, daß sie ohne Lärm, ohne Nachtheil für
die Gesundheit und ohne gefährliche Werkzeuge verrichtet, und
daß sie endlich, ohne die bestehende Hausordnung in Ansehung
des Unterrichtes, der Abspeisung und Erholung der Zwangs-
arbeiter zu stören, in den bestimmten täglichen Arbeitsstunden
betrieben werden könne. Jeder Arbeiter hat ein bestimmtes
Maß von Arbeit täglich zu verrichten, was er täglich mehr
arbeitet, heißt der Ueberverdienst. Für das Pensum wird dem
Arbeiter die ganze Verpflegung von der Anstalt gereicht. Außer der Abtheilung der Geschlechter findet auch eine Abtheilung nach ihrer Moralität in 3 Classen Statt. Der Unterschied dieser Classen besteht theils in der Verpflegung, theils
darin, daß den Arbeitern der ersten Classen ein Theil des
Ueberverdienstes zur freien Verfügung überlassen, den übrigen
aber ihr Antheil erst bei ihrem Austritte eingehändigt wird.
Niemand wird in die Anstalt auf bestimmte Zeit aufgenommen, weil keiner früher entlassen werden darf, bis er nicht
Proben abgelegt hat, daß er gebessert und zur Arbeit gewöhnt
worden sei. Personen, welche nach ihrem Austritte keinen ehrlichen Nahrungszweig ausweisen können, werden auch ferner
mit einem angemessenen Arbeitsverdienste versorgt. Für die in
der Anstalt Erkrankenden ist durch die Aufstellung eines Arztes, eines Wundarztes und einer Hebamme gesorgt. (Kundmachung in Wien vom 16. November 1815.)

§. 97.

Die Directiv-Regeln für die Provinzial-Zwangsarbeits-
anstalt der Provinz Oesterreich ob der Enns und Salzburg
wurden mit der hohen Regierungs-Kundmachung vom 11.
März 1834, Z. 5709, bekannt gegeben.

§. 98.

Nachdem solchergestalt sowohl für die Erwerbsfähigen, als
auch für die Erwerbsunfähigen gesorgt worden ist, so wurde
der Bettel durch unzählige Verordnungen verboten, die Ueberwachung dieses Verbotes den Obrigkeiten zur Pflicht gemacht,
den Almosengebern aber auch an's Herz gelegt, daß, so lange
sie die Almosen nicht den Armeninstituten zuführen, und die
Armen von der eigenen Hand betheilen, dem eben so lästigen
als die öffentliche Sicherheit gefährdenden Haus- und Stra-
ßenbettel niemals grundhältig gesteuert werden könne. (Hof-
Entschließung in Wien vom 11. October 1783; Gubernial-
Decret in Böhmen vom 9. Februar 1787; Hofkanzlei-Decret
vom 1. Juni 1824, Z. 15,694; Regierungs-Decret für Ober-

österreich vom 7. Juni 1824, Z. 12,694; Cabinets-Schreiben vom 27. October 1833; Hofkanzlei-Decret vom 1. November 1833, Z. 27,319; Regierungs-Decret für Oberösterreich vom 16. November 1833, Z. 33,007, und 26. Juni 1834, Z. 14,482.)

IX. Hauptstück.
Anstalten für arme Kranke.

I. Abschnitt.
Außer den Spitälern.

§. 99.

Die gesammten Obrigkeiten sollen ihren kranken Armen die höchst nöthige Heilung selbst verschaffen, und sie nicht etwa nach Wien, oder in ein Kranken-Spital schicken. (Verordnung in Oesterreich vom 14. Mai 1771.)

Von Seite des höchsten Aerariums wird armen Kranken nur in außerordentlichen Fällen mit einer Hilfe beigesprungen, außerdem müssen wahre Arme in gewöhnlichen Fällen bei ihren Obrigkeiten Hilfe suchen. (Hofdecret vom 15. Juni 1787.)

Da die Vorsorge auf dem Lande, außer den Hauptstädten, wo ohnehin durch die öffentlichen Versorgungs-Anstalten nach Möglichkeit für Hilfe der leidenden Kranken und Dürftigen gesorgt ist, auch für die unterwegs durch Unglücksfälle beschädigt werdenden in- und ausländischen armen Reisenden sowohl, als auch für die schwer krank liegenden ärmsten Land- und Dienstleute, welche unmöglich aus dem Armeninstitute, oder dort, wo der Bettler- und Armen-Beitrag aus Ermanglung eines ordentlichen Armeninstitutes noch üblich ist, von selben ausgehalten werden können, eine Veranstaltung treffen muß; so hat man für alle solche Gattungen leidender Unglücklichen folgende Directiv-Regeln für die drei Herzogthümer Steyermark, Kärnthen und Krain, sowohl in Ansehung der Behandlung derselben, als auch der Bestreitung und Vergütung der Curirungskosten, in Folge eines mit Hof-Entschließung genehmigten Vertrages zu bestimmen, und zur allgemeinen Nachachtung verlautbaren zu lassen nöthig befunden:

1) Sobald bei einem Arzte oder Chirurgus ein armer Kranker oder sonst schwer beschädigter Mensch angezeigt, und für solchen um Hilfe, welche allen armen Leuten von demselben unentgeldlich zu leisten ist, nachgesucht wird; so hat derselbe sogleich der betreffenden Grundobrigkeit, unter welcher sich der arme Kranke oder Beschädigte zur Zeit der Erkrankung oder Beschädigung befindet, davon Nachricht zu geben, welcher es

2) obliegt, einen solchen kranken, oder schwer beschädigten Menschen, entweder ihn selbst, oder wenn er dazu unfähig wäre, die Leute, wo er sich aufhält, ungesäumt ordentlich über dessen Unterhalt, Vermögens = Umstände und Geburts= oder letzten Ansäßigkeitsort zu vernehmen, bei wandernden zu solcher Aussage wegen Krankheit oder Beschädigung unfähiger Armen aber solches aus den bei denselben vorfindigen Pässen zu erheben, und das Erhobene zu protokolliren.

3) Nach solcher Erhebung, wenn die Umstände so beschaffen sind, daß der Patient nach Versicherung des Arztes oder Chirurgus ohne Nachtheil der Gesundheit an seinen Geburts= oder letzten Ansäßigkeitsort gebracht werden kann, hat die Grundobrigkeit denselben durch Schub dahin abzuliefern, und sonsten aber

4) einem solchen Armen eine Anweisung an die Apotheke oder den betreffenden Landchirurgus zu ertheilen, damit ihm die nöthigen Medicamente, bei deren Verschreibung der Arzt oder Chirurgus zu sorgen verbunden ist, daß die möglichste Sparsamkeit beobachtet werde, gegen Ersatz von der betreffenden, in der Anweisung zu benennenden Grundobrigkeit unentgeldlich verabfolgt werden können. Nebstbei hat aber auch weiter

5) die Grundobrigkeit, wo sich der arme Kranke oder Beschädigte befindet, die Anstalt zu treffen, daß derselbe auch seine übrige nöthige Verpflegung unentgeldlich erhalte.

6) Nach Verlauf eines jeden Jahres sollen sodann der Apotheker und der Landchirurgus verpflichtet sein, diese Anweisungsscheine von jedem Armen, mit den für sie verschriebenen Recepten belegt, an die Grundobrigkeit, von welcher solche ausgefertiget worden, zu übergeben, welche

7) sowohl in Betreff ihrer eigenen als fremden Unterthanen die ganze Berechnung, was für jede Grundobrigkeit und für jeden armen Kranken oder Beschädigten auf Medicamente

und auf die übrige Verpflegung an Unkosten erlaufen ist, mit Beilegung des anfangs über jeden Kranken aufgenommenen Protokolls und der Medicamenten-Anweisung sammt Recepten an das Kreisamt einzureichen haben, damit nach geschehener Adjustirung jede Grundobrigkeit angewiesen werden könne, solche Unkosten aber von der betreffenden Gemeinde, zu welcher der verunglückte und arme Kranke gehört, wenn solche nicht aus dem Armeninstitute, wo solches bereits bestehet, oder aus dem repartirten Bettler-Beitrage, wo solcher noch eingeführt ist, oder von dem Dienstherrn des erarmten kranken Dienstboten bestritten werden können, als eine Gemeinde-Auslage einzubringen, und zu berichtigen; wo aber die Besorgung von einer fremden Grundobrigkeit zu geschehen ist, an jene Grundobrigkeit, welche den Kranken oder Beschädigten besorget hat, zur gänzlichen Berichtigung abzuführen.

Sollte endlich

8) ein solches Unglück einem ausländischen ganz fremden armen Menschen zustoßen, welches aber, wenn die vielfältigen Schubsverordnungen fremder Bettler aus den erbländischen Gränzen gehörig beobachtet werden, so leicht nicht geschehen kann, jenes Armeninstitut oder jene Gemeinde betreffen, wo ein solcher armer Frembling von einer schweren Krankheit befallen, oder sonst schwer beschädigt wird. (Hofdecret vom 9. Februar 1791.)

§. 100.

Die Kreisphysiker haben die armen Leute in gute Obsicht zu nehmen, und unentgeldlich zu behandeln. (Verordnung in Böhmen vom 13. März 1741.)

Die medicinische Facultät hat die Aerzte, Wundärzte und Hebammen anzuweisen und zu ermahnen, daß sie zu Folge der höchsten Gesetze und ihres Eides, den sie auf sich haben, den wahrhaft armen Leuten in Krankheitsfällen beispringen sollen. (Verordnung in Oesterreich vom 3. Juli 1782.)

Ueberhaupt ist an keinen Kranken eine übertriebene Forderung zu machen; auch den Unvermögenden in ihrer Krankheit, so wie den Reichen, mit derselben Sorgfalt und Mühe beizustehen. (Hofdecret vom 28. November 1785.)

Im Orte von größerer Bevölkerung ist ein geprüfter Chirurgus mit Gehalt und Deputat aufzustellen, welcher den erkrankten Armen die nöthigen einfachen Arzneien abzureichen hat. (Hofdecret vom 13. Juni 1787.)

§. 101.

Für die Armen, welche, ohne bettlägerig zu sein, ärztliche Hilfe bedürfen, wurden unentgeltliche ärztliche und wundärztliche Ordinationen eingeführt, Armenärzte aufgestellt, ihre Wohnungen und Ordinationsstunden bekannt gemacht. (Nachricht an das Publicum in Wien vom 24. Juni 1784.)

§. 102.

Für diejenigen Kranken aber, welche diese Ordinationen nicht benützen, aber doch in ihren Wohnungen verpflegt werden können, sind in den meisten Hauptstädten der Monarchie öffentliche Krankenbesuchs-Anstalten eingerichtet, welche Polizei-Bezirks-Kranken-Anstalten heißen.

In Wien wurden in jedem der 8 Polizei-Bezirke in den Vorstädten ein Bezirksarzt, Wundarzt und eine Hebamme aufgestellt, und neuerlich auch innerhalb der Stadtbezirke die nöthigen Bezirksärzte hinzugefügt. Alle armen Kranken, welche in ihren Wohnungen, ohne üble Folgen für sich und ihre Angehörigen, behandelt werden können, sie mögen mit äußerlichen oder innerlichen Uebeln behaftet sein, wenn sie nur Unterkunft, Pflege und Unterhalt zu Hause haben, müssen von den Bezirksärzten und Wundärzten unentgeltlich behandelt, und im Nothfalle vom Armeninstitute unterstützt werden.

Wahnsinnige, mit der Wasserscheu behaftete und Abscheu erregende Kranke, die auf den öffentlichen Straßen beschädigten oder erkrankten Personen werden den Kranken- und Versorgungs-Anstalten zugewiesen.

Kranke, welche bloß außer Stande sind, den Arzt zu bezahlen, werden von den Bezirksärzten unentgeltlich behandelt, wenn sie aber durch Zeugnisse eine solche Dürftigkeit ausweisen, daß sie auch die Arzneien nicht bezahlen können, so erhalten sie von dem Bezirksarzte, einverständlich mit den Polizei-Directionen, die Anweisung auf eine bestimmte Apotheke, wo ihnen die Arzneien unentgeltlich verabfolgt werden.

Ueber diese Kranken haben die Polizei-Directionen eigene Protokolle zu führen, und die ertheilten Anweisungen an die Apotheker monatlich zu erneuern. Eben so müssen die Bezirkswundärzte, wenn sie den Armen Bandagen, Bruchbänder u. dgl. abzureichen haben, hiervon die Polizei-Bezirks-Direction in jedem Falle, unter Beifügung des Namens, Wohnortes und pfarrlichen Armuths-Zeugnisses des Empfängers verständigen, und den Geldbetrag angeben, um solche monatlich aus der Stiftungscasse bezahlen zu können. (Verordnung vom 22. April, 5. September 1792, 27. April 1793, 9. Juni 1805, 16. Juli 1803, 22. November 1804, 21. Mai 1803.)

Hier ist auch noch zu erwähnen das Institut in Wien für arme kranke Säuglinge, in welchem dieselben täglich 2 Stunden unentgeldliche Ordinationen erhalten, im Nothfalle aber auch zu Hause besucht werden. (Kundmachung in Wien vom 7. Juli 1794.)

§. 103.

Die Apotheker müssen die Medicamente für Arme um 25 Procent unter der Taxe verabreichen. (Hofkanzlei=Decret vom 13. Februar 1815. Regierungs=Decret für Oberösterreich vom 3. Mai 1815, Z. 5770.)

Nach dem h. Hofkanzlei=Decrete vom 5. April 1821 soll zur Gleichstellung sämmtlicher Provinzen überall bei Epidemien und syphilitischen Krankheiten den Apothekern und Wundärzten ein 10procentiger Abzug gemacht werden.

Durch hohes Hofkanzlei=Decret vom 4. Juli 1822, Zahl 15,516, wurde angeordnet, daß

1) der schon seit längerer Zeit eingeführte 25percentige Abzug bei Vergütung jener Medicamente, welche Apotheker oder zur Führung von Hausapotheken berechtigte Heil= und Wundärzte bei Epidemien, Viehseuchen, dann Hundswuth, ferner für Arme, mit der Lustseuche Behaftete, und überhaupt für arme Kranke geliefert haben, auch noch fernerhin, in so weit die Medicamenten=Lieferung die öffentlichen Apotheker betreffe, beizubehalten sei. Dagegen habe

2) in Hinsicht der Lieferungen der Medicamente von Heil= und Wundärzten, nachdem sie ihre Medicamenten, wenigstens die **Composita,** erst aus der Hand des Apothekers beziehen, künftig nur ein 10percentiger Abzug Statt zu finden.

3) Arznei=Lieferungen für alle öffentlichen Anstalten sollen dort, wo eine Concurrenz von Apothekern zu erwarten sei, im Wege der Licitation sicher gestellt werden, und sei dabei der 25percentige Abzug als Basis anzunehmen.

4) Den Heil= und Wundärzten sei die Arznei=Lieferung bei ausgebrochenen Volkskrankheiten, Vieh= und Lustseuchen nur in dem Falle zu gestatten, wenn die Entfernung der nächsten Apotheke mehr als eine Stunde Weges betrage. Zugleich werde

5) den Kreis= und Districtsärzten zur Pflicht gemacht, zu

wachen, daß die dießfälligen Hausapotheken in solchen Fällen
mit Medicamenten in gehöriger Quantität und Qualität versehen seien. Ueberhaupt habe

6) das Sanitäts-Personale die Arzneien, welche die Apotheker für öffentliche Anstalten und in den vorgedachten Fällen
liefern, ihrer Qualität nach oft und mit Vorsicht zu prüfen.
Damit aber

7) auch alle diejenigen, welche auf was immer für eine
Art Arzneien liefern, mit ihren Forderungen befriediget werden,
wurde die Regierung ermächtiget, bei Arznei-Rechnungen, die
von der Provinzial-Staatsbuchhaltung dem Ziffer nach richtig
befunden werden, und wobei der bestimmte Abzug an Percenten
nachgewiesen wurde, $^2/_3$ Theile des liquid befundenen Betrages
sogleich auszahlen zu lassen, ohne die Superrevision von Seite
der k. k. Stiftungs-Hofbuchhaltung abzuwarten.

Diese h. Hofkanzlei-Verordnung wurde in Oberösterreich
mit dem Beisatze bekannt gegeben, daß, gleichwie in Hinsicht
der öffentlichen Licitation, auch in Betreff des zu liefernden
künftigen Bedarfes der Medicamente für die öffentliche Straf-
haus-Anstalt, dann für die milden Versorgungs-Anstalten in
Linz und Münzbach das Erforderliche eingeleitet wurde, und so
in allen Kreisen einzuleiten ist.

Da übrigens

8) durch das bemeldete Hofkanzlei-Decret für die Zukunft
in Hinsicht der Percenten-Abzüge von den gelieferten Medicamenten für arme Kranke 2c. ein Unterschied zwischen öffentlichen
Apotheken und den Heil- und Wundärzten gemacht wird, so
wird zur Erzielung einer Gleichförmigkeit und Vermeidung aller Beschwerden festgesetzt, daß diese h. Verordnung in diesem
Puncte mit 1. November 1822 allgemein in Wirksamkeit zu
treten habe. (Regierungs-Decret für Oberösterreich vom 29.
August 1822, Z. 17,248.)

§. 104.

Für die armen Kranken wurden zwei neue Ordinations-
Normen festgesetzt. (Hofkanzlei-Decret vom 4. März 1823, Z.
6361. Regierungs-Decret vom 23. April 1823, Z. 6167.)

Die **Magnesia alba carbonica** ist auf öffentliche Kosten
nicht zu verschreiben, sondern statt dieser die **Magnesia mu-
rae venalis.** (Hofkanzlei-Decret vom 29. Mai 1838, Zahl
11,714. Regierungs-Decret für Oberösterreich vom 10. Juni
1838, Z. 17465.)

§. 105.

Den Aerzten wurde befohlen, daß sie sich überall, wo es die Noth erfordert, verwenden zu lassen und den nöthigen Beistand zu leisten haben. (Cabinet=Schreiben vom 18. Jänner 1832. Regierungs=Decret für Oberösterreich vom 18. Februar 1832, Z. 2636.)

§. 106.

Für die wundärztlichen Verrichtungen wurde in Oberösterreich der mit dem h. Regierungs=Decrete vom 23. September 1823, Z. 21,064, für Findlinge festgesetzte Tarif auf alle übrigen Heilkosten Anforderungen der Aerzte und Wundärzte, ob nun die Vergütung aus dem Staatsschatze, oder aus einem Comunal=Fonde geleistet wird, als Norm ausgedehnt. (Regierungs=Decret vom 2. März 1832, Z. 10,221.)

§. 107.

Ueber die ärztliche Behandlung armer Kranken wurde mit dem Regierungs = Decrete vom 16. November 1833, Zahl 21,884, für Oberösterreich Folgendes vorgeschrieben:

Die Landesstelle ist zur Ueberzeugung gelangt, daß der übliche Vorgang bei der Betheilung der armen Kranken mit Medicamenten drei hauptsächliche, einen übermäßigen Kostenaufwand herbeiführende Gebrechen an sich habe, nämlich eine überhandgenommene verschwenderische Verordnung von nur allzu oft ganz unnöthigen Arzneien, ferner die Betheilung vieler Individuen mit Medicamenten auf Rechnung der Fonde und Comunitäten, bei denen der erforderliche Grad der Mittellosigkeit keineswegs mit jener Strenge erhoben, und höchst selten mit jener Genauigkeit nachgewiesen ist, welcher das gesetzliche Recht zu Ansprüchen auf den Genuß dieser Wohlthat zu begründen im Stande ist, endlich aber eine nicht hinreichend aufmerksame Controle des gesammten Verfahrens.

Rücksichtlich der Arznei = Verschreibung besteht die gemessenste, jedoch bisher wenig beobachtete Vorschrift vom 23. April 1823, Z. 6167 (wurde deren Beobachtung mit dem Regierungs=Decrete vom 25. Februar 1834, Z. 5714, abermals eingeschärft), welche ausdrücklich anbefiehlt, daß sämmtliche Aerzte und Wundärzte bei der Behandlung epidemischer Kranken, Venerischer, oder auch dann, wenn die Arzneikosten von einer Gemeinde, oder aus dem Armeninstitute bestritten werden, nach der mit obiger Verordnung kund gemachten Ordinations=Norm sich zu benehmen haben. Diese ist, seltene Aus=

nahmen abgerechnet, durch eine mehr als zehnjährige Erfahrung als völlig hinreichend und brauchbar anerkannt, sehr bequem, einfach und wohlfeil, somit den Heilzwecken, gleichwie den billigen Sparungs = Rücksichten durchgehends entsprechend.

Dem zu Folge werden also die k. k. Kreisämter beauftragt, sämmtliche zur Behandlung armer Kranken auf öffentliche Rechnung berufene Aerzte und Wundärzte unverzüglich mit einem Abdrucke obiger Ordinations = Norm zu betheilen, und nachdrücklich anzuweisen, daß ein jeder von ihnen die für Arme erforderlichen Medicamente um desto gewisser nach besagter Vorschrift überhaupt wo möglich nur einfache und wohlfeile Arzneien zu verordnen habe, als sonst der seiner Zeit ausgemittelte Mehraufwand der Kosten unnachsichtlich von dem Schuldtragenden hereingebracht wird.

In Anbetracht der Fürsorge, daß nur wahrhaft Arme mit Medicamenten auf öffentliche Rechnung betheilt werden, so wie mit Bedachtnahme auf den dießfälligen Vorgang, die nachherige Verrechnungs = Methode und ihre angemessene Controlle werden nachstehende Verordnungen getroffen:

Die unentgeldliche Vertheilung von Arzneien hat von nun an bei solchen Individuen Statt zu finden, welche sich vorschriftmäßig auszuweisen im Stande sind, daß es ihnen unmöglich sei, die nöthigen Medicamente aus eigenen Mitteln sich beizuschaffen, endlich aber, daß diese Kosten von Jenen keineswegs bestritten werden können, welche nach den bestehenden Vorschriften für den Kranken zu sorgen haben, wie z. B. Aeltern für ihre Kinder und so gegenseitig, ferner die Dienstgeber für ihre Dienstleute, die Zünfte, Innungen, Corporationen, Künstler, Fabrikanten und Professionisten für ihre Mitglieder, Gesellen, Jungen, Arbeiter, Arbeiterinnen u. s. w. Demnach haben einen giltigen Anspruch auf die unentgeldliche Arznei = Verabfolgung bloß:

a) Personen, welche eine Betheilung aus einem öffentlichen Armen- oder Wohlthätigkeitsfonde genießen, und die Familienglieder eines derlei Pfründners, wenn dieselben in einer Haushaltung zusammen leben;

b) alle jene Individuen, welche nur vom Taglohne oder vom täglichen Erwerbe leben, jedoch zu keiner Corporation, Zunft oder Innung gehören, weder Professionisten, Künstler oder Fabrikanten, sonst vermögenslos sind, und die Heilkosten in Erkrankungsfällen aus dem Ertrage ihres täglichen Lohnes oder Erwerbes zu bestreiten nicht vermögen, gleichwie endlich auch die Familienglieder solcher Individuen, sobald sie beisammen leben.

c) Gesellen, Jungen, Arbeiter u. s. w. von dürftigen Künstlern und Professionisten, die zu keiner Corporation, Zunft oder Innung gehören, wenn sie selbst unvermögend sind, die Arzneikosten aus eigenen Mitteln zu bestreiten.

d) Alle Individuen, welche zu den Familien der Glieder, Gesellen, Jungen ꝛc. von Corporationen, Zünften, Innungen, Künstlern, Professionisten und Fabrikanten gehören, in so ferne weder sie selbst, noch ihre Familienhäupter die Arzneikosten aus eigenen Mitteln zu tragen im Stande sind; endlich

e) dienstlose arme Dienstboten, arme Dienstleute dürftiger Dienstgeber, und die Familienglieder dieser Dienstleute, wenn bei denselben die ad d) bemerkten Verhältnisse eintreten.

Jeder Arme, welcher auf die unentgeltliche Medicamenten-Verabfolgung Anspruch macht, hat sich wegen der hierzu erforderlichen gedruckten Anweisung an seinen Seelsorger und Armenvater zu wenden, welche dieser, sobald der Bittsteller nach den eben erwähnten Bestimmungen zur unentgeltlichen Arznei-Betheilung geeignet ist, auszustellen, und jener zu bestätigen hat, doch bleiben beide für die Richtigkeit ihrer Angaben verantwortlich. Mit dieser Anweisung begibt sich dann der Arme, oder jemand von seinen Angehörigen zu dem Arzte, welcher nach genauer Untersuchung des Kranken die erforderliche Arznei verschreibt, und auf dem Recepte ganz oben die fortlaufende Zahl des Protokolls über die armen Kranken, den Vor- und Zunamen des Kranken, dessen Pfarrbezirk, den Wohnort und dessen Hausnummer anzumerken hat.

Das Recept wird sammt jener Anweisung in die Apotheke gebracht, damit beide zu gehöriger Zeit der Rechnung beigeschlossen werden können. In sehr dringenden Fällen, wenn nämlich Gefahr am Verzuge haftet, hat der Arzt die erforderlichen Arzneien, sobald er den Kranken als dürftig erkennt, alsogleich auf Rechnung der Armencasse vorzuschreiben, doch aber demselben oder dessen Angehörigen zur Beibringung der vorschriftmäßigen Anweisung, welche auch selbst der Apotheker längstens binnen 24 Stunden zu fordern verpflichtet ist, anzuhalten. Die Quantitäten des Maßes und Gewichtes der Arzneien sind mit vollständig ausgeschriebenen Worten in den Recepten auszudrücken. Da die jedesmalige Anordnung eines zweckmäßigen Heilmittels auch die jedesmalige Kenntnißnahme des Krankheitszustandes voraussetzt, welche der Arzt ohne persönliche Untersuchung desselben nicht erlangen kann, so versteht es sich von selbst, daß er dem Kranken nie etwas verschreiben oder auch nur wiederholen lassen dürfe, ohne ihn vorläufig von Fall zu Fall gesehen und untersucht zu haben. Aufrechnungen von Gläsern, Ziegeln und Stöppeln dürfen bei derlei Arznei-Lieferungen nur dann Platz greifen, wenn die Arznei zum ersten Male verabreicht wird; überdieß sind keine anderen als nur grüne Gläser zu verwenden. Die etwaige Wiederholung einer Arznei kann bei sonstigem Verluste der Bezahlung nur in Folge eines vom ordinirenden Arzte eigenhändig ausgefertigten Repetitions-Zettels Statt finden.

Der zur unentgeldlichen Verabreichung von Arzneien an arme Kranke berufene Arzt oder Wundarzt hat jahresweise ein genaues Protokoll zu führen. In diesem Protokolle ist die fortlaufende Zahl des Kranken, dessen Vor- und Zuname, Alter, Stand, Wohnort mit Angabe der Hausnummer, der Tag des Eintrittes vom Kranken in die Behandlung, dessen Krankheit, endlich aber der Tag und die Art des Austrittes aufzuzeichnen. Diese Protokolle sind unmittelbar dem Sanitäts-Hauptberichte beizulegen. Jeder solche Arzt oder Wundarzt ist verpflichtet, die von ihm verordneten Arzneien von Zeit zu Zeit unvermuthet in den Wohnungen der Kranken und auch in den Apotheken zu untersuchen, ferner darauf zu sehen, daß die Medicamente in der vorgeschriebenen Quantität und Qualität, nicht minder endlich mit der nöthigen Signatur versehen, den Parteien ausgefolgt werden. Die Signatur muß nämlich so beschaffen sein, daß sie den Vor- und Zunamen des Kranken, die Gebrauchs-Vorschrift, den Tag der geschehenen Ausfolgung und den Namen desjenigen, der das Medicament verfertiget hat, nachweiset. Vorschriftswidrig, unrichtig und ohne die vorgeschriebene Signatur abgegebene Arzneien sind zurückzuweisen, die bemerkten Gebrechen aber der Ortsbehörde anzuzeigen. Der die armen Kranken behandelnde Arzt muß endlich auch die Ueberzeugung einholen, daß die abgereichten Medicamente gehörig verwendet werden, jeder dießfalls bemerkte Mißbrauch ist gleichfalls zur Kenntniß der Obrigkeit zu bringen.

Die für arme Kranke vorgeschriebenen und vorschriftmäßig mit Ziffern tarirten, sodann nach den einzelnen Kranken zusammengereiheten, endlich aber hiernach in zeitgemäßer Aufeinanderfolge geordneten Recepte sind nebst den Anweisungen mittelst einer eigenen Kostenrechnung vierteljährig vorzulegen.

Jeder nach dem Ablaufe eines Quartals nicht geheilte arme Kranke muß in der Regel beim Anfange des nächstfolgenden

Jahresviertels zum Behufe der unentgeldlichen Erlangung der Arzneimittel eine neue Anweisung in die Apotheke beibringen, und dazu auch verhalten werden. Eine Ausnahme hiervon kann nur Statt finden, wenn ein Armer am 20. oder einem späteren Monatstage vor dem Ende eines Quartals erkrankt, und mit dessen gänzlichem Schlusse noch im Krankenzustande verbleibt. In einem solchen Falle ist die Vergütung der Arzneikosten für den betreffenden Kranken erst im folgenden Quartale anzusprechen, und deßhalb in dem Conto des nächstfolgenden Jahresviertels einzubeziehen.

Die einzelnen Rubriken dieser Conten sind:

a) Die fortlaufende Zahl des Kranken;

b) Vor- und Zuname;

c) die fortlaufende Zahl der Recepte für jeden einzelnen Kranken;

d) das Datum von jedem Recepte;

e) die Form der Arznei;

f) der Geldbetrag der einzelnen Recepte;

g) der Gesammtbetrag der Arzneikosten für jeden einzelnen Kranken, und

h) ein freier Raum für die vom behandelnden Arzte oder Wundarzte anzusetzende Benennung der Krankheit eines jeden von ihm besorgten Kranken.

Ist letzterer aller Orten beigefügt, das Ganze vom Arzte richtig befunden, und auch von demselben unterfertigt worden, so wird die Rechnung sammt den Beilagen längstens binnen 14 Tagen nach dem Ablaufe eines jeden Solar-Quartals den Vorstehern des Armeninstitutes überreicht, welche sie genau zu prüfen und nachzusehen haben, ob nicht etwa Recepte für Individuen sich hierunter vorfinden, welche auf den unentgeldlichen Medicamenten-Bezug kein Recht haben; von Seite des Armen-Institutes ist ferner die Ueberzeugung einzuholen, ob die angeführten Arzneien auch richtig an die genannten Armen verabfolgt worden seien, und diese Rechnung hiernach mit den angemessenen Bemerkungen, jedenfalls aber, mit den Unterschriften der Armenväter oder ihrer Ausschußmänner, des Seelsorgers und des Orts- oder Gemeinde-Vorstandes versehen, dem obrigkeitlichen Amte und von diesem nach genauer Prüfung dem k. k. Kreisamte vorzulegen.

Diese Rechnungen sind alsbann dem betreffenden Districts-Arzte zur Revision zu übergeben, welcher das genaueste Augenmerk darauf zu richten hat, ob die Rechnungen selbst vorschriftmäßig bearbeitet, gehörig bestätiget, und mit den nöthi-

gen Beilagen versehen seien; ferner, ob die vorliegenden Be-
stätigungen auch ohne Bedenken als richtig und geltend angenommen werden können; waltet dießfalls ein Anstand ob, so
hat der Bezirksarzt die noch etwa nöthigen Erhebungen durch
das k. k. Kreisamt anzusuchen. Außerdem ist es seine unmittelbare Obliegenheit, die Ueberzeugung einzuholen, ob und in
wie ferne die abgereichten Arzneien der Ordinations-Norm gemäß verschrieben; sodann, ob sie im Anbetrachte der Natur der
Krankheit zweckmäßig verwendet wurden; endlich ob hierbei nicht
etwa eine normalwidrige und verschwenderische Arzneiverschrei-
bung Statt gefunden habe.

Die auf solche Art revidirten Medicamenten-Conten sind
hiernach kreisweise an das Apotheker-Gremium zur vorläufigen
Prüfung der Richtigkeit der angesetzten Taxbeträge, und von
diesem an die k. k. Provinzial-Staatsbuchhaltung zu leiten,
welche jene Rechnungen nach der Ziffer zu adjustiren hat, um
sie alsdann der hohen Landesstelle vorzulegen, damit sie entweder den k. k. Kreisämtern zur Zahlungs-Anweisung zurückgesendet, oder im Falle, als der liquide Betrag die Summe von
25 fl. übersteigt, laut der dießfalls bestehenden Vorschrift, an
die k. k. Hofbuchhaltung der politischen Stiftungen zur taxmä-
ßigen Adjustirung übermittelt werden.

In specieller Berücksichtigung der k. k. Hauptstadt Linz findet die k. k. Regierung insbesondere anzuordnen, daß, weil die
Pflege der hierortigen armen Kranken vorzüglich den Stadt-
ärzten, so wie dem Stadtwundarzte obliegt, auch nur diese berechtigt sein sollen, die für arme Kranke nöthigen Arzneien
auf Rechnung des Armeninstitutes nach obigen Bestimmungen
zu verordnen, so zwar, daß bloß in der That dringende und
gefahrdrohende Fälle ausgenommen, wobei der nächste Arzt oder
Wundarzt herbeizurufen ist, und ohne weiters ermächtiget wird,
die erforderlichen Medicamente auf gemeine Kosten unverzüglich,
jedoch unter der Bedingung vorzuschreiben, sogleich einen der
Stadtärzte oder den Stadtwundarzt holen zu lassen, und diesem
den Kranken zur ferneren Obsorge zu übergeben, die Stadtärzte und der Stadtwundarzt sind ausschließend jene, welche das
Recht besitzen, die unentgeldliche Betheilung der Armen mit Arzneien zu verfügen.

§. 108.

Mit dem hohen Hofkanzlei-Decrete vom 16. Juli 1829, Z.
18,191, 10. November 1836, Z. 29,351, und den Regie-
rungs-Decreten für Oberösterreich vom 9. August 1829, Z.

22,563, u. 30. Mai 1836, Z. 16778, wurde angeordnet, daß alle auf Rechnung des Aerars oder der öffentlichen Fonde zur Zahlungs-Anweisung vorkommenden Arznei-Conten, wenn sie stets bleibende Anstalten betreffen, ohne Unterschied des Betrages, wenn sie sich aber auf Epidemien und Epizootien, oder andere zufällige Krankheiten gründen, sobald sie den Betrag von 25 fl. CM. überschreiten, nach vorhergegangener Einsicht des Landes-Protomedicus in Bezug auf die anbefohlene Revision der Districts- und Kreisärzte **quo ad lineam medicam,** welche Klausel mit dem Beisatze „mit oder ohne Bemänglung" auf den Recepten, nach dem h. Hofkanzlei-Decrete vom 20. August 1832, Z. 19,252, nicht fehlen darf, und vorgenommener Adjustirung **quo ad calculum** von Seite der k. k. Provinzial-Staatsbuchhaltung der Hofbuchhaltung polit. Fonds zur normalmäßigen Censur **quo ad taxam** unmittelbar einzusenden seien.

Wenn gleich die Armeninstitute hinsichtlich der Controlle ihrer Aufrechnungen unter die Rechnungs-Gegenstände, womit in der Regel die k. k. Provinzial-Staatsbuchhaltung nicht belastet ist, gehören, so werden doch hinsichtlich der Adjustirung der dießfälligen Arznei-Aufrechnungen alle jene Directiven und insbesondere in Absicht auf die Revision **quo ad lineam medicam** beachtet, die für Arznei-Rechnungen, welche aus öffentlichen Fonden bezahlt werden, überhaupt bestehen, und es kann nicht angehen, daß hierbei rücksichtlich der Adjustirung **quo ad calculum** und der Censur **quo ad taxam** eine Abweichung Platz greife, indem gerade diese Armenfonde des Schutzes der Staatsverwaltung gegen allfällige, nur durch die Adjustirung von Seite der in der oberwähnten Normal-Vorschrift bestimmten Behörden entdeckbare Bevortheilungen bei den bezüglichen Arznei-Aufrechnungen bedürfen.

Den Doctoren der Medicin, den Wundärzten und Apothekern werden für die Behandlung der armen Kranken die Arznei- und Deservitenkosten erst nach der vollendeten Adjustirung dieser Rechnungen von Seite der politischen Fonds-Buchhaltung berichtiget. Nur in außerordentlichen Fällen können nach vollendeter kreisämtlicher Revision die Armen-Curkosten zu ⅔ vorausbezahlt werden. (Regierungs-Decret für Oberösterreich vom 9. April 1841, Z. 2558.)

Alle der Censur der k. k. Hofbuchhaltung politischer Fonde unterstehenden Rechnungsleger, beziehungsweise Medicamenten-Verabreicher, haben in ihren Recepten und Ordinations-Zetteln bei jedem einzelnen Arznei-Artikel, woraus ein Arznei-

9 *

mittel zusammengesetzt ist, so wie bei den pharmaceutischen Ar=
beiten und den gelieferten Gefäßen künftig den tarmäßigen Be=
trag beizusetzen, und diese einzelnen Beträge receptweise zu
summiren. (Hoffanzlei=Decret vom 29. September 1842, Z.
17,081. Regierungs=Decret für Oberösterreich vom 17. Oct.
1842, Z. 29,174, et vide §. 129.)

II. Abschnitt.

Behandlung armer Kranker in den Krankenhäusern.

§. 109.

Zur Aufnahme in die öffentlichen Krankenanstalten sind
alle Kranken ohne Unterschied des Standes, Geschlechtes und
der Religion geeignet; nur die mit langwierigen und unheil=
baren Krankheiten behafteten sind davon ausgeschlossen. Da
diese Anstalten nicht bloß zur Unterbringung armer Kranken
bestimmt sind, sondern auch wohlhabenden Kranken, welche
nach ihren persönlichen Verhältnissen sich zu Hause keine Pflege
verschaffen können, nützen sollen, so geschieht die Aufnahme
theils gegen Bezahlung, theils unentgeldlich.

Alle wahrhaft Armen, welche in loco gebürtig, oder
durch 10 Jahre daselbst ununterbrochen ansäßig sind, wenn
sie keine wohlhabenden Verwandten in auf= oder absteigender
Linie haben, werden auf die Zeugnisse über ihre Mittellosig=
keit von den Pfarrern und Armenvätern unentgeldlich aufge=
nommen; eben so hat die Polizei alle armen unterstandlosen
Personen, welche irgendwo krank gefunden werden, in das
Krankenhaus zu schaffen, jedoch sind die Gemeinden, welchen
sie angehören, für solche die Verpflegsgebühren zu berichtigen
verpflichtet. Die Armen, welche den Genuß aus dem Armen=
oder einem anderen Versorgungs=Institute beziehen, müssen
solchen während ihrer Krankheit dem Krankenhause überlassen.
Mehrere Innungen bezahlen an die Krankenhäuser jährliche
Pauschalbeträge, wofür ihre kranken Mitglieder, Gesellen, Jun=
gen und Arbeiter sodann unentgeldlich verpflegt werden.

Wo keine Pauschalbeträge bezahlt werden, müssen die In=
nungen, Künstler, Fabrikanten, Dienstherren für ihre Gesellen,
Jungen, Dienstboten die erlaufenen Kosten entweder ganz, oder
doch gewiß auf ein Monat die Verpflegskosten berichtigen, und
den Kranken Anweisungen zum Behufe der Aufnahme mitge=

ben. (Verordnungen in Niederösterreich vom 4. Mai, 28. Juli 1811, 4. Mai 1814, 13. September 1815. Allerhöchste Entschließung vom 25. October 1813.)

Laut der Hofkanzlei-Entscheidung vom 4. Mai 1840, Z. 14,110, bedarf die Verpflichtung zur Berichtigung der Verpflegskosten von Seite der betreffenden Meister und Innungen für die in öffentlichen Krankenanstalten behandelten Gesellen und Arbeiter keines besonderen Gesetzes, da die Innungen schon verfassungsmäßig für ihre erkrankten Jungen, Arbeiter und Gesellen zu sorgen haben.

Sie besteht in allen Provinzen, und gründet sich auf die a. h. Entschließung vom 25. October 1813, womit die Anträge wegen Hebung der in dem Wiener allgemeinen Krankenhause entdeckten Gebrechen und der einzuführenden Verbesserungen die allerh. Genehmigung erhielten, und worunter auch die Verpflichtung der Innungen, Fabrikanten, Professionisten und Diensthälter zur Berichtigung der Krankenhaus-Verpflegskosten für ihre erkrankten Gesellen, Jungen, Arbeiter und Dienstleute enthalten war.

Nach diesen Bestimmungen hat sich diese Verpflichtung auch auf die Gesellen, welche aus der Fremde zureisen, zu erstrecken, und es wurde mit dem an die niederösterr. Regierung aus Anlaß eines speciellen Falles erlassenen höchsten Hofkanzlei-Decrete vom 19. Juni 1834, Z. 10,431, erkannt, daß solche nach der Natur der Sache bei jenen Gesellen, die bereits in dem Orte, wo sie zuletzt in Arbeit gestanden, erkrankt waren, und sich bloß der Heilung wegen nach Wien begeben, nicht in der Art angewendet werden kann, daß die Wiener Innungen die aufgelaufenen Verpflegskosten für derlei Gesellen zu entrichten haben sollten, sondern, daß dieselben entweder von der Innung, bei welcher ihre Meister einverleibt sind, oder von den Meistern selbst ordentlich hereinzubringen seien.

(Es würde ein den angeführten Bestimmungen entgegengesetztes Verfahren nicht nur gegen die Handhabung eines gleichmäßigen Verfahrens und einer billigen Reciprocität streiten, sondern auch die Inconsequenzen herbeiführen, daß, während für die nach ob der Enns zuständigen, in den Krankenanstalten der übrigen Provinzen behandelten erkrankten Gesellen die Verpflegskosten von den betreffenden Meistern und Innungen hereingebracht werden, die Innungen und Meister in ob der Enns allein hiervon entbunden sein würden, und die Verpflegskosten für die in Krankenanstalten der Provinz ob der Enns behandelten, anderen Provinzen zuständigen Gesellen im Wege der gesetzlichen Kreisconcurrenz hereingebracht werden müßten.

Zur Vermeidung dieser Inconsequenzen bliebe nur der einzige Ausweg, wenn die Meister und Innungen von der Verpflichtung der Berichtigung der Krankenhaus = Verpflegskosten für ihre nach ob der Enns zuständigen erkrankten Gesellen enthoben, und solche im Wege der Concurrenz hereingebracht würden, was aber nur zu Unzukömmlichkeiten und vielfältigen Schreibereien die Veranlassung geben würde; es ist sonach ein gleichförmiges Verfahren zu beobachten. (Regierungs = Decret für Oberösterreich vom 20. Juni 1840, Z. 16,300, und 17. März 1842, Z. 1576.)

§. 110.

Zur unentgeltlichen Aufnahme in das allgemeine Krankenhaus ist jedesmal ein Meldzettel von dem Pfarrer erforderlich. Bei Kranken, welche ohnehin in der Versorgung des Armen= Institutes stehen, kann dieser Meldzettel ohne eine weitere Untersuchung ausgestellt werden; bei den übrigen mittellosen Kranken aber haben die Pfarrer entweder selbst, oder durch die Armenväter die Mittellosigkeit in zweifelhaften Fällen zu untersuchen.

Bloße Zeugnisse von den Hauseigenthümern oder Grundgerichten sind unzureichend. (Verordnung in Wien vom 16. October 1790, in Grätz vom 12. November 1792.)

In Wien muß der pfarrliche Meldzettel vorher noch dem Bezirksarzte vorgewiesen, und von diesem untersucht werden, ob der Kranke nicht zur bezirksärztlichen Untersuchung geeignet sei, in welchem Falle der Pfarrer hiervon, wegen der Unterstützung aus dem Armeninstitute, verständiget wird. Findet der Bezirks= arzt die Unterbringung im Krankenhause nothwendig, so hat er die Ursachen hiervon auf dem Rücken des Meldzettels zu bemerken.

Den Seelsorgern und Armenvätern ist bei der Ausstellung der Meldzettel die größte Gewissenhaftigkeit zur Pflicht gemacht, damit nicht wirklichen Armen die ihnen zugedachte Hilfe entzogen, und anderen Personen zugewendet werde. Der auf solche Art ausgestellte Meldzettel wird der Oberdirection des allgemeinen Krankenhauses übergeben, und nach genehmigter Aufnahme der arme Kranke in das Krankenhaus angewiesen, oder nach Umständen auch mit einem Tragsessel oder einer Tragbahre unentgeltlich abgeholt. Bei unvorhergesehenen Unglücksfällen, die eine schleunige Hilfe und Rettung erheischen, können die verunglückten Personen auch ohne Beobachtung der beschriebenen Förmlichkeiten in das Krankenhaus überbracht, und die übrigen Umstände von der Direction später eingeholt werden. (Verordnung vom 30. April und 16. Juni 1803 für Wien. Nachricht vom böhmischen Gubernium vom 11. November 1790. Kundmachung in Steyermark vom 13. Jänner 1796.)

§. 111.

Die innere Einrichtung und Verfassung der Krankenhäuser ist dem Bedürfnisse der dahin gebrachten hilfsbedürftigen Personen durchaus angemessen. Die Kranken erhalten daselbst die nöthigen Wäsch- und Kleidungsstücke; die von ihnen abgelegten Kleidungen und Baarschaften werden von der Verwaltung aufbewahrt. Die Gänge und Wege des Hauses sind zur Nachtszeit erleuchtet; für jeden Kranken ist in den großen Krankensälen eine eigene geräumige Bettstelle bestimmt, deren jede durch einen Raum von wenigstens 2 Schuhen von den nächsten gesondert und mit den nöthigen Bettstücken, welche rein zu halten sind, versehen ist. Zwischen den Betten befinden sich offene Schränke für die Kranken zur Aufbewahrung der Arzneien und anderer Bedürfnisse; in den Stuben ist für die nöthige häusliche Einrichtung, so weit solche entweder zur Bedienung der Kranken, oder zur ärztlichen Ordination u. s. w. nothwendig ist, gesorgt. Die Verwaltung des Hauses sorgt zugleich für die Pflege, Nahrung, für die Wäsche der Kranken, für die Heizung und Säuberung der Krankensäle und Zimmer, und befolgt hierin außer der allgemein eingeführten Ordnung auch die besonderen Vorschriften des Arztes oder Wundarztes, welche bei der täglichen Ordination gegeben werden. Diejenigen Stuben, in welche einzelne oder mehrere Personen gegen höhere Bezahlung aufgenommen werden, sind zwar mit ähnlichen, jedoch feineren und schöneren Einrichtungen, Speis- und Trinkgeschirren, und Bettgewande versehen. Ueberall sind die Geschlechter abgesondert; auch für die Schule zum practischen Unterrichte angehender Mediciner ist ein besonderer Raum angewiesen, und zum Besuche der Kranken sind für Auswärtige gewisse Stunden festgesetzt. (Kundmachung des steyrischen Guberniums vom 13. Jänner 1796. Hofdecret vom 1. September 1816.)

§. 112.

In den verschiedenen Krankenhäusern ist die ihrem Umfange angemessene Anzahl von Personen für die ärztlichen, ökonomischen und religiösen Bedürfnisse der Kranken aufgestellt.

In den Krankenhäusern sind unter der Oberdirection mehrere, der Menge der vorhandenen Kranken entsprechende, besoldete Aerzte und Assistenten, von welchen wenigstens einer als Hausordinarius im Hause zu wohnen, und die Aufsicht über alle medicinischen Gegenstände zu führen hat. Vermög der ihm ertheilten Instruction hat derselbe die im Hause eingeführten Ordinationsstunden mit den Secundärärzten zu halten; die schwächeren Kranken, ohne Unterschied, ob sie zahlen, oder unentgeldlich aufgenommen sind, öfters im Tage zu besuchen; über Ordnung und Reinlichkeit in den Krankenstuben zu wachen; auf die gute Beschaffenheit und die vorgeschriebene Abreichung der Arzneien zu sehen, die Krankenwärter und Wärterinnen zur genauen Erfüllung ihrer Pflichten zu verhalten, und jedes ordnungswidrige Verfahren zu rügen. Zur Heilung der chirurgischen Kranken sind besoldete Wundärzte und mehrere Unterchirurgen bestimmt. Der erste Wundarzt hat in Ansehung seiner Kranken-Abtheilung, vermög seiner Instruction, dieselben Pflichten, welche dem Hausarzte obliegen. Für die vorzüglichen chirurgischen Operationen, welche der erste Wundarzt stets selbst vorzunehmen hat, ist ein ganz abgesondertes Zimmer bestimmt.

In Wien wurde den Secundär-Aerzten und Wundärzten eine umständliche Instruction über ihre Amtspflichten mitgetheilt. Die Krankenwärter und Wärterinnen, welche nach der Anzahl der männlichen und weiblichen Kranken in alle Krankensäle vertheilt sind, haben die Kranken nach der ihnen ertheilten Vorschrift des Arztes zu besorgen, über die Reinhaltung derselben und aller vorhandenen Geräthschaften zu wachen, und die nächtlichen Wachtstunden abwechselnd zu halten. Allen zum Beistande und zur Besorgung und Bedienung der Kranken angestellten Aerzten, Wundärzten, Beamten und Wärtern ist eine anständige, liebevolle Behandlung derselben zur Pflicht gemacht, und insbesondere den Wärtern unter keinem Vorwande gestattet, irgend eine Belohnung von den Kranken zu verlangen. Sollte der Kranke eine unanständige Behandlung oder Geldforderungen erfahren müssen, so hat er solches bei der täglichen Ordination zu melden, damit die nöthige Untersuchung eingeleitet werde. Jedes Krankenhaus ist ferner mit einer eigenen Apotheke versehen. Zur ökonomischen Verwaltung der sämmtlichen öffentlichen Versorgungs-Anstalten ist ein Verwalter mit dem nöthigen Kanzlei-Personale angestellt, welchem alle Rechnungs-Gegenstände über Einnahme und Ausgabe, die Führung der Aufnahms- und Austritts-Protokolle, die Ausfertigung der Ausschnittzeichen, die Vorbereitung der Bettstellen für neu Ankommende, die Säuberung und Reinigung der Wäsche, Kleidungsstücke, die Anschaffung und Ausbesserung derselben und aller übrigen Einrichtungen, so wie die Evidenzhaltung des jedesmaligen Krankenstandes, die Aufsicht über sämmtliche Material- und Speisvorräthe u. s. w. aufgetragen sind. Daher sind ihm der Koch, die Waschmeisterinn, die Hausknechte, Portiere und andere geringere Hausdiener untergeordnet. Zur geistlichen Hilfe befindet sich ein katholischer Seelsorger im Hause; den übrigen Religionsverwandten ist erlaubt, sich die Diener ihrer Religion rufen zu lassen, welche den Kranken ohne alle Einschränkung beistehen können. (Verordnung vom 24. October 1804. Kundmachung in Steyermark vom 13. Jänner 1796, in Wien vom 20. Juni 1784.)

§. 113.

Die Entlassung aus dem Krankenhause wird erst dann gestattet, wenn der Arzt oder Wundarzt den Kranken für ganz hergestellt erklärt. In diesem Falle erhält der Austretende die von dem Verwalter in Verwahrung übernommenen Kleidungsstücke und Geräthschaften zurück, und wenn er zu einer zahlenden Classe gehört, wird sogleich mit der Kanzlei die nöthige Abrechnung gehalten. Vor der völligen Genesung wird Niemand zum Austritte genöthiget; sollte aber ein noch ungeheilter Kranker seine Entlassung mit Ungestüm und Zudringlichkeit fordern, so muß er es sich selbst zuschreiben, wenn er in einem künftigen Erkrankungsfalle in das Krankenhaus, dessen Wohlthaten er verkannt hat, nicht mehr aufgenommen wird. Kranke Schwangere, welche ihrer Entbindung nahe sind, werden aus dem allgemeinen Krankenhause in das Gebärhaus, Kranke aber, deren Uebel von dem Arzte als unheilbar oder sehr langwierig erkannt wird, müssen in das Siechenhaus, und solche, bei welchen sich Spuren des Wahnsinns äußern, in das Tollhaus übersetzt werden. Die im Krankenhause Verstorbenen werden in die daselbst errichteten Todtenkammern geschafft. Es steht jedem Kranken frei, seine letzte Willenserklärung nach eigenem Verlangen zu veranstalten. Die Verwandten eines Verstorbenen können die Beerdigung desselben auf eine beliebige Weise veranlassen, wovon sie aber die Kanzlei früher verständigen müssen.

Die unentgeldlich Aufgenommenen werden nach ihrem Hinscheiden auch unentgeldlich beerdigt. (Verordnung vom 4. Mai 1814.)

§. 114.

Auch für die Pflege kranker Arrestanten ist gesorgt. In dem Zuchthause zu Wien wurden bereits im Jahre 1784 besondere

Krankenzimmer eingerichtet. Die Aufsicht und die ärztliche Behandlung der im Arrestanten-Spitale verpflegten Kranken wurde
dem ersten Stadtphysikus übertragen und ihm darüber eine eigene Instruction ertheilt. Unter der Leitung desselben sind die
nöthigen Unterärzte angestellt. Die Arzneien sollen für dieses
Spital entweder aus der Apotheke des allgemeinen Krankenhauses oder einer andern bürgerlichen Apotheke genommen werden.
Die weiblichen Gefangenen, wenn sie schwanger sind, werden
in das Polizei-Stockhaus übersetzt, um daselbst mit Hilfe der
Stadthebamme entbunden zu werden. Die noch in der Untersuchung befindlichen kranken Gefangenen müssen aber in ihrem
Gefängnisse behandelt werden, weil ihnen jede Gelegenheit, mit
jemand zu sprechen, entzogen bleiben muß. Zur Bedienung,
Wäsche und Küche werden weibliche Gefangene verwendet. Der
den Arrestanten für jeden Tag ausgemessene Verpflegsbetrag
fällt während ihrer Krankheit dem Spitale zu. Eine ähnliche
Absonderung und Verpflegung der kranken Gefangenen wurde
auch auf dem Spielberge bei Brünn und in den meisten großen
Städten angeordnet. (Unterricht für den Stadtphysikus in Wien
vom 26. September 1795. Verordnung vom 16. April und 1.
Juni 1784.)

§. 115.

Die öffentlichen Krankenanstalten werden durch die wohlthätige Wirksamkeit der ehrwürdigen Orden der barmherzigen Brüder und Schwestern und der Elisabethinerinnen in den österreichischen Staaten kräftig unterstützt. Die Aufnahme und Pflege
in ihren Spitälern ist durchaus unentgeldlich; weder Ausländer, noch andere Religionsgenossen sind davon ausgeschlossen.
Die Spitäler dieser Orden ersetzen auf dem Lande häufig den
Abgang öffentlicher Krankenanstalten. Sie sind mit den nöthigen Aerzten, Wundärzten und Apotheken versehen; die daselbst
angestellten Aerzte sind, vermög einer Verordnung in Wien,
eben so wie in einem andern Krankenhause verpflichtet, ihre
Ordinationen täglich zu einer bestimmten Stunde vorzunehmen.
(Verordnung vom 11. März 1796.)

§. 116.

Für die Kranken jüdischer Nation besteht endlich in Wien
ein besonderes Krankenhaus, unter dem Namen des Juden-
Spitals, wohin die fremden und einheimischen Juden in Krankheitsfällen theils unentgeldlich, theils gegen eine mäßige Bezahlung aufgenommen werden. Diese Anstalt verdankt ihr Dasein
den Spenden mehrerer wohlthätiger Israeliten, und erhält sich

auch noch zum Theile durch die wohlthätigen Beiträge der jü=
dischen Familien in Wien. Die Aufsicht darüber führen die Ver=
treter der Judenschaft, durch eine ihnen von der niederöſterrei=
chischen Regierung ertheilte Inſtruction. Zur Organiſirung dieſes
Hoſpitals erhielt daſſelbe eine den übrigen Krankenanſtalten
ähnliche Einrichtung.

§. 117.

Neben dieſen öffentlichen Anſtalten zur Pflege und Heilung
der Kranken bildeten ſich auch einzelne Privatgeſellſchaften, de=
ren Mitglieder ſich zur wechſelſeitigen Unterſtützung in Krank=
heiten verbunden, und eine Art Geſundheits=Aſſecuranz gebil=
det haben.

Bereits im Jahre 1772 entſtand eine ſolche Anſtalt für
Weltprieſter in Wien, welche die allerhöchſte Beſtätigung unter
dem Beiſatze erhielt, daß niemand zum Beitritte gezwungen
werden kann. Dieſes Inſtitut beſitzt in Wien ein eigenes Haus,
wohin die erkrankten Mitglieder auf ihr Verlangen gebracht
und verpflegt werden. Mitglieder, welche entweder wegen zu
weiter Entfernung, oder wegen ihres Krankheitszuſtandes nicht
in das Haus übertragen werden können, erhalten auf das ein=
gebrachte ärztliche Zeugniß bis zu ihrer Geneſung einen tägli=
chen Geldbetrag, der bei der Gründung dieſes Inſtitutes auf
30 kr. täglich feſtgeſetzt war. Der Geldbeitrag eines Mitgliedes
war urſprünglich auf 4 Gulden feſtgeſetzt.

Eine ähnliche Beſtimmung und Verfaſſung hat das in Wien
beſtehende Privatinſtitut für kranke und dienſtunfähige Hand=
lungsdiener, auf deren Verpflegs=Beiträge kein Verbot gelegt
werden darf. (Verordnung vom 1. Juli 1784, 3. April 1786,
1. März 1789, 11. Auguſt 1796.)

§. 118.

Da von den auswärtigen Regierungen für die Verpflegung
öſterreichiſcher Unterthanen in den dortigen Krankenanſtalten
keine Verpflegskoſten eingefordert werden, ſo wurde von der h.
Hofkanzlei mit Decret vom 31. Mai 1827, 3. 12,312, ange=
ordnet, daß die für die Verpflegung der Ausländer in den hier=
ländigen Krankenanſtalten erlaufenen Koſten, in ſo ferne ſich
ſelbe nicht zur Bedeckung auf eine andere Weiſe eignen, gleich=
falls in Abſchreibung zu bringen ſind. (Regierungs=Decret für
Oberöſterreich vom 17. Juni 1827, 3. 15,052.)

Hat aber der betreffende Fond Abgänge, ſo deckt ſolche
Verpflegskoſten die allgemeine Landes = Concurrenz. (Regie=

rungs = Decret für Oberösterreich vom 13. August 1830, Z. 16215.)

§. 119.

Hinsichtlich der ungarischen Unterthanen wurde mit allerh. Entschließung vom 19. Jänner 1834 und dem h. Hofkanzlei= Decrete vom 6. Februar 1834, Z. 2316, angeordnet, daß von diesen in die Kranken = oder Irrenanstalt aufgenommenen Individuen der volle Ersatz der Verpflegskosten geleistet werden muß. (Regierungs=Decret für Oberösterreich vom 21. Februar 1834, Z. 5301.)

Mit der allerh. Entschließung vom 28. April, Hofkanzlei= Decret vom 12. Mai 1838, wurde angeordnet, daß hinsicht= lich der Kranken reciproc bei Zahlungsunfähigkeit die unent= geltliche Behandlung mit einziger Ausnahme der Irrsinnigen eintritt, welche, da in Ungarn keine Irrenanstalten sind, die Verpflegskosten vergüten müssen.

Diese Bestimmung erhielt mit dem Regierungs=Decrete vom 25. October 1838, Z. 24,285, folgende Modificationen:

1) Wenn kranke Unterthanen aus Ungarn in den hierlän= digen Krankenanstalten behandelt und verpflegt werden, so ist die Erhebung der Vermögens = Verhältnisse jedes betroffenen Individuums auch in dem Falle im Wege der ob der ennsischen Regierung und beziehungsweise der kön. ungarischen Hofkanzlei einzuleiten, wenn dasselbe angibt, daß solches, so wie die zu seiner Erhaltung berufenen Personen zahlungsunfähig sind.

In derlei Fällen ist jedesmal durch die Unterbehörde eine vollständige Vernehmung der Kranken aus Ungarn über ihre und ihrer Angehörigen Vermögens = Verhältnisse, so wie über ihr Nationale zu bewirken, und die Vernehmungs = Protokolle nebst den vom Kreisarzte geprüften Rechnungen über die Krank= heitskosten vierteljährig der Regierung vorzulegen, damit sodann auf dem Grunde dieser Vernehmungs = Protokolle die nöthigen weiteren Erhebungen, und nach dem Ergebnisse derselben auch die Einbringung der Krankheitskosten eingeleitet werden könne.

2) Wenn nun durch die im Wege der ungarischen Hof= kanzlei eingeholten Erhebungen die gänzliche Zahlungsunfähig= keit der in dortkreisigen Krankenanstalten behandelten und ver= pflegten Individuen aus Ungarn, so wie jene der zu ihrer Er= haltung Verpflichteten constatirt ist, so sind wohl in Berücksich= tigung der allerh. Entschließung vom 28. April 1838, vermög welcher die gänzlich zahlungsunfähigen Kranken aus Ungarn in

den Erbländern unentgeldlich zu behandeln sind, wohl die un=
garischen Gemeinden oder der einschlägige ungarische Fond von
der Zahlung der dießfälligen Kosten enthoben; allein diese Ko=
sten sind dagegen auf die Concurrenz der fünf Landeskreise eben
so zu übernehmen, wie es in Ansehung der Heil= und Ver=
pflegskosten für die in den hierländigen Krankenanstalten be=
handelten armen Ausländer geschieht, weil vermög der mit dem
hohen Hofkanzlei=Decrete vom 22. October 1818, Z. 22,987,
eröffneten allerh. Entschließung, welche durch die vom 28. April
1838 nicht derogirt ist, die Krankeninstitute als Localanstalten
mit dem Beisatze erklärt sind, es sei die Einleitung zu treffen,
daß diesen Anstalten für Individuen, welche vom Lande oder
von anderen Provinzen in dieselben gebracht werden, die volle
Entschädigung geleistet werde, ferner die hierländigen Kranken=
anstalten für Individuen, welche vom Lande oder von anderen
Provinzen in dieselben gebracht werden, die volle Entschädigung
geleistet werde, ferner die hierländigen Krankenanstalten, mit
Ausnahme der Institute der Barmherzigen und Elisabethinerin=
nen, bloß für einzelne Gemeinden gestiftet oder errichtet worden
sind, in welche Fremde nur gegen Vergütung aller Kosten
aufgenommen werden dürfen, im vorliegenden Falle aber die
Krankheitskosten ganz analog mit jenen für arme Kranke vom
Auslande bei Erwägung aller Verhältnisse bloß auf die Con=
currenz der 5 Kreise subsidiarisch überwiesen werden können.

Es sind demnach die fraglichen Kosten für jene gänzlich
zahlungsunfähigen kranken ungarischen Unterthanen, welchen die
Verpflegung und Behandlung in den dortkreisigen Krankenanstal=
ten zu Theil wird, nach voraus zugehender Liquidirung von der
Concurrenz der 5 Kreise zu vergüten.

Was jedoch die in den Krankenanstalten der Barmherzigen
und Elisabethinerinnen behandelten armen Kranken aus Ungarn
betrifft, so tritt in der Regel, so weit es die Vermögenskräfte
dieser beiden Institute gestatten, keine Vergütung der hierfür
erlaufenen Kosten ein, weil diese beiden Orden nach ihren Sta=
tuten verbunden sind, alle in ihre Anstalten gebrachten Kran=
ken ohne Unterschied, ob solche In= oder Ausländer sind, un=
entgeldlich zu behandeln und zu verpflegen.

§. 120.

Die kais. österreichische und die königl. baierische Regierung.
sind in Gemäßheit des hohen Hofkanzlei=Decretes vom 11. Oc=
tober 1833, Z. 24,458, übereingekommen, ihren in den bei=
derseitigen Staaten erkrankenden oder verunglückenden unbemit=

telten Unterthanen gegenseitig die benöthigte Heilung und Verpflegung angedeihen zu lassen, und es wurde festgesetzt, daß,
wenn der Reisende aus eigenen Mitteln oder mittelst seiner verpflichteten Verwandten diese Verpflegskosten zu bestreiten nicht
vermag, dieselben von Stiftungs- oder Gemeinde-Cassen derjenigen Orte, wo dieselben einen Unfall erleiden, und wo dieses nicht thunlich ist, aus der Concurrenz der Kreise der Provinzen bestritten werden. (Regierungs-Decret für Oberösterreich
vom 18. Februar 1834, Z. 4087.)

§. 121.

Mit der königl. sächsischen Regierung ist folgende Uebereins
kunft geschlossen worden:

1) Die Cur- und Verpflegskosten von den erkrankten Angehörigen des einen oder des anderen Staates werden im Allgemeinen von den Stiftungs- oder Gemeindecassen derjenigen
Orte, wo dieselben einen Unfall erleiden, bestritten, ohne daß
deßhalb ein Ersatz in Anspruch genommen werden kann. Auch
wird jede Regierung die geeignete Vorkehrung treffen, daß bei
solchen Fällen jedem Anspruche der Menschlichkeit Genüge ge-
schehe, und kein Versäumniß eintrete.

2) Da jedoch diese Verbindlichkeit immer nur subsidiarisch
bleibt, so ist der verursachte Aufwand in dem Falle nach billiger Berechnung zu ersetzen, wenn entweder der betreffende Reisende den Ersatz aus eigenen Mitteln, oder wenn die nach pri-
vatrechtlichen Grundsätzen zu seiner Ernährung und Unterstützung verpflichteten Personen, nämlich seine Ascendenten und
Descendenten, oder ein Ehegatte desselben dazu vermögend sind,
was erforderlichen Falls durch ämtliche Nachfragen bei der hei-
matlichen Behörde zu erheben ist. (Verordnung **vide** nachfolgenden §.)

§. 122.

Betreffend die königl. preußische Regierung ist mit der Mi-
nisterial-Verordnung an sämmtliche Regierungen vom 20. April
1827 bereits der Grundsatz festgestellt worden, daß für die Verpflegung erkrankter hilfsbedürftiger Individuen fremder Staaten kein Ersatz zu fordern, aber auch dahin keiner zu leisten ist.
Uebrigens hat das k. preußische Ministerium zugesichert, daß in
Fällen, wo eine österreichische Behörde die Sache von der Art
finden sollte, die Erstattung der fraglichen Kosten entweder aus
dem Vermögen des Individuums oder seiner Angehörigen im
Wege Rechtens herbeizuführen, die k. preußischen Behörden in

Zuverſicht auf eine gleiche Willfährigkeit von Seite der k. k. öſterreichiſchen Behörden im umgekehrten Falle gerne bereit ſein werden, auf dießfällige Requiſiten diejenigen Erkundigungen einzuziehen und deren Ergebniß mitzutheilen, auf welche es der dießſeitigen Behörde zu jenem Zwecke ankommen dürfte. (Hofkanzlei-Decret vom 23. September 1835, Z. 24790, Regierungs-Decret für Oberöſterreich vom 6. October 1835, Z. 30075.)

§. 123.

Mit hohem Hofkanzlei-Decrete vom 29. October 1840, Z. 33,121, wurde eröffnet, daß auch die Unterthanen von Würtemberg, den Großherzogthümern Baden, Heſſen-Darmſtadt, Mecklenburg-Schwerin, Naſſau, wo die Reciprocität zugeſichert wurde, in den hierländigen Krankenanſtalten in ſo ferne unentgeldlich zu behandeln ſind, als ſie und ihre verpflichteten Verwandten zahlungsunfähig ſein ſollten. (Regierungs-Decret in Oberöſterreich vom 13. November 1840, Z. 33724.)

Dieſe unentgeldliche Behandlung der Ausländer wurde endlich mit dem h. Hofkanzlei-Decrete vom 25. September 1843, Z. 19,381, wiederholt beſtätiget. (Regierungs-Decret für Oberöſterreich vom 27. September 1843, Z. 24,810.)

III. Abſchnitt.

Von der Behandlung armer Kranker bei Epidemien.

§. 124.

Sobald von einer ausgebrochenen Epidemie oder von anderen überhand nehmenden Krankheiten die Nachricht bei dem Kreisamte, wohin ſie ſogleich zu machen kömmt, eingekommen iſt, hat dieſes ohne Verzug die Landesſtelle hiervon in Kenntniß zu ſetzen. Das Kreisamt hat ſogleich den Kreisarzt abzuſenden, der die nöthigen Maßregeln zur Hemmung des Uebels zu ergreifen, und ſeine Berichte über den Fortgang der Krankheit von 14 zu 14 Tagen, in bedenklichen Fällen aber von 8 zu 8 Tagen bis zur Beendigung der Epidemie nebſt der jedesmaligen Anzahl der Kranken und Verſtorbenen an das Kreisamt einzuſenden hat. Das Kreisamt überreicht dieſe Berichte der Landesſtelle; in Folge derſelben muß der Landes-Protomedicus die Kreisärzte durch Rathſchläge und Anordnungen unterſtützen, dieſelben, wo es nöthig iſt, in ihrem Benehmen leiten,

und durch Volksbelehrungen und durch öffentliche Kundmachung
der Heilmittel die weitere Verbreitung der Epidemie verhindern.
Bei sehr bedenklichen Fällen hat sich der Protomedicus selbst
an Ort und Stelle zu begeben, sich mit den Kreisärzten zu be=
rathen, und die erforderlichen Anstalten zu treffen. Wenn das
Kreisamt den Kreisarzt abzusenden nöthig findet, so sind die
Dominien und Unterthanen, wo die Epidemie ausgebrochen ist,
verpflichtet, denselben abzuholen; wenn hingegen der bedenkliche
Zustand dem Kreisamte nicht gestattet, hiervon die Dominien
zu verständigen, folglich das Kreisamt genöthiget ist, den Kreis=
arzt mittelst Vorspann abzusenden, so haben die Dominien und
Unterthanen die von den Kreisärzten liquidirten Vorspannskosten
zu vergüten.

Um endlich den wirklich mittellosen Unterthanen alle mög=
liche Hilfe zu verschaffen, trägt das Aerarium in mehreren Pro=
vinzen ⅔ der Arzneikosten, das letzte Drittheil haben die Grund=
obrigkeiten beizutragen. In Niederösterreich werden die armen
Kranken auf dem Lande bei Epidemien unentgeldlich mit Arzneien
versehen, welche die Kreisärzte aus einer ordentlichen Apotheke,
und nur im höchsten Nothfalle aus den landwundärztlichen Haus=
apotheken zu verschreiben und in ihrem Sanitätsberichte diejeni=
gen Armen namentlich anzuführen haben, welchen sie die Arz=
neien unentgeldlich gereicht haben. (Instruction für das Kreis=
Sanitäts=Personale vom 14. Februar 1809, §§. 18 und 19,
Instruction für die Protomediker vom 23. October 1806, §. 10,
Verordnung in Gallizien vom 2 Februar 1789, 12. Juli 1782,
in Böhmen vom 10. Jänner 1788, 17. Juli 1786, 23. Juni
1788.)

Hinsichtlich der bei Epidemien an Arme abzugebenden Me=
dicamente wurde eine Ordnung und die Vorlage vorgeschriebe=
ner Tabellen über den Krankenstand, dann der Reise=Particula=
rien angeordnet, auch sind die kostspieligen Medicamente durch
eben so wirksame wohlfeilere zu ersetzen. (Gubernial=Decret in
Triest vom 17. September 1788. Hofkammer=Decret vom 7.
November 1788. Regierungs=Decret in Oberösterreich vom 3.
Juni 1827, Z. 13,471, und 6. April 1829, Z. 1901. Hof=
decret vom 5. December 1826, 4. Jänner 1827, Z. 46,737
und 1070. Regierungs=Decret für Oberösterreich vom 24. Oc=
tober 1830, Z. 21,911, und 19. Jänner 1834, Z. 1932.)

§. 125.

Die Apotheker und zum Theile auch Wundärzte müssen sich
für bei Epidemien an Arme verabreichte Medicamente in allen

Provinzen einen zehnpercentigen Abzug gefallen laſſen. (Hof=
kanzlei=Decret vom 5. April 1821 et vide §. 103—109.)

§. 126.

Jeder Sanitätsvorfall iſt bloß von demjenigen Individuum,
welches vom Kreisamte dazu beſtimmt worden iſt, zu behan=
deln, und zwar ſo lange, als es die Nothwendigkeit erheiſcht und
ohne Beiziehung eines Wundarztes; letztere ſoll nur dann Statt
finden, wenn der betreffende Sanitäts=Beamte durch anderwei=
tige ämtliche Obliegenheiten erwieſener Maßen an der ferneren
perſönlichen Obhut verhindert iſt, wo aber früher die Genehmi=
gung der Kreisſtelle einzuholen, deren Erfolg den wundärztlichen
Aufrechnungen für öffentliche Dienſte von nun an erſt die gehö=
rigen Anſprüche ſichert. Auch iſt den Aufrechnungen des Sani=
täts=Perſonals der Kreisamts=Auftrag zur Vornahme der Nach=
ſichtsreiſe beizulegen. (Regierungs = Decret für Oberöſterreich
v. 3. Jänn. 1829, Z. 35342, und v. 1. Aug. 1834, Z. 23,109.)

Dem Kreis=Sanitäts = Perſonale und auch den im Verhin=
derungsfalle deſſelben verwendeten Privatärzten und Wundärz=
ten wird bei allen Reiſen in öffentlichen Angelegenheiten nicht
mehr als die Aufrechnung der landesüblichen Vorſpannsgebühr
von 15 kr. CM. für 1 Pferd und jede Meile, dann der Wagen=
Reparaturskoſten von 10 kr. und des Schmiergeldes von 8 kr.
CM. bewilligt. (Regierungs=Decret für Oberöſterreich vom 31.
März 1829, Z. 7240.)

Die Gemeinden ſind zur Stellung der Fuhren und reſpec=
tive zur Beſtreitung der Fuhrkoſten für die Sanitäts=Individuen
bei dem Ausbruche der Epidemien verpflichtet. (Hofdecret vom
3. Juli 1807, Z. 12,218, 5. October 1815, Z. 17,836, Hof=
decret vom 31. März 1844, Z. 8596, und 25. November 1824,
Z. 35,070, Regierungs=Decret für Oberöſterreich vom 12. Juli
1844, Z. 9385.)

Eine Vergütung der Ganggebühren für Aerzte findet nur
bei einer Entfernung von wenigſtens ¼ Stunde Statt und ſind
die Reiſen der Aerzte möglichſt zu beſchränken. (Hofkanzlei=De=
crete vom 21. Februar 1833, Z. 3788, und 1. October 1843,
Z. 28689. Regierungs = Decrete für Oberöſterreich vom 14.
October 1843, Z. 27,855, und 21. Februar 1844, Z. 4631.
Hofkammer=Decret vom 24. September 1842, Z. 34,067.)

§. 127.

Bei Epidemien gewöhnlicher Art, z. B. von Ruhren, Ma=
ſern, Scharlach u. dgl., welche nach kürzeren oder längeren

Zwischenräumen zu entstehen pflegen, hat keine Veränderung in
der bestehenden Sanitäts-Ordnung Statt zu finden, und haben
die betreffenden Behörden nach den allgemeinen Vorschriften ihr
Amt zu handeln. Wenn aber eine epidemische Krankheit mit
einer bedenklichen Ausdehnung, Sterblichkeit, auftritt, so ist sogleich eine Localcommission zu ernennen, welche die unmittelbare Leitung und Ausführung der erforderlichen gewöhnlichen
und außergewöhnlichen Sanitäts-Maßregeln zu übernehmen hat.
(Hofkanzlei-Decret vom 29. August 1837, Z. 21,673. Regierungs-Decret für Oberösterreich vom 21. September 1837, Z.
28,117.)

§. 128.

Bei vorkommenden Anzeigen über vermehrte Krankheitsvor-
fälle sind von den zur Untersuchung abgeordneten Aerzten, jene,
die durch Witterungseinflüsse bedingt sind, von jenen, die An-
steckung drohen, stets zu unterscheiden, nur bei letzteren die
allgemeinen Epidemie-Vorschriften in strenge Anwendung zu zie-
hen, in jeder Erkrankung aber den wirklich Armen ärztliche
Hilfe, wie diätetische Pflege zuzuweisen. Eine in der Entstehung
oder beim Ausbruche durch ärztliches Einwirken gehemmte und
beseitigte Gefahr zeigt eine größere Verdienstlichkeit des Arztes,
als eine in die Länge von Monaten hingezogene epidemische Behandlung von zerstreuten Kranken, die nur in den Epidemie-
Tabellen zusammengestellt, eine scheinbar größere Krankenanzahl
und sonach den Bestand einer Epidemie bedingen.

Es ist darauf zu halten, daß in sämmtlichen Rapporten die
aufgenommenen Kranken nach Ortschaften und Wohnhäusern,
und Zeitfolge der Erkrankungen zusammengestellt, nachgewiesen
werden, weil nur hieraus der Gang der Epidemie, so wie die
Leistung des zur Tilgung der Krankheit verwendeten Personal-
les beurtheilet werden kann. Bei der Beendigung einer epide-
mischen Krankheit sind, so viel thunlich, gleichzeitig alle bezüglichen Kostenrechnungen mit Consignation vorzulegen und in
abgesonderten Rubriken jene Kranken, die ihre Curkosten ganz
oder zum Theile aus Eigenem zu bestreiten vermögen, so wie
jene, die als wirklich arm die Hilfe eines öffentlichen Wohlthä-
tigkeits-Fondes mit Recht in Anspruch nehmen, individuell nachzuweisen, und die Zahlungsunfähigkeit der letzteren von dem
betreffenden Ortsvorsteher, Pfarrer und Districts-Commissär
oder Gerichtspfleger zu bestätigen. Eben so ist der ärztliche
wissenschaftliche Finalbericht über das Wesen, Verlauf-Symp-
tome, Therapie und Resultate der behandelten Epidemie von

jenen der politischen Behörden, denen die Leitung und Oberaufsicht zur Handhabung der bestehenden Sanitäts-Vorschriften obliegt, zwar unter Einem, aber auf abgesonderten Einlagen zu überreichen. (Regierungs-Decret für Oberösterreich vom 21. April 1842, 3. 10,584.)

§. 129.

Die k. k. vereinigte Hofkanzlei hat sich, im Einvernehmen mit der k. k. allgemeinen Hofkammer und dem k. k. GeneralRechnungs-Directorium, bestimmt gefunden, die Bestimmungen des Hofkanzlei-Decretes vom 18. März 1819, 3. 7836, in Absicht auf das Censursverfahren der Arzneirechnungen als eine provisorische Maßregel zur Erleichterung der Geschäftsüberbürdung der politischen Fonds-Hofbuchhaltung, jedoch mit Ausnahme der auf Rechnung des Staatsschatzes oder der aus demselben dotirten Fonde und Anstalten vorkommenden Arzneiconten wieder in Wirksamkeit zu setzen, und demgemäß die Länderstellen zu ermächtigen, Medicamenten-Forderungen, deren quartalmäßige Aufrechnung der einzelnen Contoleger den Betrag von 50 fl. CM. nicht übersteigen, in Zukunft, jedoch mit oben angeführter Ausnahme, gegen dem zu realisiren, daß die dießfälligen Rechnungen noch vorher in linea med. und quo ad taxam von den Districtsärzten und resp. Kreisärzten, und quo ad calculum von der Prov. Staatsbuchhaltung geprüft und richtig gestellt werden.

Hiernach werden der Censur der k. k. Hofbuchhaltung p. F. alle auf Rechnung der zwar stets gleich bleibenden, aber unbedeutenden Kranken- und Versorgungshäuser, der Armeninstitute ꝛc., dann der für epidemische und andere Krankheiten armer Unterthanen zur Zahlungs-Anweisung vorkommenden Arzneiconten, deren quartalmäßige Aufrechnung den Betrag von 50 fl. nicht übersteigt, wegfallen, und derselben nur die den Staatsschatz und die aus demselben dotirten Fonde und Anstalten, dann die den Quartals-Betrag von 50 fl. CM. übersteigenden, stets bleibenden, schon bedeutenderen Kranken- und Versorgungshäuser, Armeninstitute, und epidemische und andere Krankheiten armer Unterthanen betreffenden Arzneiconten zur Censur verbleiben. (Hofkanzlei-Decret vom 1. October 1843, 3. 29,765. Regierungs-Decret für Oberösterreich vom 12. October 1843, 3. 28,018.)

IV. Abſchnitt.

Von der Behandlung armer Kranker in Wuthfällen.

§. 130.

In der Regel iſt der vermögliche Eigenthümer eines toll gewordenen Hundes zum Erſaße ſämmtlicher Curkoſten der von
dieſem gebiſſenen Perſonen zu verhalten. Sonſt aber hat die
Ortsgemeinde ſammt der Grundobrigkeit gemeinſchaftlich ein
Drittel, die anderen beiden Drittel aber der Staatsſchaß auf ſich
zu nehmen.

Die Liquidationen über die Koſten ſolcher Curen ſind nach
einem beſtimmten Formulare, wie bei Epidemien zu verfaſſen,
und binnen 14 Tagen nach vollendeter Cur zur Liquidirung
zu überreichen. (Hofkanzlei-Decret vom 11. Jänner 1816, Z.
418. (Regierungs-Decret für Oberöſterreich vom 30. Jänner
1816 und 3. Juni 1827, Z. 13,471. Et vide §. 124—129.)

V. Abſchnitt.

Von der Behandlung armer veneriſcher Kranken.

§. 131.

Für diejenigen, welche am veneriſchen Uebel leiden, iſt in den
Krankenhäuſern eine beſondere Abtheilung beſtimmt, wo keinem
Fremden der Zutritt, und eben ſo wenig eine Zuſammenkunft
mit andern Kranken geſtattet wird. Damit ſolche Kranke nicht
vielleicht durch Schamhaftigkeit abgehalten werden, ihre Heilung
zu verſäumen, ſo wurde denſelben geſtattet, ihren Namen zu
verſchweigen, ſie können daher unerkannt und ohne Beſorgniß
irgend eines Verrathes ihre Herſtellung abwarten. Die Aufnahme findet hier nach denſelben Claſſen und Bedingungen Statt,
wie bei den übrigen Kranken. (Nachricht in Wien vom 20. Juni
1784, Kundmachung in Prag vom 11. November 1790, in
Steyermark vom 13. Jänner 1796.)

Alle angeſteckten Perſonen ſollen unter der Aufſicht und
Leitung der Kreisärzte geheilt, von dieſen die vollbrachte Heilung bezeugt und die aufgelaufenen Koſten liquidirt werden, indem ſolche nebſt dem Aufwande für Koſt und Wohnung bei

armen Unterthanen mit 2 Drittheilen vom Cameral-Aerar und mit einem Drittheil von den Obrigkeiten bestritten werden.

Die Armuth der Geheilten muß von der Grundobrigkeit gemeinschaftlich mit dem Pfarrer bescheiniget, die Vergütungs= gesuche der Landphysiker, Chirurgen oder Apotheker, welchen ersteren Diäten bewilliget sind, wegen geleisteter Hilfe oder Arzneien, oder wegen der Reisekosten binnen 14 Tagen nach vollendeter Cur eingereicht werden.

Wegen Verfassung der Ausweise, Particularien, Liquidi= rung derselben **vide** §. 124—129.

Wenn unter den zum Schube bestimmten Personen Ange= steckte vorgefunden werden, so werden solche, wenn sie Unter= thanen fremder Dominien, oder aus anderen Erbstaaten gebür= tig, oder endlich Ausländer sind, ganz auf Kosten des Aera= riums geheilt; doch sind darunter nur solche zu verstehen, wel= che entweder zur Zeit, wo sie bereits auf dem Schube begriffen sind, oder zur Zeit, wo ihre Abschiebung entschieden ist, vene= risch sind, die übrigen an der Lustseuche kranken Personen wer= den, wenn sie vom Bauernstande sind, zu ⅓ vom Aerar, zu ⅔ aus der Concurrenz, und wenn sie endlich dem Bauern= stande nicht angehören, nach den allgemeinen, hinsichtlich der Einbringung der Verpflegskosten bestehenden Vorschriften behan= delt.

Wenn eine mit der Lustseuche behaftete Person, die zum Bauernstande gehört, und auf öffentliche Kosten zu heilen ist, an das Spital der barmherzigen Brüder in Linz abgesendet wer= den will, so ist das Eintreffen derselben, um für dessen mög= liche Aufnahme Fürsorge zu treffen, wenigstens um einen Tag früher dem Hospital-Vorstande anzuzeigen. Militärpflichtige, mit der Lustseuche behaftete, werden nur dann in die Militär-Spi= täler aufgenommen, wenn die Heilungskosten von denselben, oder von den Gemeinden bestritten werden. (Verordnung vom 18. Februar 1780, 16. April 1807, Z. 6741, 4. Mai 1808, 20. Jänner 1812. Hofkammer=Decret vom 13. Februar 1812. Hofkanzlei=Decrete vom 17. März, 7. Juli 1808, Z. 8470 u. 22,158, 23. September 1824, 10. Jänner 1825, Z. 491, 10. Jänner 1827, Z. 37,267, 27. November 1828, Z. 26,936, 25. Februar 1836, Z. 4786.)

VI. Abschnitt.

Vorsorge für arme Irrsinnige.

§. 132.

Toll= oder Irrenhäuser sind in den Hauptstädten der ein= zelnen Provinzen zur Verwahrung rasender oder wahnsinniger Personen errichtet. Die Aufnahme dahin geschieht entweder ganz unentgeldlich, theils gegen eine mäßige Bezahlung für die Ko= sten des Unterhaltes und der Heilung. Diese öffentlichen An= stalten sind eigentlich nur für die in den Hauptstädten befindli= chen Unglücklichen dieser Art bestimmt; auf dem Lande sind die Obrigkeiten und Gemeinden zur Verwahrung ihrer Wahnsin= nigen, und wenn diese mittellos sind, auch zur Verpflegung derselben verpflichtet. Um aber den Obrigkeiten und Gemeinden die Erfüllung dieser Pflicht zu erleichtern, wird auch die Auf= nahme der vom Lande kommenden Wahnsinnigen nach vorher eingeholter Bewilligung der Landesstelle gegen eine mäßige Taxe gestattet, welche auf ein Vierteljahr im Voraus entrichtet wer= den muß. (Nachricht in Wien vom 20. Juni 1784, in Böh= men vom 11. November 1790, in Grätz vom 13. Jänner 1796.)

§. 133.

In die Irrenanstalt in Wien werden jene wahrhaft armen Personen, welche dort gebürtig sind oder sich durch zehn Jahre ununterbrochen aufgehalten haben, unentgeldlich aufgenommen, wenn nicht für sie eine Innung, ein Diensthälter ꝛc. den Ver= pflegsbetrag zu leisten hat. Die Fremden aus den übrigen Pro= vinzen mußten, oder wenn sie und die verpflichteten Verwand= ten vermögenslos waren, die Gemeinden oder Armenfonde nach der dritten Classe die Verpflegstaxen bezahlen. (Hofkanzlei=De= crete vom 4. Mai 1814, 10. Mai 1816, 7. Juli 1816.)

In dieser Richtung hatte auch die Stadtgemeinde in Linz die Verpflichtung, für die ihr angehörigen Irren der dießfäl= ligen Anstalt die Kosten zu vergüten. (Hofkanzlei=Decret vom 10. Jänner 1822, Z. 37,167. Regierungs=Decret für Ober= österreich vom 29. Jänner 1822, Z. 1628.)

Mit der Majestäts=Entschließung vom 28. Juni und Hof= kanzlei=Decret vom 8. Juli 1824, Z. 19,778, wurden die Gemeinden der deutschen Staaten von der Entrichtung von Verpflegsgebühren für arme wahnsinnige Gemeindeglieder, wel= che in den öffentlichen Irrenanstalten untergebracht werden,

gänzlich enthoben, und hatte diese Enthebung auch für die
Zünfte und Innungen rücksichtlich der armen Zunftmitglieder,
welche wahnsinnig werden, zu gelten. Diese Begünstigung
wurde mit allerh. Entschließung vom 20. April und Hofkanz-
lei=Decret vom 24. April 1844, Z. 13,024, auch auf Ungarn ausgedehnt.

§. 134.

Von der milden Versorgungs=Verwaltung in Linz ist ein
tabellarisches Verzeichniß aller Gemächer des Irrenhauses, welches durch das h. Hofkanzlei = Decret vom 8. Juli 1824 zu
einer öffentlichen Anstalt bestimmt wurde, so wie deren Va-
canz oder Bewohnung nach einem eigenen Formulare der Regierung alle Monate vorzulegen, damit selbe in steter Evidenz
von der Zahl der Irrsinnigen ist, und sogleich unmittelbar
über die Aufnahme eines Irrsinnigen absprechen kann. (Re-
gierungs=Decret für Oberösterreich vom 30. December 1824,
Z. 29,626.)

Auch ist über die angemeldeten Irren eine Vormerkung
zu führen, bei welcher sich, wenn die Anstalt überfüllt ist,
der Vorzug zur Aufnahme aus den verschiedenen hierzu be-
rechtigten Gemeinden nach der Zeitfolge bestimmt, in welcher
die Gesuche der Regierung vorgelegt werden. (Regierungs=De-
cret für Oberösterreich vom 11. Februar 1825, Z. 3157.)

Wird der Irrsinnige nicht von seiner Personalinstanz in
die Irrenanstalt abgegeben, so ist der Regierung alsogleich zur
weiteren Verfügung die Anzeige zu machen. (Regierungs=De-
cret für Oberösterreich vom 8. August 1825, Z. 19,262. Hof-
kanzlei=Decret vom 21. Juli 1825, Z. 20,868.)

Der Vorgang bei der Aufnahme von Geisteskranken in die Linzer k. k. Irrenanstalt.

§. 135.

A. In Bezug auf den Eintritt.

Die dießfälligen Voranstalten sind dreifach, nämlich a)
von Seite des Arztes, b) von Seite der Angehörigen des
Seelenkranken und c) von Seite der obrigkeitlichen Behörde.

a) Der Arzt hat zu bestimmen, daß die ausgebrochene
Krankheit ein Gemüthsleiden, und von welcher Art dasselbe
sei, er hat das Zeugniß über die vorgefundene Art der Erkrankung und die Krankengeschichte mit möglichster Genauig-

keit abzufassen. Die eigentliche Bestimmung der Irrenanstalt macht die Forderung unerläßlich, daß kein Individuum aufgenommen werde, dessen Seelenstörung nicht durch das Zeugniß eines Arztes des Kreises, des Bezirkes oder eines Stadtarztes sicher gestellt, und in einer eigens verfaßten Krankengeschichte sorgfältig und genau geschildert ist.

Diese Krankengeschichten bilden die Grundlage, auf welcher der Arzt in der Irrenanstalt den Curplan erbauen soll, und eben deßhalb kann die möglichste Umsicht und Genauigkeit bei der Verfassung derselben nicht dringend genug empfohlen werden.

Jene Puncte, die der Arzt, von welchem der Kranke vor seiner Einsendung in das Irrenhaus behandelt worden ist, in der Krankengeschichte ausführlich anzugeben, und gehörig zu würdigen hat, sind folgende:

1) Der Gesundheits-Zustand der Aeltern und Geschwister des am Eingange dieses schriftlichen Aufsatzes mit dem Vor- und Zunamen, Stand, Wohnort und Alter bezeichneten Kranken, sowohl in psychischer als somatischer Beziehung.

Aus den Kinder-Jahren.

2) Rücksichtlich des Körpers: Der Vorgang bei der Geburt mit Bedachtnahme auf die hierbei etwa erlittenen Verletzungen, namentlich des Kopfes; ferner spätere Mißhandlungen, frühzeitige allzugroße Anstrengungen, die Erscheinungen bei dem Hervorkommen der Zähne, in beiden Perioden des Zahnens, und die Merkmale bei der Entwicklung der Mannbarkeit, Störungen in den natürlichen Verrichtungen des Körpers, Kinderkrankheiten, besonders Ablagerungen von Ausschlags-Uebeln, Entkräftungen durch unnatürliche Laster (Onanie) und physische Erziehung überhaupt u. s. w.

3) Mit Bezug auf den Geist: Erbliche Anlage, Temperament, hervorstechende Aeußerungen des Vorstellungs- und Begehrungs-Vermögens, Geistesbildung, Ueberspannung derselben, Verbildung durch Lectüre, Schauspiele, Umgang u. s. w.

Aus dem höheren Alter.

4) In Betreff des Körpers: Angabe der dem Kranken seit seiner Jugend zugestoßenen Erkrankungsfälle, insbesondere solcher, wobei der Kopf in vorzüglicherem Grade ergriffen war, oder wodurch die Geistesthätigkeit frühzeitig oder später gefährdet werden konnte, z. B. Kopfverletzungen, schnell geheilte Ausschläge und Geschwüre, Hämorrhoidal-Zufälle, Wurm-

leiden, Entkräftung durch den Verlust von Säften, durch Aus-
schweifungen im Trunke oder in der Wollust, regelwidrige
Schwangerschaften, schwere Niederkunften, gefährliche Wochen-
zeit, Störungen des Säugungsgeschäftes, Fehler der monatlichen Reinigung, Mißbrauch der Präservative, Arzneien u.
dgl. m.

5) Hinsichtlich des Geistes: Das gegenseitige Verhalten
der Seelenkräfte, der Charakter und das Temperament, her-
vorstechender Hang zu gewissen Beschäftigungen und Genüssen,
besondere Liebhabereien, vorzügliche Uebung oder übermäßige
Anstrengung einzelner Kräfte der Seele, Zerstreuungen, Benehmen, Arbeitsamkeit, Umgang, Gewohnheiten u. s. w.

6) Angabe der Zeit des Entstehens der Geisteskrankheit,
die dem Ausbruche derselben kurz vorhergegangenen Ereignisse
froher oder unwillkommener Art, namentlich jener, welche hef-
tige Gemüthsbewegungen veranlaßt haben; die dem Uebel vorausgegangenen Erscheinungen; genaue Schilderung der Art und
Weise des Ausbruches der Krankheit, ihr anhaltender und pe-
riodischer Typus, im letzteren Falle die Zwischendauer und
Dauer der periodischen Rückfälle, die begleitenden Umstände
und veranlassenden Gegenstände, die Erscheinungen vor, während und nach den Paroxysmen, die Aenderung der Form und
des Ausdruckes der Krankheit während ihres Verlaufes, und
die hervorstechendsten Krankheits-Zufälle in der Zeit des um
die Aufnahme in die öffentliche Anstalt gestellten Ansuchens.

7) Angabe des Zeitraumes, welcher seit dem Ausbruche
der Krankheit oder einer Statt gefundenen Recitive bis zur
Zeit, als um die Aufnahme in das Irrenhaus nachgesucht
wird, verflossen ist.

8) Beweise, daß der Kranke Handlungen unternommen
habe, welche ihm und andern hätten gefährlich werden können,
daß diese jedoch in der Krankheit wirklich begründet, nicht aber
Folgen zufälliger und vorübergehender Veranlassungen gewesen sind.

9) Die wahrscheinlichen äußeren Bedingungen, welche bei
vorhandener innerer Anlage die Krankheit erzeugen konnten.
Hinsichtlich der äußeren Veranlassungen ist eines Theils auf
die allgemeinen Einflüsse der Natur und der Umgebung, z. B.
Beschaffenheit der Luft, der atmosphärischen Wärme und der
Jahreszeit, auf den Wohnort, die Art der Nahrungsmittel,
so wie der Getränke und Bekleidung, anderen Theils aber
insbesondere auf die Beschäftigung, die Lebensart und häus-

liche Ordnung; Unglücksfälle, Einwirkungen von Giften, besonders denen betäubender Art, Mißbrauch gewisser Arzneimittel, des Aderlassens, Purgirens, oder der geistigen Getränke u. dgl. zu sehen.

10) Wann endlich eine ärztliche Behandlung der Krankheit Statt gefunden habe, welche Mittel, sowohl pharmaceutische als physische, seit dem Ausbruche des Uebels und im ganzen Verlaufe desselben angewendet, wann, wie lange und unter welchen Bedingungen eine besondere Curmethode versucht worden, welche Bändigungsmittel man benützt, und welche Behandlung der Kranke von seinen Wärtern genossen habe.

b) Die Angehörigen des Irrgewordenen sind verpflichtet, alsogleich nach dem Ausbruche der Krankheit die Anzeige hiervon bei der gehörigen Ortsobrigkeit zu machen, widrigen Falls hat in Gemäßheit des St. G. B. II. Thls. §. 140 die Strafe der Einkerkerung auf die Dauer von 3 Tagen bis zu einem Monate einzutreten, je nachdem ein solcher Zustand lange verhehlt worden war, oder aber die Folgen desselben wichtiger und nachtheiliger gewesen sind. Es liegt ihnen ferner ob, sobald der herbeigerufene Arzt im Anbetrachte der Ungewißheit eines guten Erfolges der häuslichen Pflege die Unterbringung des Kranken in einer Irrenanstalt für rathsam erklärt, um ihre Vermittlung bei der obrigkeitlichen Behörde anzusuchen, und die Anordnungen des Arztes, gleichwie die Verfügungen der Obrigkeit genau zu befolgen. In solchen Fällen hat demnach die Behörde, sobald die Angehörigen eines Irrgewordenen dessen Unterbringung in der Anstalt verlangen, oder wenn selbe schon an sich nothwendig erscheint, das mit dem ärztlichen Zeugnisse über die eingetretene Geisteszerrüttung, ferner mit der Kranken-Geschichte und mit der ämtlich beglaubigten Haftungs-Urkunde zur Sicherstellung der Verpflegsgebühren belegte dießfällige Ansuchen schleunigst und nach voranstehender Weisung vollständig instruirt, an die k. k. Landesregierung einzusenden, als jede wahrgenommene Nachläßigkeit geahndet werden soll.

Da es in jenen Fällen, wo der Kranke keine ärztliche Behandlung genossen hat, unmöglich ist, eine vollständige Kranken-Geschichte einzusenden, so hat der Zeugniß ausstellende Arzt die vorausgegangenen Ereignisse, Umstände und Krankheitszufälle, so viel ihm möglich ist, einzuholen, und den Zustand, in welchem er den Irrenden fand, genau zu beschreiben; ist aber der Geisteskranke ein völlig Fremder oder nur weniger bekannt, dann soll von Seite der Behörde mit jenen

Personen, die den Erkrankten zu kennen vorgeben, und einiges über seine Lebensverhältnisse auszusagen im Stande sind, ein Protokoll, welches die nöthige Aufklärung über die vorwärts angedeuteten Puncte gewährt, aufgenommen und eingesendet werden, um hierdurch die außerdem unentbehrliche Kranken-Geschichte einigermaßen zu ersetzen.

Der zur Aufnahme in die Heilanstalt bestimmte Kranke ist, nachdem der Irren-Hausarzt das ihm zugekommene ärztliche Zeugniß sammt der Kranken-Geschichte, die Versorgungs-Verwaltung aber den Zahlungs-Revers zur ferneren Benützung zurückbehalten hat, wenn es nöthig sein sollte, einer allgemeinen Säuberung des Körpers zu unterziehen, und nach Thunlichkeit mit reiner Leibwäsche, so wie mit Kleidungsstücken in hinreichender Menge zum ferneren Wechsel zu versehen, und sobald es geschehen kann, auf die angemessenste Art und mit der nöthigen Vorsicht an die Anstalt einzusenden. Daß er übrigens in den meisten Fällen weder völlig frei, noch in Ketten transportirt werden dürfe, versteht sich in unserer Zeit wohl von selbst; eine feste Zwangsjacke wird jedoch beinahe jederzeit den Zweck der Beschränkung vollkommen erfüllen, und nur bei jenen, welche einen mächtigen Trieb zum Entspringen äußern, dürfte das Anlegen einer einfachen Fußgurte nöthig sein.

Bei der unmittelbaren Aufnahme des Kranken ist nebst dem Hausverwalter auch der Hausarzt, und wenn dieser verhindert wäre, doch gewiß der Aushilfsarzt gegenwärtig; sie hat in der Hauskanzlei zu geschehen, woselbst nämlich das gesammte Nationale des Eingelieferten und das Inventar seiner mitgebrachten Habseligkeiten vom Hausverwalter aufgenommen, und gehörigen Orts eingetragen, vom Arzte aber der Aufzunehmende vorläufig besehen, befragt, außerdem von seinen Ueberbringern das, was noch zu wissen nöthig scheint, z. B. das Verhalten und Benehmen des Irren seit dem Abgange des Aufnahms-Gesuches und während der Reise u. s. w. erforscht wird. Der Eintritt eines Irrsinnigen hat jedesmal mittelst eines ämtlichen Einbegleitungs-Schreibens an die Verwaltung der Anstalt zu geschehen, welches ordnungsmäßig protokollirt und vom Hausverwalter mit einer Contra-Signatur des Arztes im Wege der Bestätigung des richtigen Empfanges beantwortet wird.

Ist dieses Alles geschehen, so übergibt der Arzt den Patienten einem zu seiner Beobachtung geeigneten Wärter mit der Weisung, denselben, sobald es nur nicht ganz entbehrlich erscheint, in das Badezimmer zu führen, dort vollständig zu säubern, und wenn er auch endlich mit reiner Wäsche bekleidet ist, in das vorher zu bezeichnende Zimmer zu unterbringen, nachdem er noch möglichst genau durchsucht worden war, ob er nicht irgend ein Werkzeug bei sich habe, womit er sich oder anderen einen Schaden zuzufügen im Stande wäre, welches, wenn es sich vorfände, allerdings sogleich in Verwahrung genommen werden soll.

B. Rücksichtlich des Austrittes der Geisteskranken aus der Irren-Anstalt.

Der in das Irren-Institut aufgenommene Seelenkranke verläßt dasselbe entweder im Zustande seiner Wiedergenesung oder ungeheilt, sobald er nämlich noch vor der Rückkehr seiner vorigen Gesundheit auf Verlangen seiner Angehörigen in die Pflege und Aufsicht derselben überlassen wird, endlich aber, wenn er stirbt.

Bei der Entlassung genesener Personen aus der Irren-Anstalt muß der Hausarzt sich die größte Vorsicht angelegen sein lassen und Acht haben, damit ja nicht unvollkommen geheilte und zu Rückfällen geeignete Individuen in die menschliche Gesellschaft zurückgesendet, andererseits aber auch eben so wenig vollständig und dauerhaft Genesene unnöthig in der Irren-Anstalt zurückbehalten werden.

Den Heimkehrenden, gleichwie ihren Angehörigen, ertheilt der Arzt die nöthigen Belehrungen über das fernere Verhalten derselben, und ist verpflichtet, ihnen, besonders den letzteren, nachdrücklichst zu empfehlen, sich bei dem Erscheinen eines abermaligen Uebelbefindens alsogleich ärztlichen Rath zu erholen, doch ist es auch sehr wünschenswerth, daß der Irrenarzt ehebevor, als der zeitweilige oder wohl gar die völlige Entlassung eines seiner Pfleglinge verfügt, die nöthigen Erkundigungen bei der betroffenen Ortsobrigkeit oder beim Seelsorger einhole, um zu erfahren, welcher Art die häuslichen Verhältnisse jener Person, die Erwerbsquellen derselben, ihre Beaufsichtigung u. s. w. sein werden, um das hiernach Nöthige vorbereiten zu können.

Wird ein der Irren-Anstalt zur Pflege anvertrautes Individuum in einem noch zweifelhaften oder in einem hoffnungslosen Zustande seiner Gemüthskrankheit den Angehörigen auf ihr Verlangen, oder doch mit Vorwissen und Einwilligung derselben hinausgegeben, so ist es nothwendig und rathsam, daß die Instituts-Vorstehung vor der Beschuldigung, einen Irrsinnigen unwahr für genesen erklärt zu haben, geschützt und auch übrigens von der etwaigen Zurechnung der Folgen einer nachherigen unpassenden Behandlung oder einer unzweckmäßigen Verwahrung und Obhut des fraglichen Subjects sicher gestellt werde. Zu diesem Ende können Geisteskranke, wenn Jemand sich findet, der für ihren Unterhalt und für ihre Pflege, so wie auch für den allfälligen Schadenersatz hinreichend zu bürgen vermag, nur gegen einen Revers entlassen werden.

Mit der Anzeige von der geschehenen Entlassung, welche die Hausverwaltung an die Landesstelle zu erstatten hat, soll in jedem Falle auch ein schriftliches Gutachten des Hausarztes über das fernere Verfahren mit dem Entlassenen der Hausverwaltung erstattet werden, welches diese der betroffenen Obrigkeit zur Belehrung der Angehörigen und zur weiteren Verfügung mitzutheilen hat.

Sollte der Fall eintreten, daß es einem Pfleglinge der Irren-Heilanstalt gelänge, aus dem Hause zu entrinnen, so ist derselbe unverzüglich der Hausverwaltung zu melden, welche sich beeilen wird, die genaue Persons-Beschreibung des Flüchtlings der Polizeibehörde zur Wiederauffindung desselben mitzutheilen, und auch in anderen Wegen seine abermalige Habhaftwerdung möglich zu machen. Gleichzeitig soll die entsprechende Amtshandlung gegen die an solchen Ereignissen Schuldtragenden alsogleich Statt finden.

C. Hinsichtlich des Kosten-Ersatzes.

Die tägliche Verpflegsgebühr für ein in der Linzer k. k. Irren-Anstalt untergebrachtes Individuum bleibt auf 28 kr. CM. festgesetzt.

Diese ist in vierteljährigen Raten vorhinein zu erlegen, und hinsichtlich ihrer ferneren Bezahlung durch einen von 2 Zeugen mitgefertigten und von der Obrigkeit bestätigten Revers sicher zu stellen.

Auf die unentgeldliche Aufnahme und Verpflegung sollen, wie es schon bisher geschah, alle jene Individuen, ohne Unterschied des Geburts- oder Aufenthaltsortes, Anspruch machen, welche keinen Erwerb und eben so wenig irgend ein Vermögen haben, und die hierdurch bei ihnen, so wie bei ihren nächsten Verwandten in auf- und absteigender Linie bedingte

Zahlungsunfähigkeit durch ein vom Ortsseelforger ausgefertigtes und von der Obrigkeit bestätigtes Zeugniß beurkunden können. Das Unvermögen der betroffenen Partei ist, so wie es bisher geschah, durch gehörige Zeugnisse in gesetzlicher Form nachzuweisen. (Regierungs=Decret für Oberösterreich vom 5. October 1833, Z. 28,281.)

§. 136.

Der Aufnahme in das Irrenhaus in Linz hat die gerichtliche Irrsinnigkeits = Erklärung eines Individuums vorauszuge-
hen. Wenn jedoch der Geisteskranke dergestalt in Tobsucht und
Raserei verfallen sollte, daß derselbe ohne Gefahr für die Lebens-
oder Eigenthums = Sicherheit überhaupt nicht mehr bei seiner
Familie oder in seiner Wohnung belassen werden kann; so wird
auf das Einschreiten der Unterbehörden, in so ferne in demselben diese mit Gefahr für die Umgebung verbundene Irrsinnig-
keit von zwei Aerzten (Doctoren der Medicin) bestätigt ist, wegen Gefahr auf Verzug die Aufnahme in die Irrenanstalt alsogleich, jedoch nur provisorisch und bloß gegen dem bewilligt
werden, daß die vorschriftsmäßige gerichtliche Irrsinnigkeits=
Erklärung der hohen Regierung bald thunlichst nachträglich vorgelegt werde. (Regierungs=Decret für Oberösterreich vom 10.
December 1842, Z. 31,269.)

§. 137.

Doch sollen die Aerzte bei der Ausstellung des Zeugnisses
zum Behufe der provisorischen Aufnahme ohne Irrsinnigkeits=
Erklärung mit aller Umsicht vorgehen, nach eigener voller Ueberzeugung, indem selbe für die Richtigkeit und Verläßlichkeit
ihrer Angaben verantwortlich bleiben, indem dem Staatsschatze
keine nicht strenge gesetzlich zu rechtfertigenden Kosten aufge-
bürdet werden sollen. (Regierungs = Decret für Oberösterreich
vom 21. März 1844, Z. 728.)

VII. Abschnitt.
Siechenhäuser.

§. 138.

Die mit langwierigen, eckelhaften oder ganz unheilbaren
Uebeln behafteten Kranken werden in die Siechenhäuser, welche in den Hauptstädten errichtet sind, abgegeben. Zur Zah-

lung sind diejenigen verpflichtet, welche eine Pfründe genießen, oder vom Armeninstitute gegen Zahlungs = Anweisung dahin untergebracht werden. Die daselbst befindlichen Personen erhalten die Wohnung, Heitzung, Kleidung, Beleuchtung, Wäsche und Arzneien, und täglich einen kleinen Geldbetrag, wofür sie sich ihre Nahrung anzuschaffen haben. Nur Kindern, Blödsinnigen und Kranken wird das Geld nicht auf die Hand gegeben, diese erhalten auch die Kost vom Hause. Diejenigen Personen, welche keiner ärztlichen Pflege bedürfen, wohnen in gemeinschaftlichen Stuben, mit Beobachtung der Absonderung der Geschlechter; welche von ihnen noch einige Kräfte zur Arbeit besitzen, werden dadurch in den Stand gesetzt, sich ihr Einkommen zu bessern.

Zur Aufnahme der eigentlichen Kranken befinden sich in den Siechenhäusern eigene Krankenstuben, wo für dieselben eben so wie in den Krankenhäusern gesorgt, und die nöthige Anzahl von Aerzten, Wundärzten, Wärtern angestellt ist; die Arzneien werden aus der Apotheke des Krankenhauses abgereicht. Für Personen, welche an der Lustseuche, an krebsartigen Schäden, an der fallenden Sucht leiden, oder ganz blödsinnig sind, und in die Krankenhäuser nicht aufgenommen werden können, bestehen eigene Abtheilungen. (Nachricht in Steyermark vom 13. Jänner 1796, in Wien vom 24. Juni 1784.)

§. 139.

Bevor jedoch ein Armer in das Siechenhaus aufgenommen wird, muß er ärztlich untersucht, und auf dem Meldzettel bemerkt werden, daß der Arme wegen der Unheilbarkeit seines Uebels weder zur bezirksärztlichen Behandlung noch zur Abgabe in das Krankenhaus geeignet ist. (Hofdecret vom 30. Februar, Verordnung in Niederösterreich vom 16. Juli 1803.)

§. 140.

Für Oberösterreich ist das Siechenhaus in Freystadt. Dort werden aufgenommen:

a) Arme und erwerbsunfähige Leute, deren Heimath nicht ausfindig gemacht, folglich keiner Gemeinde die Aufsicht und die Last ihrer Erhaltung gesetzlich überwiesen werden kann;

b) jene Arme, welche wegen ihren körperlichen Gebrechen einer beständigen ärztlichen Aufsicht und Hilfe bedürfen, und insbesondere, welche mit Eckel erregenden unheilbaren Gebrechen oder mit unheilbaren ansteckenden Krankheiten behaftet sind.

Rücksichtlich dieser sub b) bezeichneten Individuen, wenn sie gehörig gepflegt, und nicht geradezu dem Verderben Preis gegeben werden sollen, wäre besonders auf dem Lande in der Regel keine Gemeinde im Stande, den damit verbundenen Aufwand zu bestreiten, und die erforderliche Hilfe zu gewähren.

Solche Leute, besonders wenn noch öffentliche Rücksichten für die Uebernahme in das Siechenhaus sprechen, müssen daher unter einen besonderen Schutz gestellt, und die Kosten für ihre Pflege, eben weil sie für die einzelnen Gemeinden oft unerschwinglich sein würden, auf den ganzen Kreis übernommen werden, wobei noch der für die Armen-Verpflegung überhaupt bestehende Grundsatz die Anwendung findet, daß, in so ferne die Auslagen für solche Individuen ganz oder auch nur theilweise aus ihrem Vermögen, oder von den zu ihrer Erhaltung gesetzlich verpflichteten Verwandten hereingebracht werden könnten, dieses für den Concurrenz-Fond geschehen muß, wie dieser auch dann den Ersatz anzusprechen und zu erhalten hat, wenn der Verpflegte mit Hinterlassung eines früher unbekannten Vermögens sterben sollte. Die Behörden, welche die Aufnahme in das Siechenhaus nachsuchen, müssen die Umstände über die Eignung und die Vermögens-Verhältnisse vorläufig genau untersuchen, weil sonst im Falle, als sich in der Folge zeigen sollte, daß die übernommenen Individuen in das Siechenhaus nicht gehören, der Ersatz der aufgelaufenen Kosten für die betreffende Kreis-Concurrenzcasse, so wie die Zurücksendung auf ihre Kosten veranlaßt werden würde. (Regierungs-Decret für Oberösterreich vom 1. Mai 1830, Z. 5918.)

§. 141.

Keine Siechen, Irrsinnigen oder Gebärenden dürfen in die Versorgungs-Anstalten überliefert werden, ohne daß selbe ganz gereiniget, und mit der nöthigsten Wäsche und Kleidungsstücken versehen sind, widrigens dieses auf Kosten der betroffenen Ortsobrigkeit geschehen würde. (Regierungs-Decret für Oberösterreich vom 26. August 1831, Z. 21,079.)

X. Hauptstück.

Besondere gesetzliche Anordnungen für die Versorgungs-Anstalten überhaupt.

---

§. 142.

Dem Landes-Protomedicus ist die Aufsicht über die Spitäler, Gebär-, Findlings-, Versorgungs-, Siechen-, Waisen- und Erziehungshäuser anvertraut. Er hat demnach solche zu untersuchen, sich von der Reinlichkeit, Ordnung, Bedienung und Absonderung der Kranken in den Spitälern zu überzeugen, auf den Fleiß der angestellten Aerzte, der Krankenwärter und ihre Zulänglichkeit, auf die Beschaffenheit der Kost, der Arzneien zu sehen, und überhaupt bei allen genannten Anstalten über die strenge Befolgung der gesetzlichen Vorschriften zu wachen, und der Landesstelle Berichte zu erstatten. Die Anordnung, daß der Protomedicus über die Versorgungs-Anstalten vierteljährig Bericht zu erstatten hat, wurde wieder aufgehoben. (Verordnung in Niederösterreich vom 9. Jänner 1802. Hofkanzlei-Decret vom 8. April 1816 und 26. Februar 1818.)

§. 143.

Die Kreisämter führen die Oberaufsicht über die Versorgungs-Anstalten im Kreise, welche hinsichtlich der Krankenhäuser durch den Kreisarzt ausgeübt wird. (Verordnung vom 16. October 1788, §. 9. Instruction für das Kreis-Sanitäts-Personale vom 14. Februar 1809, §. 1.)

§. 144.

Auf dem Lande sind die Versorgungs-Anstalten den politischen Obrigkeiten und dem Districtsarzte zur Aufsicht zugewiesen.

§. 145.

Die öffentlichen Kranken-Anstalten bilden in den Hauptstädten der einzelnen Provinzen eine Abtheilung der allgemei-

11

nen Verforgungs-Anstalten; sie stehen daher mit diesen unter einer gemeinschaftlichen Oberdirection, welche unmittelbar der Landesstelle untergeordnet ist. Unter der Aufsicht dieser Oberdirection stehen alle verschiedenen Abtheilungen, nämlich das Kranken-, Toll-, Gebär-, Siechenhaus, die Findlings- und Waisen-Institute. Die Länder-Chefs haben die besondere persönliche Pflicht, diese Anstalten selbst öfters zu untersuchen, oder hierzu verläßliche Beamte zu beordern, und denselben nach Umständen auch einige durch Sorgfalt für die leidende Menschheit ausgezeichnete Privatleute beizugeben. (Ministerial-Schreiben vom 31. December 1806.)

§. 146.

Mit dem hohen Hofkammer-Decrete vom 25. April 1822, Z. 9326, wurde, was bei den andern Provinzen schon früher geschehen war, auch für das Land ob der Enns die Verfassung und Vorlegung einer Haupt-Uebersicht aller Versorgungs-Anstalten und wohlthätigen Stiftungen vorgeschrieben, die Rubriken dieser Ausweise und ein Formular sammt Unterricht mitgetheilt.

Ueber die piis causis zugefallenen Legate und Geschenke sind nach besonderen Formularien genaue und richtige Quartals-Ausweise von den Stiftungs-Verwaltungen und politischen Obrigkeiten vierteljährig, nun aber nach einem besonderen Formulare halbjährig zu erstatten. (Allerh. Entschließung vom 19. Jänner 1836. Regierungs-Decret für Oberösterreich vom 22. September 1836, Z. 29,489.)

Die statistischen Daten über sämmtliche Stiftungen wurden vom Jahre 1832 angefangen jährlich, im Jahre 1839 die Vorlage der statistischen Daten der Versorgungshäuser, die detaillirte Nachweisung der Stiftungs-Capitalien abverlangt, im Jahre 1842 endlich für diese Eingaben ein Unterricht ertheilt.

In Folge hohen Hofkanzlei-Decretes vom 24. Juli 1838, Z. 15,644, wurde die Verfassung eines Ausweises der in den verschiedenen Versorgungshäusern seit 15 Jahren verstorbenen siechen Pfründner nach einem bestimmten Formulare vorgeschrieben.

Mit h. Hofkanzlei-Decrete vom 13. December 1841, Z. 34,598, und 22. Februar 1842, Z. 4598, wurde endlich die Herstellung eines Katasters über die Evidenz und Sicherstellung der Stiftungs-Verbindlichkeiten anbefohlen.

§. 147.

Die Stiftungs-Einkünfte sind, wenn sie vermöge der vorhandenen Stiftbriefe, Testamente oder anderen Urkunden für Findlinge und Waisen, für Kranke, Gebärende und für Sieche bestimmt werden, ihrer Bestimmung nach für die eine oder die andere Gattung, und zwar an dem Orte, für den sie gemeint waren, und für jede der ausgedrückten Gattungen zu verwenden. Haben sie aber keine ausgedrückte Bestimmung, oder sind sie überhaupt auf Handalmosen vermacht worden, so sind die Interessen von solchen Stiftungs-Capitalien zur Vertheilung an die Dürftigsten geeignet, und daher auf dem Lande an die bei den Pfarrern eingeführten Armen-Institute abzugeben; in den Hauptstädten insbesondere aber zu solchen Versorgungs-Anstalten zu verwenden, wo sich ein Abgang der Einkünfte zeiget. Zeigt sich nirgends ein Abgang, so sind solche Stiftungen anzulegen, und die Zinsen durch die Armen-Instituts-Anstalt an die Dürftigsten zu verwenden. (Hofdecret vom 4. December 1786.)

§. 148.

Zur Erzielung einer entsprechenden Gleichförmigkeit bei der vorschriftmäßigen Erhebung der heimathlichen Verhältnisse der in Local-Heilungs- und Versorgungs-Anstalten aufgenommenen Individuen hat die hohe Landesregierung in Oberösterreich, mit Verordnung vom 23. März 1836, Z. 8792, folgende Rubriken vorgeschrieben:

1) Tauf- und Zuname, Alter, Religion, Geburtsort, Haus-Nr., Pfarre, Commissariat, Kreis und Provinz des Eingetretenen;

2) Wohnort, Haus-Nr., Pfarre, Commissariat, Kreis und Provinz;

3) Reiseurkunde, als: Paß, Wanderbuch, Dienstzeugniß;

4) Stand, ob ledig, verehelicht oder verwittwet;

5) Charakter, Dienst oder Hantirung;

6) Aeltern mit Name, Stand und Charakter, dann ob selbe noch leben und wo;

7) Kinder oder Anverwandte mit Angabe des Namens und Aufenthaltsortes;

8) letzter Aufenthaltsort und wie lange, dann ob derselbe früher in irgend einer Pfarre ansässig war oder das Decennium ersessen habe;

9) ärztlicher Befund;

10) besondere Angaben über Vermögen, Erwerb, Nah-

rungsart des Eingetretenen, ob er eine Besoldung, Pension oder andere Unterstützung, wie viel und woher bezieht.

§. 149.

Die bisher an einigen Orten Statt gehabte unentgeltliche Verpflegung und Medicamenten-Verabreichung für die in Wohlthätigkeits-Anstalten, Inquisitions- und Strafhäusern angestellten und erkrankten Aerzte, Wundärzte, Geistliche und andere Beamte und Practikanten ist abzustellen, ausgenommen bei jenen Individuen, welchen eine solche Begünstigung stiftungsmäßig zukömmt oder bei ihrer Anstellung ausdrücklich zugesichert wurde, wonach die letzteren auch für die Dauer ihrer dermaligen Anstellung in der zugesicherten Begünstigung zu bleiben haben.

Für das mindere Dienst- und Wärter-Personale, so wie für die Wachmannschaft in den genannten Anstalten ist in Erkrankungsfällen für ihre Person die Verpflegung und ärztliche Behandlung nach der letzten Classe gegen Abrechnung an ihrem Lohne während der Krankheitsdauer bewilligt; für die Familien derselben gelten die hinsichtlich der Armen-Versorgung und Heilung bestehenden Normen, so wie auch bezüglich der Beamten und ihrer Familien nach den für Unterstützungen und Aushilfen erlassenen Vorschriften vorzugehen ist.

Die Aerzte und Chirurgen der genannten Institute sind zur unentgeltlichen Behandlung der in denselben angestellten Beamten und deren Familien, so wie der Geistlichen in Erkrankungsfällen nur dann und in so ferne verpflichtet, als diese Verpflichtung in den Stiftungen selbst oder bei den Anstellungen ausdrücklich ausgesprochen worden sein sollte, und zwar in dem letzten Falle nur für die Dauer der Anstellungen, bei welchen und für welche die Verpflichtung geschah. (Majestäts-Entschließung vom 14. Juni, Hofkanzlei-Decret vom 19. Juni 1836, Z. 16,607.)

§. 150.

Für die Hereinbringung der Verpflegsgebühren, die in Versorgungs-Anstalten auf Inländer angewendet werden, welche kreisweise zu geschehen hat, sind die gesammten Unterthanen des Kreises in Anspruch zu nehmen, und hat die Vertheilung auf dem flachen Lande nach dem Grundsteuer-Gulden, in den Städten nach dem Hauszinssteuer-Gulden zu geschehen. Die Kreisämter haben, um ein unnützes Erliegen von Cassa-Baarschaften zu vermeiden, keine Anticipation zu beheben und jede an sie gelangende Forderung ungesäumt zu repartiren, einzuheben und an das betreffende Versorgungs = Institut durch die Landesstelle einzusenden.

Um die Forderungen der Versorgungs = Institute nicht zu vereinzelnen und zu vervielfältigen, sollen die Verwaltungen dieser Institute angewiesen werden, ihre Rechnungen über die Verpflegsgebühren auswärtiger Individuen, wofür dem Institute der Ersatz zu leisten ist, der unmittelbar vorgesetzten Landesstelle alle Quartale provinz= und kreisweise vorzulegen, die Landesstelle hat die ihr vorgelegten Rechnungen und Ausweise den betreffenden übrigen Länderstellen zur Einbringung durch die Kreisämter mitzutheilen. Die Kreisämter haben die ihnen zukommenden Forderungen auf dem flachen Lande nach Maßgabe der Grund= und Hausclassensteuer, in den der Hauszinssteuer unterliegenden Städten und Ortschaften aber nach der Zinssteuer auf die Bezirke oder Steuerbezirke, wo diese bestehen, oder auf Jurisdictions=Dominien und selbstständige Städte zu repartiren. Wo Bezirkscassen bestehen oder Bezirks=Rechnungen üblich sind, hat die Bezirks = Obrigkeit den repartirten Betrag aus der Bezirkscasse oder a conto der Bezirks=Rechnung sogleich an das Kreisamt einzusenden, das gleiche hat bei den selbstständigen Städten aus den städtischen Cassen zu geschehen. In Ermanglung von Bezirks=Cassen aber muß die Subrepartition von der Bezirksobrigkeit oder dem Jurisdictions=Dominium an die Gemeinden erfolgen, und wo Gemeinde = Cassen bestehen, sind die repartirten Beträge aus denselben zu beheben.

Wo es auch an Gemeinde=Cassen fehlt, da ist der an die Gemeinde entfallende Betrag weiters an die einzelnen Contribuenten unterzutheilen, dann gemeindeweise, endlich bezirks= oder jurisdictionsweise zu sammeln, und an das Kreisamt zu befördern.

Jede stufenweise Einhebung ist von der Gemeinde=Vorstehung, Bezirksobrigkeit oder Dominium, und endlich von dem Kreisamte gehörig zu quittiren. (Hofkanzlei = Decret vom 15. Juli 1825, Z. 19,309.)

Die Landesstelle kann die uneinbringlichen Verpflegs = Gebühren in den Staats = Wohlthätigkeits = Anstalten abschreiben und dahin unentgeldlich aufnehmen. (Hofkanzlei = Decret vom 29. December 1825.)

Die Kosten der Verpflegung in den Wohlthätigkeits = Anstalten werden entweder aus der Landes= oder aus der Pfarr= Concurrenz, in dem Falle, als die Einhebung nicht anderweitig geschehen kann, oder nicht, wie bei den genug dotirten oder den Staats = Anstalten, aufgelassen wird, bestritten.

Aus der Landes=Concurrenz werden bestritten:

1) Die Kosten für arme Kranke, Sieche und Gebärende, wenn die Auslagen in öffentlichen Anstalten auflaufen, und in so ferne sie nach dem Gesetze vom Lande bestritten werden müssen.

2) Einer gleichen Behandlung folgen auch die Einkaufs= Gebühren für Findlinge, die Kosten für arme kranke Auslän= der, so wie für solche Individuen, deren Zuständigkeits = Ort nicht ermittelt werden kann, wenn die Local = Versorgungs= Anstalten, welche sonst zur Bestreitung dieser Kosten berufen wären, mit Rücksicht auf den eigenen Localbedarf dieses zu leisten außer Stande sein sollten.

3) Für die Verpflegung und Heilung der armen Syphi= litischen vom Bauernstande.

4) Bei Wuthfällen armer Menschen, wenn der Eigenthü= mer des wüthenden Thieres, von welchem die Beschädigung geschah, unbekannt, oder die Kosten zu bestreiten außer Stande wäre.

Aus den Pfarrbezirks = Anlagen werden bestritten:

1) Die Kosten für Verpflegung und Heilung einheimischer Kranker, in so ferne diese Kosten dafür nicht in öffentlichen Anstalten auflaufen, und nicht vom Aerar und den Dominien gesetzlich getragen werden.

2) Die Versorgung der armen Siechen und Wahnsinni= gen, jedoch gleichfalls nur in so ferne, als sie nicht in öffent= lichen Anstalten untergebracht sind.

3) Die Kosten für Findlinge und arme Gebärende, in so lange die ersteren nicht eingekauft, und die letzteren nicht in öffentlichen Anstalten untergebracht sind.

In so ferne aber solche Auslagen irgendwo Corporationen oder Private aus was immer für einem Rechtstitel ganz oder theilweise bestreiten, werden diese Verbindlichkeiten durch die Concurrenz = Vorschriften nicht aufgehoben. (Regierungs = De= cret für Oberösterreich vom 15. December 1837, Z. 38,919. **Et vide §. 118—123.)**

§. 151.

Die zu wohlthätigen Zwecken wirklich verwendeten Ge=

bäude sind von der Gebäude = Steuer enthoben. (Hofkanzlei=
Decret vom 22. October 1820.)

§. 152.

Alle unter öffentlicher Verwaltung stehenden Institute ohne
Ausnahme müssen vom Fiscalamte vertreten werden. Fromme
Vermächtnisse und -Stiftungen sind in ihrer Einbringung und
Einsetzung, da der Staat für deren Realisirung nach dem
Willen des Erblassers und Stifters zu sorgen verpflichtet ist,
somit hinsichtlich der Einbringung und Sicherstellung des ge=
stifteten Vermögens ebenfalls von dem Fiscus zu vertreten.

Die Art der weiteren Vertretung solcher Stiftungen und
Institute hängt von dem Umstande ab, ob dieselben unter
landesfürstlicher oder Privat = Verwaltung stehen, und ob sie
folglich nach der Analogie der Patronate und Vogteien der
unmittelbaren landesfürstlichen oder einer Privat-Obsorge zu=
gewiesen sind.

Nur im ersteren Falle liegt auch deren weitere Vertretung
nach schon erfolgter Einsetzung dem Fiscus, im letzteren Falle
aber, es mag nun die Administration solcher Stiftungen und
Anstalten einzelnen Privaten oder Gemeinden übertragen wor=
den sein, immer nur diesen Privat = Patronen, jedoch unter
der Verantwortlichkeit für die Zwecke der Stiftungen und un=
ter der Oberaufsicht des Staates ob, welcher stets als ober=
ster Beschützer aller gemeinnützigen Anstalten zu betrachten ist.
(Hofkanzlei=Decret am 27. April 1820, Nr. 1661.)

Hinsichtlich eines bei Vertretung milder Stiftungen auf dem
Rechtswege entstandenen Zweifels wurde mit a. h. Entschlie=
ßung vom 22. December 1820 festgesetzt: Alle unter öffentli=
cher Verwaltung stehenden Institute ohne Ausnahme müssen,
der bestehenden Instruction gemäß, von dem Fiscalamte ver=
treten werden. Fromme Stiftungen sind in ihrer Einbringung
und Einsetzung, da der Staat für deren Realisirung nach dem
Willen des Erblassers und Stifters zu sorgen verpflichtet ist,
somit hinsichtlich der Einbringung und Sicherstellung des ge=
stifteten Vermögens ebenfalls von dem Fiscus zu vertreten.
Die Art der weiteren Vertretung solcher Stiftungen und In=
stitute aber hängt von dem Umstande ab, ob dieselben unter
landesfürstlicher oder Privat = Verpflegung stehen, und ob sie
folglich nach der Analogie der Patronen und Vogteien der
unmittelbaren landesfürstlichen oder einer Privat=Obsorge zu=
gewiesen sind.

Nur im ersteren Falle liegt auch deren weitere Vertretung

nach erfolgter Einsetzung dem Fiscus, im letzteren Falle aber, es mag nun die Administration solcher Stiftungen und Anstalten einzelnen Privaten oder Gemeinden, oder Corporationen übertragen worden sein, immer nur diesen Privat-Patronen, jedoch unter deren Verantwortlichkeit, nicht nur für die Zwecke der Stiftung, sondern auch für deren genaue Befolgung und unter der Oberaufsicht des Staates ob, welcher stets als oberster Beschützer aller gemeinnützigen Anstalten zu betrachten ist.

Nur in dem Falle, als eine unter Privat-Verwaltung stehende Stiftung gegen die Patronats- oder Vogt-Obrigkeit selbst zu vertreten wäre, ist diese Vertretung kraft des dem Staate zustehenden obersten Schutzes von dem Fiscalamte zu leisten. (Hofkanzlei-Decret vom 31. December 1820, Zahl 39,197.)

§. 153.

Bei Einschreitungen der Stiftungen um fiscalämtliche Vertretung sind nicht die Original-Schuldurkunden, sondern bloß vidimirte Abschriften derselben beizuschließen, um theils dem Fiscalamte die Abschreibung der Original-Urkunden zum Behufe der Einklagung zu ersparen, theils auch der Gefahr des Verlustes solcher Urkunden vorzubeugen.

Sollte der Fall eintreten, daß der Beklagte die Recognoscirung einer Urkunde ansuchte, so kann diese nachträglich abverlangt und eingesendet werden. (Regierungs-Decret für Oberösterreich vom 28. November 1825, Z. 28,498.)

§. 154.

Alle Jene, welche über fiscalämtliche Amtshandlungen zu Geldabfuhren verbunden sind, haben ihre Beträge an die betreffenden Cassen abzuführen, keineswegs aber an das k. k. Fiscalamt einzusenden, wo sie sich bloß mit der Quittung über die geleistete Zahlung auszuweisen haben, damit von den weiteren Einschreitungen abgestanden werde. (§. 42 der Fiscalamts-Instruction. Hofkanzlei-Decret vom 1. August 1794. Justiz-Hofdecret vom 23. Juni 1803. Regierungs-Decret für Oberösterreich vom 7. December 1829, Z. 34,727.)

Die Deserviten, welche aus fiscalämtlichen Vertretungen für das a. h. Aerar erwachsen, sind gleichfalls nicht an das Fiscalamt, sondern an das einschlägige Cameral-Zahlamt einzuschicken. (Regierungs-Decret für Oberösterreich vom 20. März 1834, Z. 5716, und 16. Juli 1838, Z. 18,469.)

§. 155.

Handelt es sich um Parteien, Fonde oder Anstalten, denen das Gesetz die Stempel-Freiheit nicht zugesteht, so ist die Partei verpflichtet, dem Fiscalamte, wenn es seine Vertretung ansucht, auch den Vorschuß auf Stempel-Auslagen zu überreichen, es wäre denn, daß die Armuth geltend gemacht würde, wo sich sodann nach dem hohen Regierungs-Circulare für Oberösterreich vom 1. September 1840, Z. 23,052, zu benehmen ist. (Regierungs-Decret für Oberösterreich vom 28. Mai 1841, Z. 10,431.)

Die Verwaltungen der milden Stiftungen sind ermächtiget, diese Vorschüsse auf Stempel dem Fiscalamte gegen Quittung, ohne erst die h. Genehmigung einzuholen, sogleich auszufolgen. (Regierungs-Decret für Oberösterreich vom 6. October 1842, Z. 27,338.)

§. 156.

Sämmtliche Vogteien und Stiftungsverwaltungen haben von den Concursen, Feilbietungen und andern dergleichen richterlichen Verfügungen, bei welchen Stiftungen betheiligt sind, deren Vertretung gesetzlich dem Fiscalamte obliegt, sobald sie von diesen gerichtlichen Acten als Tabulargläubiger durch die Gerichte verständigt werden, hiervon sogleich die k. k. Kammerprocuratur in die Kenntniß zu setzen. Die Anzeige an die Regierung unterbleibt, weil diese von dem Ergebnisse des fiscalämtlichen Einschreitens bei Gericht ohnehin durch die Anzeige des Fiscalamtes in die Kenntniß gesetzt wird. (Regierungsdecret für Oberösterreich vom 6. October 1843, Z. 25,233.)

§. 157.

Stiftungscapitalien können an Bürger und Bauern, wenn sie solche mit einer gerichtlichen noch doppelt unbekümmerten Hypothek bedecken, geliehen werden. (Hofdecret vom 5. Nov. 1789, Nr. 1071, und 19. August 1781, Nr. 194.)

Zur gesetzmäßigen Sicherheit dieser Capitalien wird erfordert, daß durch die Hypothek des Capitals und der demselben etwa vorangehenden Posten das verpfändete Haus nicht über die Hälfte, das verpfändete Landgut oder Grundstück nicht über $2/3$ seines wahren Werthes beschwert wird. Das Ausleihen der Stiftungscapitalien ohne Einwilligung der Landesstelle ist verboten und ungültig, und ein so ausgeliehenes Capital kann sogleich gefordert werden. Eben so darf der Verwalter des Stiftungsfondes bei sich selbst kein Capital anlegen. In dem Schuldbriefe ist endlich die Clausel beizusetzen, daß das Capital durch gerichtliche Mittel sogleich eingetrieben werden kann, wenn die Zinsen sechs Wochen nach der Verfallzeit nicht gezahlt sind. (Hofdecret vom 1. Dec. 1786, Nr. 596 und 18. Mai 1787, Nr. 678, Patent vom 18. Oct. 1792.)

Im Zweifel der normalmäßigen Sicherheit für ein Stiftungscapital soll das zu verpfändende Object gerichtlich und zwar unentgeltlich abgeschätzt werden, und hierzu die Richter und Geschworenen beigezogen werden. (Hofdecret vom 22. Aug. 1797, Nr. 369.)

Doch sind nicht in jedem einzelnen Falle einer Capitals-Elocirung besondere gerichtliche Schätzungen nothwendig, wenn die beigebrachte zu einer andern Zeit aufgenommene gerichtliche Schätzung dem Werthe noch entspricht, was die Titular-Behörde im Einvernehmen mit der Kammerprocuratur zu beurtheilen hat. (Hofkanzleidecret vom 7. Juni 1833, Z. 13,321, Regierungsdecret für Oberöst. vom 22. Juni 1833, Z. 18,087.)

Bei gerichtlichen Realitäten-Schätzungen ist der Werth der radicirten Gewerbe, wenn derselbe auch früher immer mit jenem des Hauses verbunden war, jederzeit abgesondert von dem Werthe der Häuser, auf denen sie haften, anzuführen.

Auch ist es wichtig, daß bei den Schätzungen von Grundstücken, nebst dem Flächenmaße und der Cultursgattung auch die Cultursclasse und der Reinertrag der einzelnen Cultursarten nach den Resultaten des definitiven Grundsteuer-Katasters mittelst einer beglaubigten Abschrift angegeben und ersichtlich gemacht werde, ob die Gründe einer Wasser- oder Abplaukungsgefahr unterworfen sind. Auch ist auf den Uebernahms- und Kaufswerth des Pfandobjectes zu sehen. (Regierungsdecret für Oberöster. vom 9. Sept. 1842, Zahl 20,095, und 29. März 1844, Z. 7666.)

§. 158.

Ob ein Stiftungscapital bei Privaten anzulegen sei oder Staatspapiere zu kaufen sind, hat in jedem einzelnen Falle das Interesse der Stiftungen und der zeitgemäße Einfluß ihres Ertrages zu entscheiden, doch ist der Ankauf der Staatspapiere, wenn nicht die Sicherheit der von Privaten angebotenen Hypothek außer jeden Zweifel gesetzt wird, vorzuziehen. (Regierungsdecret für Oberösterreich vom 25. Mai 1825, Z. 12,477.)

Der Ankauf von Staatspapieren hat nach vorläufiger Erwirkung der Regierungs-Genehmigung und Anweisung durch das Cameralzahlamt zu geschehen, und ist die Vinculirung zu veranlaffen, wozu wie zur Devinculirung der Obligationen der Confens der Landesstelle erforderlich ist. (Hofkanzlei-Decrete vom 9. Februar 1823, Z. 3895, und 24. Juni 1824, Z. 18,130. Regierungsdecret für Oberösterreich vom 3. Juli 1826, Zahl 15,465, 17. Februar 1837, Zahl 2930, und 26. Nov. 1844, Zahl 32,224. Hofkammerdecret vom 16. Februar 1833, Zahl 631/59, und 31. Mai 1826, Z. 4104.)

§. 159.

Bei Anlehens-Gesuchen ist in die betreffenden Tabellen und Hypothekar-Extracte auch der eigentliche Gutscomplex aufzunehmen, um genauer über die Sicherheit des Capitals urtheilen zu können. (Regierungsdecret für Oberösterreich vom 14. Mai 1827, Z. 11,626.)

Auch ist in den intabulirten Schuldbriefen der Satz, auf welchen ein Stiftungscapital und von welcher Stiftung dargeliehen wird, ersichtlich zu machen. (Regierungsdecret für Oberösterreich vom 7. August 1835, Z. 23,152, und 27. April 1835, Z. 9582.)

§. 160.

Die Stiftungscapitalien dürfen zu Folge der allerhöchsten Entschließung vom 17. December 1836, wenn die 5perc. Verzinsung nicht realisirt werden kann, auch zu 4 $\frac{1}{2}$ und 4 Percent ausgeliehen werden; deßhalb ist bei der Ausschreibung von Stiftungscapitalien zu bemerken, daß diejenigen, welche 5 Percent bieten, vor denen, welche nur 4 $\frac{1}{2}$ oder 4 Percent geben wollen, den Vorzug haben sollen, welche Verlautbarungs-Clausel bei Darlehensanträgen der Stiftungs-Verwaltungen genau nachzuweisen ist. (Hofkanzlei-Decret vom 20. December 1836, Zahl 33,248. Regierungsdecret für Oberösterreich vom 7. October 1836, Zahl 25,350, und 9. Mai 1837, Z. 10,659.)

§. 161.

Von der Einholung der Regierungs-Genehmigung hinsichtlich der geschehenen Auffündigung von Stiftungscapitalien hat es abzukommen, wenn nämlich das Capital von dem Schuldner aufgekündigt wird. Geschieht jedoch die Auffündigung unter Umständen, wo hinsichtlich der Auffündbarkeit oder des Betrages, oder sonst in einer andern Beziehung gegen die Annehmbarkeit der geschehenen Auffündigung gegründeter Zweifel und Anstand obwaltet, so ist die hohe Regierungs-Entscheidung einzuholen.

In so fern jedoch die betreffenden Vogteien es aus was

immer für einem Grunde nothwendig oder zweckdienlich erach-
ten sollten, die bei Privaten anliegenden Stiftungscapitalien
selbst aufzukündigen, bleiben dieselben an die vorläufige hohe
Regierungs-Genehmigung gebunden (Regierungs-Decret für
Oberösterreich vom 20. April 1839, Zahl 8216.)

§. 162.

Es unterliegt keinem Anstande, daß die Löschungs-Bewil-
ligung von der Vogtei auf die Quittung über das zurückbe-
zahlte Stiftungscapital beigefügt werde, und haben die Vogteien bei heimbezahlten hypothecirten Capitalien zur Löschung
eine besondere Regierungs-Bewilligung nicht einzuholen. (Regierungsdecret für Oberösterreich vom 9. September 1822,
3. 18,177, und 3. Oct. 1822, 3. 20,195, 12. Jän. 1841,
3. 1672, 31. Mai 1844, 3. 12,820.)

§. 163.

Die Stammgelder der Stiftungen sind ohne Zögerung wieder anzulegen, als sonst der dießfalls den politischen Fonden,
Anstalten oder Stiftungen zugehende Schade oder Verlust
vom Schuldtragenden ohne Unterschied und Nachsicht hereingebracht werden müsse.

Was die Anlegung der Stammgelder bei Privaten betrifft,
so ist sie bei gesetzlicher Sicherheit nach den allerhöchsten Bestimmungen zwar gestattet, aber nicht ausschließend angeordnet.

Es ist sonach weder nöthig, noch überhaupt angemessen,
zur Uebernahme von Stammgeldern kostspielige Aufforderun-
gen durch öffentliche Blätter zu veranlassen, und es ist sich
darauf zu beschränken, nur den von selbst einschreitenden Privaten, unter den gehörigen Vorsichten, solche Stammgelder
anzuvertrauen.

Wo die Stiftung nicht ausdrücklich eine Anlegung bei
Privaten ausspricht, ist es in den meisten Fällen im Interesse
des politischen Fonds, Anstalten oder Stiftungen, die baren
Stammgelder nach den bestehenden Directiven zum Ankaufe
von Staatspapieren zu verwenden.

Die manchmal wiederholt erfolglosen Verlautbarungen zu
Anlehen bei Privaten, und die gesetzlichen Prüfungen der
einzulegenden Schulddocumente führen nothwendig zu Verzö-
gerungen und Unkosten, selbst die Einbringung der Interessen
ist manchmal mit Auslagen verbunden, und überdieß gewöhn-
lich sehr mühsam und zweifelhaft, und die Anstrengung, bei
unordentlichen Zahlern zum Capitale und zu den Interessen

zu gelangen, ist zumal bei Intervenirung der Fiscalämter, welche ohnehin mit Geschäften überhäuft sind, nicht gering, und selten ohne erheblichen Opfern, Nachsichten und Verluste bei Privatcapitalien und Interessen sind leider nicht ungewöhnliche Erscheinungen. Dagegen empfiehlt sich die Verwandlung der baren Stammgelder in Staatspapieren bei derselben Sicherheit durch die Einfachheit in der Elocirung selbst, und in der Behebung der Interessen zur bestimmten Verfallzeit.

Es ist daher darauf zu bringen, daß den erflossenen Bestimmungen gemäß die baren Stammgelder zum Obligations-Ankaufe benützt, und bei Privaten nur dann angelegt werden, wenn eine solche Anlegung in der Stiftungs-Urkunde ausgedrückt ist, oder wenn der annehmbare Capitals-Bewerber ohne Aufforderung bereits in Vormerkung stehet. Auch ist der Ankauf der fünf- und der vierpercentigen Staatsobligationen über **Pari** gestattet. (Hofkanzlei-Decret vom 13. August 1840, Z. 25,674, 8. August 1842, Z. 23,933, und 26. Juli 1844, Z. 23,491.)

§. 164.

Die bestehenden Vorschriften über die Behandlung jener Parteien, welche gegen das a. h. Aerar in Verrechnung stehen, oder demselben Ersätze und Zahlungen zu leisten haben, in wie ferne ihnen von der dießfälligen Berichtigung eine Verzögerung zur Last fällt, sind auch auf die politischen Fonde und Anstalten, die ständischen und städtischen Cassen in Wesenheit auszudehnen. (Hofkanzlei - Decret vom 15. November 1821, Z. 32,358. Regierungs-Decret für Oberösterreich vom 4. December 1821, Z. 23,147.)

Um die aus der Kürze der Verjährungsfrist für das Aerarium zu besorgenden Nachtheile, insbesondere bei jährlichen Abgaben oder Zinsen, welche nach dem §. 1480 B. G. B. nach dem Verlaufe von 3 Jahren verjährt sind, möglichst zu beseitigen, sollen diese Geldleistungen in gehöriger Evidenz gehalten, und nach fruchtloser Verstreichung der zu ihrer Abtragung bestimmten Frist innerhalb eines kurzen Termins die Anzeige der betreffenden Ausstände der Regierung erstattet werden, damit durch das Fiscalamt die weitere Amtshandlung wider den saumseligen Schuldner eingeleitet, und entweder eine ordentliche Klage wider denselben gestellt, oder die ausdrückliche Anerkennung seiner Schuld im außergerichtlichen Wege zur Unterbrechung der Verjährung bewirkt werde.

Diese Vorschrift gilt auch für die politischen Fonds und
städtische Verwaltung, und es ist jeder einzelne Fall, wo wegen
Eintritt der Verjährung den politischen Fonds oder den städtischen Renten ein Nachtheil erwachsen sollte, zur hohen Kenntniß zu bringen, ob einem und welchem Beamten die Ursache eines solchen Nachtheils zugerechnet und der Schadenersatz von
demselben hereingebracht werden könne. (Hoffammer-Decret vom
18. September 1826, Z. 25,993, Hoffanzlei-Decret vom 28.
October 1826, Z. 29,760.)

Die Vogteien sollen 6 Wochen nach dem Schlusse eines jeden Militärjahres eben so, wie die Cameral-Zahlämter, den betroffenen Schuldnern an Zinsen und anderen Giebigkeiten ihre
Ausstände protokollarisch bekannt geben und dieselben gehörig
ermahnen, nach den bestehenden Vorschriften diese Ausstände
binnen andern sechs Wochen um so gewisser zu berichtigen, als
sonst gegen die noch weiter säumigen Schuldner der Rechtsweg
werde ergriffen werden. Wenn dann die Schuldner um Fristge-
währung ansuchen, so haben die Vogteien bei der Vorlage dieser Protokolle an das k. k. Kreisamt ihr begründetes Gutachten
über diese Gewährung beizufügen. (A. h. Patent vom 5. October 1792, §. 4, Regierungs-Decret für Oberösterreich vom 18.
September 1825, Z. 25,993, vom 3. November 1825, Zahl
26,131, vom 21. November 1826, Z. 26,759, vom 21. October 1830, Z. 29,130, vom 16. Juni 1831, Z. 2198.)

§. 165.

Die Stiftungsschuldner haben die Stiftungszinsen und Capitalien ohne Unterschied, ob diese von dem eigenen Pfleggerichte
oder von einer außer dem Pfleggerichts-Bezirke befindlichen Vogtei verwaltet werden, in so ferne nicht besondere von der Regierung genehmigte Verwaltungen aufgestellt sind, nur an das
eigene Pfleggericht, und zwar dem Pfleggerichts-Oberbeamten
oder dem controllirenden Nebenbeamten, welche allein zur Perception und Empfangs-Bestätigung berechtigt sind, abzuführen.
Zu diesem Ende haben sämmtliche Vogteien über ihre in einem
fremden Pfleggerichts-Bezirke anliegenden Stiftungs-Capitalien
vollständige detaillirte und verläßliche Verzeichnisse, in welchem
die Schuldner, das Capital, der Zinsfuß, die Verfallzeit der
Zinsen und die etwaigen Ausstände dieser letztern genau vorge-
tragen sein müssen, den betroffenen Pfleggerichten zu übergeben,
welche letztere sodann unter der nämlichen Haftung bei Gehalts-
abzug und unter denselben Vorsichten, wie bei den übrigen
Perceptionen, einzuheben und binnen 2 Monaten nach der Ver-

fallzeit am Schluſſe der Monate Mai und November der einſchlägigen Vogtei zu überſenden, oder die Urſache der nicht erfolgten Zahlung zum Behufe der fiscalämtlichen Einklagung bekannt zu geben haben. Dieſe Perception hat ohne Anspruch auf Perceptions-Procente zu geschehen, und erſtreckt ſich auf die Zinsen der unter der Leitung der landesf. Behörden ſtehenden politiſchen Fonds und Inſtitute, mit Ausnahme der Stiftungen des Collegiat-Stiftes Seekirchen. Die allenfälligen Poſtporto-Auslagen u. dgl. zahlt der Schuldner. Doch iſt auf die Anlegung im eigenen Bezirke beſondere Sorgfalt zu verwenden. Auch ſind beſondere Intereſſen, Perceptions- und Zahlungsbücher nach beſonderen Formularien eingeführt. (Hofkanzlei-Decret vom 15. November 1821, Z. 32,358; Regierungs-Decret für Oberöſterreich vom 16. Mai 1826, Z. 11,546, vom 6. November 1828, Z. 2369, vom 22. Juli 1829, Z. 19,563, vom 25. Mai 1830, Z. 7427, vom 5. April 1831, Z. 4038, vom 1. Auguſt 1833, Z. 14,395, vom 18. April 1834, Z. 6742, vom 9. December 1834, Zahl 34,252, vom 10. October 1836, Zahl 26,850.)

§. 166.

Bei Einhebung der Stiftungs-Zinsen iſt auf Erlag und Abſendung coursmäßiger und annehmbarer Münzen Bedacht zu nehmen. (Regierungs-Decret für Oberöſterreich vom 30. Jänner 1836, Z. 2632.)

In eintretenden Fällen, wo die Aufmahnung fremdkreiſiger Stiftungsschuldner durch die Pfleggerichte und Diſtricts-Commiſſariate nöthig wird, ſind die bezüglichen Verhandlungen durch Correſpondenz zwiſchen den k. k. Kreisämtern zu pflegen. (Regierungs-Decret für Oberöſterreich vom 23. Juli 1842, Zahl 10,676.)

§. 167.

In den Intereſſen-Quittungen von öffentlichen Obligationen ſind nicht nur die Fonde und Anſtalten, denen die Obligationen gehören, ſondern auch die Namen des Ortes, wo ſich der Fond oder die Anſtalt befindet, und der Provinz, zu welcher der Ort gehört, genau anzugeben. (Hofkanzlei-Decret vom 2. Auguſt 1824, Z. 23,331, und 21. Mai, Z. 11,615, anni 1828.)

Die Zinſen von Staatsobligationen können auch bei den Creditscaſſen der Provinzen erhoben werden, und hat man ſich wegen der dießfälligen Anweiſung an die k. k. Univerſal-Schuldencaſſe zu wenden. (Hofkammer-Decret vom 9. Jänner

1823, Z. 1604, und 16. April 1824. Regierungs = Decrete für Oberösterreich vom 10. Mai 1824, Z. 10,456, und 4. März 1824, Z. 4574.)

§. 168.

Zur Instruirung der Zins=Nachlaß=Libelle der Stiftungen wurde Folgendes vorgeschrieben:

1) daß Nachlässe aus geistlichen und weltlichen Stiftungen nicht mehr in einem und demselben Libell zu begutachten sind;

2) daß sie **in dupplo** ganzjährig am Schlusse des Militärjahres längstens bis 30. November vorgelegt werden;

3) daß bei Nachlaßgesuchen wegen erlittenen Elementarschäden ein vidimirter Extract aus dem Schaden=Erhebungs=Protokolle mit Angabe des einjährigen Gutsertrages beigegeben werde (Regierungs = Decrete für Oberösterreich vom 19. März 1823, Z. 6577, 17. Juni 1823, Z. 13,575, 9. Mai 1828, Z. 12,173, 8. Juli 1832, Z. 18,566);

4) daß ein von den Orts=Seelsorgern oder Gemeinde=Vorstehern ausgefertigtes Zeugniß über das Verhalten und die häuslichen Umstände des Nachsichtswerbers mitzugeben ist (Regierungs = Decret für Oberösterreich vom 13. Juni 1828, Zahl 14,606);

5) daß die Nachlaß=Libelle bloß einfach mit der Aufschrift: „An das k. k. Kreisamt" und „wird überreicht", von dem Kreisamte das Gutachten in der Colonne abzugeben, und eine Rubrik: „Beschluß der Regierung" hinzuzufügen ist, wohin die Erledigung eingeschaltet werden wird. (Regierungs=Decret für Oberösterreich vom 28. März 1829, Z. 8361.)

6) Sind die Gesuche von der Partei an das Pfleggericht, von diesem an die Stiftungs = Verwaltung gutachtlich zu übergeben. (Regierungs=Decret für Oberösterreich vom 6. October 1829, Z. 27,175.)

7) Ist bei dem Gutachten das Wohl der Stiftungen zu berücksichtigen. (Regierungs = Decret vom 9. August 1832, Z. 20,627.)

8) Sind die einmal abgewiesenen Zinsnachlaß=Gesuche nicht mehr neuerlich vorzulegen. (Regierungs=Decret für Oberösterreich vom 8. Mai 1834, Z. 12,038.)

9) Ist anzuführen, ob Bittsteller in den vorausgegangenen drei Jahren und mit welchem Regierungs=Decrete einen Nachlaß erwirkt hat. (Regierungs=Decret für Oberösterreich vom 18. Mai 1838, Z. 14,320.)

10) Daß endlich den Nachsichts = Gesuchen der letzte Rechnungs=Auszug der betreffenden Stiftungen beizugeben ist. (Regierungs=Decret für Oberösterr. vom 25. April 1842, Z. 1458.)

§. 169.

Bei künftig zu Ende gehenden Pachtungen hat drei Wochen früher das, was mit dem Pachtobjecte weiter zu geschehen hat, der Landesstelle schon entschieden bekannt zu sein. Es ist sonach 1) in Fällen, wo lediglich der Licitationsact schon der Gegenstand der Entscheidung ist, der dießfalls zur Einsendung bestimmte Termin einzuhalten; 2) in solchen Fällen aber, wo das Pachtobject selbst noch eine was immer für nähere Bestimmung bedarf, sind die Anträge immer einige Monate vor der Zeit, da die Versteigerung darüber abgehalten werden soll, vorzulegen. (A. h. Entschließung vom 11. März 1823, Hofkanzlei=Decret vom 17. März 1823, Z. 8397.)

Der Schluß der Pachtversteigerung muß sein, daß der Miether sogleich nach der Unterzeichnung des Licitations=Protokolls, die Stiftung als Vermiether aber erst nach erfolgter Regierungs=Genehmigung für das Anbot verbindlich sei. (Regierungsdecret für Oberösterreich vom 9. December 1824, Zahl 27,258.)

Die Zehente der Stiftungen sind auf 6 Jahre zu verpachten, zum Ausrufs=Preise ein Durchschnitt des Erträgnisses von 6 Jahren oder des vorigen letzten Pachtes anzunehmen, das erzielte Pachtquantum entweder in **natura** oder nach den festgesetzten Preisen abzunehmen, und die Verrechnung nach den eigens bestimmten Formularien zu führen. (Regierungsdecret für Oberösterreich vom 28. April 1836, Z. 7276.)

§. 170.

Bei vogteilichen Gebäuden sind die verschieblichen von den unverschieblichen und dringenden Baugebrechen auszuscheiden, und die letztern immer unverweilt der weitern Amtshandlung zu unterziehen. Auch haben die Vogteien nicht eigenmächtig Bauten zu unternehmen, sondern rechtzeitig die Bewilligung nachzusuchen. (Regierungsdecret für Oberösterreich vom 22. Dec. 1824, Z. 28,378, und 20. Juli 1826, Z. 16,827.)

Die Präliminarien über die im folgenden Jahre dringend nöthig werdenden Bauten sind von den Vogteien bis 15. December jeden Jahres zu überreichen, und ist mit der möglichsten Sparsamkeit vorzugehen. (Regierungsdecret für Oberösterreich vom 15. Nov. 1823, Z. 24,855, und 29. April 1832, Z. 11,515, allerhöchste Entschließung vom 47. Dec. 1834, Hofkanzlei=Decret vom 28. Dec. 1834, Z. 31,677.)

Die Bauherstellungen sind in der Regel im Licitations=
wege, und nur in dringenden Ausnahmsfällen, nach einge=
holter hoher Regierungs=Bewilligung, in Regie auszuführen.
(Hofkanzlei=Decrete vom 7. Dec. 1840, Z. 36,121, 19. Fe=
bruar 1841, Z. 4219, 27. Jänner 1842, Z. 1725.)

Den zur Vorlage kommenden Minderungsverhandlungs=
Protokollen über bewilligte Herstellungen sind die abjustirten
und genehmigten Kostenanschläge beizuschließen. (Regierungs=
Decrete für Oberösterreich vom 25. Aug. 1844, Z. 22,984.)

§. 171.

Für die Rechnungen bei den Verwaltungen frommer Stif=
tungen ist Folgendes vorgeschrieben:

1) Das geistliche Vermögen ist mit dem weltlichen nicht
zu vermengen, sondern jede abgesondert geführte Rechnung
einzeln vorzulegen. (Gubernialdecret in Böhmen vom 1. März
1790, Regierungsdecret in Oberösterreich vom 23. October
1824, Z. 22,571.)

2) In so ferne als eine oder die andere weltliche Stiftung
der Aufsicht geistlicher Vogteien unterstehet, so muß auch von
diesen die Rechnung und Erläuterung mitgefertigt sein. (Re=
gierungsdecret für Oberösterr. vom 4. Aug. 1823, Z. 17,765.)

3) Die Rechnungen werden von der Verwaltung an die
Kreisstelle, von dieser an die Staatsbuchhaltung und so zu=
rück die Erläuterungen gesendet, nur die Erledigungen neh=
men den Zug an die hohe Landesregierung, von welcher sie
den Kreisämtern zugestellt werden. (Regierungsdecret für
Oberösterreich vom 23. October 1824, Z. 22,571.)

4) Unter Privat=Patronaten stehen die Stiftungs=Ver=
waltungen, welche keine Rechnungen zur Buchhaltung legen
haben dahin durch die Kreisämter Rechnungs=Auszüge ein=
zusenden. (Hofkanzlei=Decret vom 25. Febr. 1824, Z. 5557.)

5) Die Form für Rechnungs=Erledigungen ist:

Die Rechnungsleger haben ad Art.

fl.   kr. CM.

"   "

Im Ganzen zu ersetzen   "   "

Wenn jedoch die Rechnungsleger bei einer oder der an=
dern Ersatzpost beschwert zu sein glauben, so steht ihnen frei,
gegen diese Erledigung von deren Empfangstage in der ge=

seßlichen Frist von 6 Wochen (wenn sie außer der Provinz sind, von 12 Wochen) den Rechtsweg gegen den k. k. Fiscum bei den k. k. Landrechten entweder allein oder zugleich neben dem Wege der Gnade bei der k. k. Landesstelle zu ergreifen, widrigens nach Verlauf dieser Frist weder ein Rechts = noch ein Gnadenzug mehr Statt findet, diese Erledigung in rem judicatam erwachset und die hierdurch bestimmten Ersäße sogleich zu leisten sind, als sie sonst mit Erecution eingetrieben werden. (General=Rechnungs=Directorium vom 11. Mai 1825.)

6) Alle Privat=Institute, welche aus dem Staatsschaße oder einem politischen Fonde keine Unterstüßung erhalten, sind von der jährlichen Rechnungslegung enthoben. (Hofkanzlei=Decret vom 23. März 1826.)

7) Jeder Bau, wenn auch der ratificirte Versteigerungs=Ausschlag nicht überschritten wurde, muß mittelst 2 Monate nach der Vollendung zu erstattenden Rechnungslage geschlossen werden. Das Absolutorium hierüber ist erst der Beleg für die Ausgabspost. (Regierungsdecret für Oberösterreich vom 20. Juli 1826, Zahl 16,827.)

8) Die Rechnungsleger haben ihre Rechnungen, Erläuterungen und sonstigen Auskünfte nie der Staatsbuchhaltung unmittelbar, sondern mittelst ihrer vorgeseßten administrativen Behörden abzugeben. (Hofkammerdecret vom 14. September 1827, Zahl 45,098.)

8) Die Vogteien haben die Stiftungs = Rechnungen, Erläuterungen, Super = Erläuterungen ihres ganzen Vogteibezirkes zugleich vorzulegen. (Regierungsdecret für Oberösterreich vom 17. Februar 1828, Zahl 3902.)

9) Den Kreisämtern in Linz, Steyer und Wels wurden eigene Formularien zur Abfassung der summarischen Rechnungs=Eingaben für Spitäler vorgeschrieben, mit dem hohen Regierungsdecret für Oberösterreich vom 13. Juli 1828, 3. 16,318.)

10) Die Baurechnungen sind mit den darauf Bezug habenden Original=Documenten, und zwar hinsichtlich der bereits bezahlten Forderungen mit den gestempelten saldirten, hinsichtlich der noch rückständigen Forderungen mit ungestempelten nicht saldirten Original=Conten zu belegen. (Provinzial=Staatsbuchhaltung am 14. October 1829, 3. 3716.)

11) Die genehmigten Tabellen über Stiftungs=Darlehen sind den Rechnungen beizulegen, und die Zeit der Capitals=Anlegung ersichtlich zu machen. (Regierungs=Decrete für Oberösterr. vom 19. Mai 1830, 3. 13,951, und 9. Nov. 1833, 3. 32,773.)

12*

12) Bei Zustellung der Rechnungsmängel ist ein peremtorischer Termin zur Erstattung der Erläuterungen mit dem Beisatze zu bestimmen, daß nach Ablauf dieses Termins mit der Erledigung von Amtswegen in contumaciam werde vorgegangen werden, was auch nur dann unterbleibt und dessen Erledigung giltig ist, wenn vor der Zustellung derselben die Erläuterungen nicht einlangen. Deßhalb müssen die Rechnungsleger über die buchhalterischen Mängel nach dem vorgeschriebenen Formular eine gehörige Empfangsbestätigung vorlegen. —

Gegen diese Contumaz-Erledigung ist der Rechts- und Gnadenweg in der gesetzlichen Frist, so wie auch die Bitte um Wiedereinsetzung in den vorigen Stand offen.

Uebersteigt der auferlegte Ersatz die Caution des Rechnungslegers, so muß er bei Vermeidung von Zwangsmitteln für den Ersatz Sicherheit leisten.

Wird endlich in der bestimmten Frist weder der Rechts- noch der Gnadenweg ergriffen, noch der Ersatz geleistet, so schreitet der Fiscus im Executionswege vor. (Patent vom 16. Jänner 1786, Hofdecret vom 16. Februar 1792, Hofkammer-Decrete vom 16. Juli 1825, Zahl 27,281, und 12. September 1832, Zahl 21,249, Regierungsdecrete für Oberösterreich vom 17. Juli 1834, Zahl 20,009, und 26. Februar 1842, Z. 5559.)

13) Wenn gelegte Rechnungen binnen 6 Monaten nicht erledigt sind, hat die Vogtei die Anzeige zu machen. (Regierungsdecret für Oberösterreich vom 17. Juni 1833, Z. 14,145.)

14) Die Erläuterungen über buchhalterische Anstände sind nicht in berichtlicher Form, sondern jedesmal abgesondert vorzulegen. (Regierungsdecret für Oberösterreich vom 29. Febr: 1836, Zahl 6263.)

15) Die Stiftungs-Verwaltungen, welche nur Rechnungs-Auszüge vorlegen, haben bei allen verpachteten Objecten, die letzte Verpachtung unter Anführung der erhaltenen höheren Genehmigung anzumerken, und bei neuen Verpachtungen diesen Act in dem nächsten Rechnungsauszuge ersichtlich zu machen.

Die übrigen Verwaltungen, welche Rechnung legen müssen, haben das Licitations-Protokoll sammt der vorausgegangenen Kundmachung über jedes einzelne Object nach jeder künftigen neuen Verpachtung, mit der Rechnung, wo der neue Pachtschilling zuerst vereinnahmt erscheint, der k. k. Provinzial-Staatsbuchhaltung zur Einsicht vorzulegen, welche Belege jedoch mit der größten Beschleunigung zurückzulegen sind. (Regierungsdecrete für Oberösterreich vom 30. November 1837, Zahl 25,677, und 27. April 1838, Zahl 8747.)

16) Die Verordnungen der administrativen Behörden über Geld = Anweisungen in Casse = Gebahrungen sind den bezüglichen Geld = Journalen und Rechnungen im Original beizulegen. (Hofkanzlei=Decret vom 16. Februar 1843, Zahl 5098.)

17) Die Einsicht in bereits censurirte Recepte wird den die Arzenei verschreibenden und die Rechnung legenden Parteien nur im betreffenden Amtslocale unter Aufsicht und gehöriger Vorsicht gestattet. (Hofkanzlei=Decret vom 16. März 1843, Z. 7941.)

18) Für die Legung der Vogtei = Rechnungen wurden die Termine sammt den auf die Versäumung verhängten Strafen unter Aufhebung der früheren Bestimmungen mit dem hohen Regierungs=Decrete in Oberösterreich vom 9. Jänner 1844, Z. 28,285, bekannt gegeben.

Mit dem hohen Hofkanzlei=Decrete vom 22. April 1843, Z. 7924, Regierungs = Intimation für ob der Enns vom 11. Mai 1843, Z. 9125, wurde die beschleunigte Vorlage und Weiterbeförderung dieser Rechnungen zur Pflicht gemacht, und die Modalitäten einer Fristerweiterung zur Vorlage dieser Rechnungen und der zu erhebenden Strafbeträge festgesetzt.

§. 172.

Für die Verwaltungen der milden Stiftungen wurde insbesondere Folgendes vorgeschrieben:

1) Die Miethparteien in den Gebäuden der Stiftungen haben gleich den Miethparteien in Aerarial = Gebäuden das Ausweißen und die kleineren Reparaturen selbst zu bestreiten. (Regierungs=Decret für Oberösterreich vom 29. September 1825, Z. 22,887.)

2) Die Cassezimmer sind bei Verantwortung genau und vorsichtig zu sperren. (Hofkanzlei=Decret vom 4. Februar 1826, Z. 3778.)

3) Bei den wegen Nichtzuhaltung der Vertrags=Bedingungen auf Rechnung und Gefahr saumseliger Contrahenten einzuleitenden Relicitationen von Stiftungs = Objecten ist, so wie es für das Aerar vorgeschrieben wurde, nicht der ursprüngliche Fiscal =, sondern der letzte Erstehungspreis zum Grunde zu legen. (Hofkammer=Decret vom 30. September 1826, Z. 20,113, Hofkanzlei=Decret vom 9. November 1826, Z. 30,756, Regierungs=

Decret für Oberösterreich vom 4. und 23. November 1826, Z. 25,382 und 27,352.)

4) Ob die Local-Stiftungs- und Communal-Gebäude den Feuer-Versicherungs-Anstalten beizutreten haben, ist lediglich den betreffenden Verwaltungs-Behörden und Gemeinde-Vorstehungen als Eigenthums-Repräsentanten zu überlassen, welche die Nützlichkeit des Beitrittes zu beurtheilen und hierüber die geeigneten Anträge der hohen Landesregierung zu machen haben, welche lediglich auf dem Standpuncte als Titular-Oberbehörde ihr Amt zu handeln hat. (Hofkanzlei-Decret vom 19. Juni 1828, Z. 13,074, Regierungs-Decret für Oberösterreich vom 5. Juli 1828, Z. 18,169.)

5) Alle den öffentlichen Instituten zugefallenen Vermächtnisse sind, wenn der Erblasser nichts anderes verfügt hat, ohne Unterschied der Größe des Betrages als Stammgeld zu betrachten und zu behandeln. (Hofkanzlei-Decret vom 16. Februar 1830, Z. 3497, Regierungs-Decret für Oberösterreich vom 27. Februar 1830, Z. 5434.)

6) Die den Wohlthätigkeits-Anstalten eigenthümlich gehörigen Grundstücke und Gärten sollen nicht von Beamten und Aerzten, sondern für die Zwecke und Bedürfnisse der Anstalten benützt werden. (Hofkanzlei-Decret vom 23. Mai und 8. Juli 1830, Z. 13,770, 15,271, vom 23. Mai 1836, Z. 13770, Regierungs-Decret für Oberösterreich vom 26. Juli 1830, Z. 20,814, und 7. Juni 1836, Z. 17,282.)

7) Für die Einsendung armer Kranken in die öffentlichen Heilanstalten darf gar keine Anrechnung von Transports- oder Zehrungskosten Statt finden. (Regierungs-Decret für Oberösterreich vom 17. Juni 1830, Z. 11,738.)

8) Die in eine Versorgungs- oder Heilanstalt zu überliefernden Individuen müssen vorerst gereiniget und mit der nöthigsten Leibeskleidung und Wäsche versehen werden, indem sonst die überbrachten Personen auf Kosten der Obrigkeit zurückgesendet oder aber der Betrag der erforderlichen Beischaffungen derselben zur Vergütung zugewiesen werden würde. (Regierungs-Decret für Oberösterreich vom 9. Mai 1831, Z. 9620.)

9) Bei Erfolglassungen, die sich aus deponirten Concursmassen bei den Gerichten ergeben, kann ein Zählgeld in dem Falle abgefordert werden, wenn die Erfolglassung zur Auszahlung des Gläubigers, sei es auch ein Stiftungskörper, geschieht, und der Gläubiger das Zählgeld selbst zu tragen hat. Die frommen Vermächtnisse und Erbschaften, nicht aber auch andere

Forderungen der Stiftungen sind von der Entrichtung des Zähl-geldes befreit. (Hofdecret vom 13. November 1795, Nr. 264. Appellations-Decret in Wien vom 28. Februar 1834, Zahl 3239., Regierungs-Decret für Oberösterreich vom 10. März 1834, Z. 7184.)

10) Inserations-Gebühren für den Linzer oder Salzbur-ger Zeitungs-Verleger sind von Stiftungskörpern in ob der Enns und Salzburg, die unter dem Patronate des Cameral-Aerars oder des Religionsfondes stehen, nicht zu entrichten. (Regierungs-Decret für Oberösterreich vom 21. Mai 1838, Z. 11,816.)

11) Die Geldabfuhren an die Cameral-Cassen haben in eigens geformten Säcken zu geschehen, welche ämtlich zu ver-siegeln und mit einem daran befestigten, ohne Verletzung des Siegels nicht davon zu trennenden Münz-Zettel zu versehen sind. (Hofkammer-Decret vom 10. August 1836, Z. 30,231. Regierungs-Decret für Oberösterreich vom 15. Sept. 1838, Z. 33,866.)

12) Jedes Dienstschreiben, das mit einer geldvertretenden Urkunde beschwert ist, muß bei der Aufgabe auf die Post re-commandirt werden. (Hofkammer-Decret vom 24. September 1841, Z. 32,497. Hofkanzlei-Decret vom 24. März 1842, Z. 7912.)

13) Bei allen öffentlichen und städtischen Cassen hat der wöchentliche Casse-Abschluß am 7., 14., 21. und letzten Tage eines jeden Monats, oder wenn auf diese Tage ein Sonn- oder Feiertag fällt, am nächst vorhergehenden Werktage zu geschehen. (Hofkanzlei-Decret vom 22. April 1843, Zahl 12,583.)

14) Casse-Beamte haben die eingesendeten Gelder bei der Uebernahme vor der Quittirung genau zu prüfen, weil sie nach der Uebernahme für die Richtigkeit haften müssen. (Re-gierungs-Decret vom 27. Juni 1844, Z. 17,298.)

XI. Hauptstück.

Besondere Begünstigungen der Verunglückten und Armen.

§. 173.

Den vom Feuer, Wetter oder Wasser Beschädigten wurde zur Sammlung einiger Almosen früher vom Kreisamte auf 14 Tage oder 4 Wochen die Bewilligung zu ertheilen verordnet. (Patent in Wien vom 3. April 1750.)

Diese Sammlung für Verunglückte durch Abgeordnete wurde jedoch wieder verboten, und befohlen, daß bei Verwilligung einer solchen Sammlung für derlei unglückliche Gemeinden von der Landesstelle mit der Geistlichkeit die nöthige Einverständniß zu treffen wäre, damit die Landesinwohner, Obrigkeiten und Gemeinden durch die Prediger und Pfarrer zu einer milden Beisteuer für ihren unglücklichen Nebenmenschen allen Fleißes ermahnt und aufgemuntert, sofort von jeder Gemeinde durch vertraute und ehrliche Männer dieser christliche Beitrag unentgeldlich gesammelt, und unter einem ordentlichen Verzeichnisse des eingegangenen Quantums der Landesstelle eingeschickt werde, welche sodann den ganzen Betrag der betreffenden Stadt oder Gemeinde zustellen zu lassen hat. (Hof-Entschließung in Wien vom 19. December 1761.)

Das unbefugte Sammeln und die Ausstellung von Sammelbriefen wurde wiederholt verboten und waren die Sammler ohne Bewilligung Ihrer Majestät oder der Hofkanzlei anzuhalten. (Patent vom 10. September 1773.)

Zur Bewilligung der Almosen-Sammlung innerhalb des Landes wurde die Landesstelle, innerhalb des Kreises die Kreisstelle ermächtigt. (Hofdecret vom 26. Mai 1786.)

Doch hat man sich bei Sammlung des Almosens für Verunglückte jederzeit verschlossener Büchsen zu bedienen, jedoch so, daß, wenn zu gleicher Zeit für mehrere abgebrannte Ortschaften gesammelt wird, für jeden Ort eine besondere Büchse bestehen muß, wodurch es also von der bisher bestandenen Einschreibung, was jeder hierzu gibt, von selbsten abkommt. (Gubernial-Decret in Böhmen vom 22. Juli 1789.)

Es darf weder ein Brandsammlungs-Patent, noch überhaupt ein Zeugniß über erlittene Brandschäden ausgefolgt werden. (Brand-Versicherungs-Ordnung vom Jahre 1811.)

Für einzelne Verunglückte findet keine allgemeine Sammlung in den Provinzen Statt, sondern es ist dem Kreisamte überlassen, solchen durch Beisteuer-Sammlungen zur Hilfe zu kommen. Auch hat es von den Sammlungspäßen, womit die Patteien im Lande herumzogen, ganz abzukommen, und ist die Sammlung gemeindeweise durch vertraute und ehrliche Männer aus jeder Gemeinde einzuleiten. (Hofdecret vom 8. September 1816.)

Die Uebersendung der sowohl in Ungarn für andere Provinzen, als auch in den übrigen Provinzen für Ungarn gesammelten Beiträge kann erspart werden, und die Ausgleichung zwischen den betreffenden Cameral-Ausgabscassen mittelst Verlags-Quittungen geschehen. (Hofkammer-Präsidial-Decret vom 31. August 1832, Regierungsdecret für Oberösterreich vom 10. September 1832, Zahl 24,779.)

Jede milde Sammlung, welche für eine durch Feuer oder andere Elementarschäden verunglückte Gemeinde von der Regierung entweder selbst bewilligt oder in Folge höheren Auftrags ausgeschrieben ist, wird von der Regierung den Kreisämtern bekannt gegeben werden; welche sodann ohne Verzug die politischen Obrigkeiten zur Einleitung der Sammlung anzuweisen haben. Diese haben die sämmtlichen H.H. Pfarrer ihres Bezirkes freundlich aufzufordern, ihre Gemeinden durch angemessene Reden von der Kanzel zu ergiebigen Beitrags-Leistungen aufzufordern, und auch sonst im geeigneten Wege zur Beförderung des guten Werkes mitzuwirken. Erst nachdem die Verkündigung von der Kanzel geschehen, ist die Sammlung in jeder Pfarrgemeinde durch vertraute und ehrliche Männer unentgeldlich vorzunehmen, welche sodann den Ertrag an die politische Obrigkeit einzuliefern haben, von wo er sogleich an das k. k. Kreisamt abzuführen kömmt. Es wird aber den politischen Obrigkeiten zur Pflicht gemacht, ihre Amtshandlung in dieser Beziehung jederzeit möglichst zu beschleunigen, damit bei dem Umstande, daß der Ertrag solcher Sammlungen ohnehin den großen Schaden der Verunglückten ganz zu vergüten nicht im Stande ist, doch die Schnelligkeit der Hilfsleistung ihn wirksamer mache. (Regierungsdecrete für Oberösterreich vom 7. December 1812, Zahl 14,993, und 11. December 1834, Zahl 36.563.)

Für akatholische Gemeinden geschieht die Sammlung vom Pastor, und sind die Katholiken nicht einzubeziehen. (Hofkanzlei-Decret vom 1. März 1838, Zahl 4305, Regierungsdecret für Oberösterreich vom 12. April 1838, Zahl 9055.)

§. 174.

Den armen Kindern, sonderlich aber jenen, welche in den für dergleichen Arme errichteten Lehrschulen durch christliche Gutthätigkeit unterwiesen und folgsam in die Handwerke aufgebungen werden, ist der erforderliche Geburtsbrief oder sonst benöthigte Urkunde ohne alle Taxabnahme oder Schreibgebühr oder andere immer ersinnliche Zumuthung unentgeldlich zu ertheilen. (Verordnung in Wien vom 5. Juni 1741.)

Auch wurde den Zünften aufgetragen, die aus dem Armenhause in die Lehre genommenen Kinder unentgeldlich aufzunehmen oder sollen solche Gebühren aus der Armencasse bezahlt, solche arme Lehrlinge jedoch baldigst aus der Lehre entlassen werden. (Hofrescript in Wien vom 12. September 1761.)

§. 175.

Für die Armen wurden auf den Todesäckern eigene offene Hütten, oder, wo dieses nicht thunlich war, andere Orte ausfindig gemacht, wohin sie die Todten vorläufig bringen konnten, damit sie bis zur Beerdigung nicht mit ihnen in einem Zimmer wohnen müssen. (Hofrescript vom 31. Jänner 1756.)

Die Todtenbeschau der Armen ist unentgeldlich. (Hofdecret vom 21. November 1773.)

Die armen Leute, welche nichts hinterlassen, und deren Mittellosigkeit entweder durch obrigkeitliche Zeugnisse, oder von dem Grundrichter bescheinigt wird, sind aus christlicher Liebe und Barmherzigkeit unentgeldlich zu begraben, eben so wie für die Taufe von den Kindern solcher Leute, deren Armuth auf erstgedachte Weise erwiesen ist, nichts zu nehmen sein wird. (Patent vom 25. Jänner 1782.)

Auch die Findlinge sollen unentgeldlich begraben, jedoch immer die Todtengräber-Gebühren bezahlt werden. (Hofdecrete vom 11. Juni und 30. Juni 1785.)

Da nach der Bestimmung des §. 5 der Stollordnung vom

31. Jänner 1783 die Armen ohne alle Taxe und Stollgebühr ganz unentgeltlich zu begraben sind, so war jede Anforderung, welche für die Armen-Beerdigung an die Armen-Institute oder an wen immer hie und da gemacht wurden, ordnungs- und gesetzwidrig, und diese sind sogleich allgemein abzustellen. Nur dem Todtengräber darf dort, wo für die Armen-Beerdigung nicht eigene gestiftete Bezüge bestehen, oder, wo er nicht aus was immer für einem Titel verpflichtet ist, die Begrabung unentgeltlich zu besorgen, ein billiger Lohn, der in keinem Falle bei Erwachsenen über 30 kr. und bei Kindern bis zum siebenten Jahre über 15 kr. sein darf, bewilliget, und nebstdem auch die Kosten für den Todtensarg, oder wo die Einnähung üblich ist, die Auslage hierfür vergütet werden, beide Auslagen können jedoch nur in so ferne das Armen-Institut treffen, als dieselben nicht aus dem Nachlasse des Beerdigten bestritten werden können. (Regierungs-Decret für Oberösterreich vom 18. Juli 1834, Z. 13,715.)

§. 176.

Es sollen alle armen Kinder, Knaben und Mädchen, von der Entrichtung des Schulgeldes befreit sein, und das Unterrichtsgeld soll für arme Schulkinder verwendet werden. (Hofdecrete vom 24. März 1785 und 20. April 1792.)

Zu den Armen, vom Schulgelde zu befreienden gehören Diejenigen, welche vom Armen-Institute eine Unterstützung haben, oder diese doch erhalten würden, wenn das Institut bei hinlänglichen Kräften wäre, überhaupt solche Kleinhäusler und Leute, welche sich und ihre Familie wahrhaft schwer ernähren. Auch dürfen diejenigen Aeltern, die schon für drei Kinder das Schulgeld bezahlen, für die übrigen, die sie zu gleicher Zeit zur Schule schicken, keines entrichten.

Doch soll diese Ausnahme nur für die Dörfer Statt finden, nicht aber für die Städte und Märkte, wo meistens vermögliche Bürger und Inwohner sind, welche dieser Erleichterung nicht bedürfen. Vermächtnisse für die Schule ohne nähere Bestimmung sollen angelegt, und die Zinsen zum Schulgelde für arme Leute verwendet werden. (Studien-Hofcommissions-Decret vom 11. August 1805.)

Auch dürftige Schüler der Real- und Vorbereitungs-Classe an den polytechnischen Instituten werden von der Bezahlung des Schulgeldes und eben so überhaupt die Militärkinder befreit. (Studien-Hofcommissions-Decrete vom 29. Jänner 1820 und 16. Februar 1828.)

§. 177.

Die armen Kinder sollen die nöthigen Schulbücher unentgeltlich erhalten, eben so auch die Findlinge. (Hofdecret vom 13. December 1780. Allerh. Entschließung vom 11. August 1805.)

§. 178.

Die Armen in Wien wurden theils mit dem nöthigen Brennholze unentgeldlich betheilt, theils ihnen der Ankauf erleichtert. (Regierungs-Decret in Niederösterreich vom 19. August 1790 und 12. November 1791.)

§. 179.

Die Cession und das Verbot auf Almosen wurde, so wie jede gerichtliche Assistenz in dieser Richtung eingestellt. Das Almosen mag nun aus einer Staatscasse, aus dem Stiftungsfonde fließen, oder in einer Spitalspfründe bestehen. (Hofdecrete vom 5. Juli 1784, Nr. 313, 3. Juni 1785 Nr. 139, 11. April 1789, Nr. 1002, 15. Mai 1818, Nr. 1455.)

Eben so wurden die Alimentationen nachfolgender Versorgungs-Anstalten von dem gerichtlichen Verbote, der Vormerkung und Pfändung enthoben:

1) Die aus dem Gesellschaftsfonde der gebrechlichen und mittellosen Mitglieder der juridischen Facultät. (Hofkanzlei-Decret vom 23. Februar 1812. Hofdecret vom 14. März 1812, 3. 980.)

2) Die Wittwen-Gesellschaft der bürgerlichen Seidenzeug-, Sammt- und Dünntuchmachermeister in Wien. (Hof-Entschließung vom 16. Februar 1796.)

3) Das Institut der zum Dienen unfähigen Handlungsdiener. (Nieder-österreichisches Regierungs-Decret vom 11. August 1796.)

4) Die Versorgungsbeträge für Wittwen, Waisen und Taubstumme der Privat-Institute in Prag.

5) Die Alimente der medicinisch-chirurgischen Wittwen-Societät in Wien. (Hofdecret vom 21. October 1817, Nr. 1380.)

6) Die Provisionen sind bloße Almosen, daher auch von der Execution befreit. (Hofdecret vom 11. September 1795.)

7) Die Unterhaltsbeiträge für großjährige Beamtens-Waisen, wenn sie den Betrag von 100 fl. nicht erreichen. (Justiz-Hofdecret vom 15. Mai 1818, Nr. 1455.)

§. 180.

In gerichtlichen Angelegenheiten wurden die Armen vom Postporto befreit; sind beide Parteien arm, so sind die Packete in Parteisachen frei, wenn aber das Armenrecht nur eine genießt, so muß die andere das ganze Postporto bezahlen. Doch muß auf dem Packete deutlich stehen „in der Rechtssache des N. N.; welcher das Armenrecht genießt." (Justiz-Hofdecrete vom 15. September 1783, Nr. 186, 11. September 1789, Nr. 1048, 10. October 1844, Z. 7090.)

Die Tax- und Stempel-Befreiungen sind in dem neuen Patente enthalten.

§. 181.

Den Armen, wenn sie sich vorschriftmäßig mit einem Armuths-Zeugnisse ausweisen, werden bei ihren Rechtsstreitigkeiten unentgeldliche Vertreter beigegeben. (Justiz-Hofdecrete vom 2. August 1784, Nr. 321, und 1. April 1791, Nr. 133.)

§. 182.

Endlich wird bei den Verbrechen und den schweren Polizei-Uebertretungen die drückende Armuth des Beschuldigten unter die Milderungsgründe gerechnet, welche auf die Person des Thäters Bezug haben. (Strafgesetz I. Theil, §. 39, II. Theil, §. 390.)

Inhalt.

II. Abschnitt.

Dotation des Armen = Institutes.

VIII. Hauptstück.

Vereine zum Wohle entlassener Züchtlinge, Beschäftigungs-
und Arbeits-Anstalten.

IX. Hauptstück.

Anstalten für arme Kranke.

I. Abschnitt.

Außer dem Spitale.

II. Abschnitt.

Behandlung der armen Kranken in den Krankenhäusern.

III. Abschnitt.

Von der Behandlung armer Kranker bei Epidemien.

IV. Abschnitt.

V. Abschnitt.

VI. Abschnitt.

Vorsorge für arme Irrsinnige.

VII. Abschnitt.

Von den Siechen=Anstalten.

X. Hauptstück.

Besondere gesetzliche Anordnungen für die Versorgungs= Anstalten überhaupt.

XI. Hauptstück.

Besondere Begünstigungen der Armen und Verunglückten.

CPSIA information can be obtained
at www.ICGtesting.com
Printed in the USA
BVHW041656270119
538769BV00007B/21/P

9 780666 139382